저자
배소심 · 김영아

세계무용사
World History of the Dance

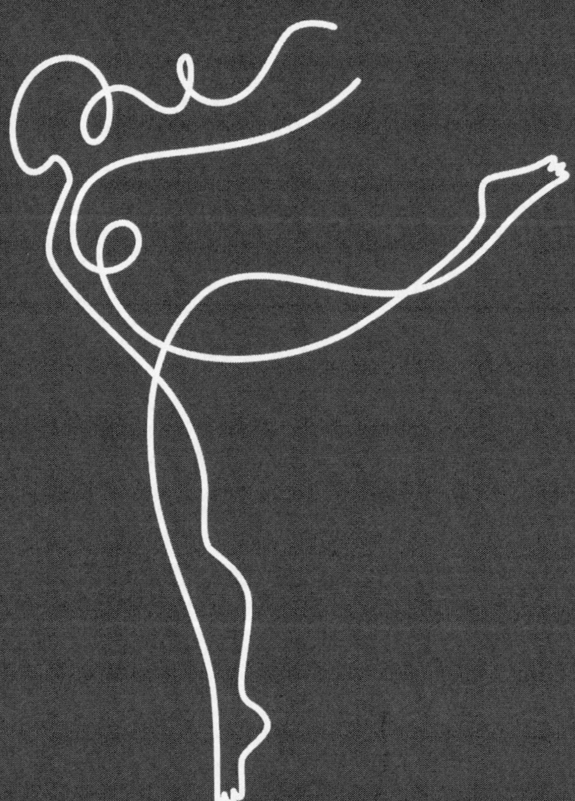

머 리 말

무용의 역사는 다른 학문의 역사와는 달리 동, 서양의 발달과정이 서로 다르고 나라별로도 독특한 특성을 가지고 발달해왔다. 뿐만아니라 교육, 예술, 민속, 오락 등 춤의 사용 목적에 따라서도 발달과정이 다르므로 이를 총망라하여 단행본으로 정리하기란 극히 힘든 일이다.

이 책은 이와같이 방대한 무용의 역사가운데 무용일반사적인 측면과 예술사적인 측면의 두 편을 중심으로 정리하여 보았다.

서술된 내용은 새로운 연구나 학설을 발표한 것은 결코 아니다. 그간 수업에서 사용한 노우트와 20여년간 선학들이 연구 발표한 내용들을 틈틈히 수집정리한 자료를 토대로 임의로 정리한 것일 뿐이다.

앞으로 많은 수정과 보완이 있어야 하리라 생각되나 시작이 있어야 발전도 있을 것으로 생각되어 무모하게 펴낸 것이다. 선후배 여러분의 많은 충고와 지도를 바라며, 유난히도 무더웠던 여름에 출판에 온갖 힘을 기우려 주신 도서출판 금광의 안 추자 사장님과 여러 직원들께 깊은 감사를 드린다.

1985, 9 월

저자 식

차 례

1부 무용발달사

배 소 심 편

1장 외국무용의 발달

一、선사 시대

1. 무용의 발생

인간이 지구에서 생존하며 언어를 사용하게 되기 전에는 서로간의 의사전달 수단의 대부분은 표정과 몸짓이였을 것이다. 이들 몸짓의 대부분은 돌리기, 휘돌리기, 긴장, 이완, 밀기, 당기기 등 현대의 무용이 갖는 기초적인 운동요인을 모두 내포하고 있었음은 현대에도 언어를 사용할 수 없는 사람들이 자신의 의사를 전달하기 위하여 사용하는 손짓, 몸짓 등에서 미루어 추찰할 수 있다.

인간이 자신의 의사를 표현하기 위한 수단으로 사용하던 몸짓은 인류의 진보와 더불어 언어가 발달하게 됨에 따라 차츰 종교적인 목적을 달성하기 위한 무용으로 변천되어 갔다. 무용은 신과 인간의 대화의 역할, 신을 즐겁게 하는 인간 최고의 수단이 되었다. 이와같은 선사시대의 무용에 관해서는 지층의 암반으로 부터 선사시대인들이 남긴 단편적인 벽화나 유물, 유적등에서 추찰하거나 현재까지 남아있는 원시적인 종족들의 춤동작에서 춤의 진화와 발달 과정을 추찰할 수 밖에 없겠다.

무용은 발생 초기에는 자기의 의사 전달을 위한 표현수단으로서의 신체언어였던 것이 차츰 동물의 동작이나 사물의 움직임을 모방하므로서 동작의 종류와 방법이 발전하게 되었을 것으로 생각된다.

2. 원시시대의 무용

원시시대의 춤을 알기 위해서는 세계 도처에서 발견되는 원시민족들이 남긴 유적과 현존하는 미개민족들의 춤을 통하여 아는 방법등이 있다. 그러나 유적만으로 원시시대의 무용을 추찰하는 것은 매우 어렵고도 위험한 일이다. 따라서 유적에서 발견되는 여러가지 형태의 춤동작이나 춤대형을 현재의 미개 민족의 춤과 비교 하면서 해석하고 보완하도록 하며, 여러 문헌을 통하여 발표된 내용을 참고로 원시시대 무용을 서술하고자 한다.

1) 구석기 시대

구석기 시대의 인간들은 동굴생활을 영위하며 수렵이나 채집에 의해 먹을 것을 구했다. 이와같은 사실은 이들이 거주하던 동굴에서 많은 벽화가

트로어 프레트 동굴의 벽화, 주술광경 아리에슈지방.

발견되고 이를 통하여 당시의 생활을 추측할 수 있게 되면서부터 밝혀지게 되었다.

이들 벽화의 특징은 전기에는 동물을 묘사한 것이 많으나 후기에는 인물을 그린 것이 많다. 동물의 그림은 장식을 목적으로 한 것과 주술적인 목적에 사용된 것이 있었다. 이들은 동물을 동굴벽에 그리므로서 동물의 혼을 그림속에 끌어들일 수 있다고 믿고, 동물의 그림앞에서 주술을 행하면 동물이 동굴 가까이에 나타난다고 믿었음을 알 수 있다. 이 시대에는 거주지, 무덤, 도구, 무기, 기구 등을 사용하고 있었다.

여기에서 구석기 시대의 무용과 관계가 깊다고 생각되는 유적을 몇몇 찾아보도록 한다.

동스페인의 이베리아 반도 동해안에 분포되어 있는 벽화가운데 코굴 Cogul의 "무용"이라 불리우는 벽화에는 동물들의 무리속에 긴치마를 입은 사람들이 춤추는 장면이 묘사되어 있다.

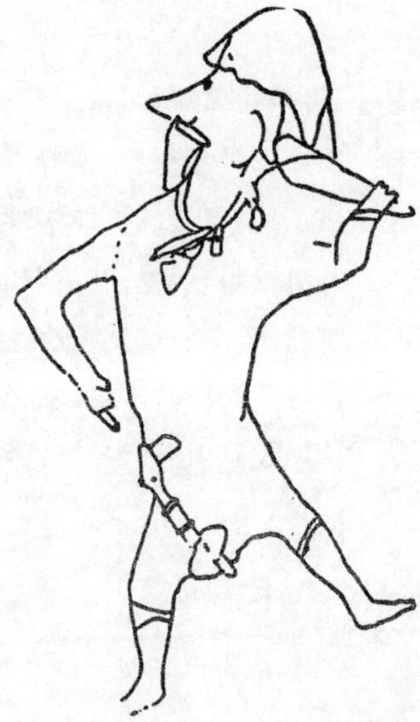

타 마르슈, 춤추는 남자 (뷔엔느지방)

짐승의 머리와 껍질을 쓴 사람들의 춤
프랑스 메슈 암벽그림

또 스페인 알베라의 대벽화에 묘사된 인물들 가운데는 춤추는 모습을 한 사람이 있다. 이 그림속의 인물은 상당히 허리를 내미는 춤을 추고 있다.

또 북아프리카의 페-산에서 발견된 벽화에는 머리에 사슴모양의 가죽을 쓴 사람의 춤추는 모습이 그려져 있다. 이 그림속의 춤추는 모습은 후기 구석기시대의 수렵무용의 대표적인 것으로 간주되고 있다. 이와비슷한 그림은 프랑스의 트로어플레르 벽화에도 있다. 이 그림은 "주술의 광경"이라 불리우는 호화로운 벽화로 동물의 박제를 입은 인간이 동물가까이 접근하여 동물을 죽이는 그림이다.

이외에도 수렵무용으로 생각되는 프랑스의 라 마르시유 출토의 돌에 그려진 춤추는 남자를 그린 刻畵가 있다.

동양의 벽화로는 인도의 라이갈지방에서 발견된 수렵무용이 있다.

이들 벽화에서 추찰할 수 있는 이시대의 무용은 동물의 모방적인 동작의 춤과 수렵을 즐거워하는 호화로운 춤으로 구분할 수 있으며 주술적인 성격을 띄운 초기 종교적인 성격의 무용으로 발전하는 과정임을 알 수 있게 한다.

2) 신석기 시대

신석기 시대에는 마제석기의 제작이 일반화되어 용도에 맞는 여러 가지 형의 석기가 만들어졌으며 토기도 만들어 쓸 수 있게 되었다. 또 자연발생적인 동굴이 아닌 곳에 주거지를 만들어 살고 가축을 기르며 곡식을 재배할 수 있게 된 시기이다.

이 시기의 무용에 관한 유적가운데 북 아프리카의 사하라 호카山魂에서 돌에 새겨진 그림으로 발견된 "舞女"라 불리우는 춤추는 장면은 두 사람의 여인이 춤추는 모습을 사실적으로 잘 묘사하고 있다.

스웨덴의 레데베르크의 돌벽에 새겨진 그림에는 船上에서 음악을 연주하고 있는 사람들과 춤추는 사람의 모습이 그려져 있다.

러시아의 오네가호반의 유적에서 발견된 岩壁画에는 상체는 짐승이고 하체는 인간의 모습으로 춤추는 형상이 그려져 있다. 이 춤추는 모습에서 당시 이 지역의 수렵무용 가운데는 동물의 박제를 쓰고 각종 동물의 특징적인 동작을 모방하여 추는 춤이 있었음을 알 수 있다. 이 외에도 세계 도처에서 바위위에 새겨진 그림문자가 발견되었는데 이들 그림문자에는 여러가지 형태의 춤추는 듯한 동작들이 있어 신석기 시대의 무용의 면모를 엿볼 수 있게 한다. 또 이들 그림문자는 당시에는 춤이 생활과 밀접한 관계를 갖고 인간의 희노애락을 대변하

오네가호 부근의 암벽그림

舞女 북아프리카, 사푸토카지방

디어플로형 인물의 춤 위에나트 힐즈지방

며 神과 교류할 수 있는 유일한 방법으로서 중요한 생활 수단이었음을 잘 설명해 주고 있다.

3. 미개 민족의 무용

미개민족이란 현대문명의 영향을 받지 못하여 문화가 극히 낮은 민족으로서 생활을 영위하는 기술이 극히 빈약하여 원시시대의 문화권에 머물뿐 만 아니라, 문자를 갖지 못하고 사회생활의 단위가 씨족의 소집단에 머무는 현존하는 민족을 일컫는 말이다. 이들 미개민족은 아프리카의 오지, 아마존강 유역등에 분포되어 살고 있으며 현재에도 원시시대의 생활을 영위하고 있다. 그러므로 이들의 생활, 풍속, 습관 등에서 유물이나 유적에서는 추찰하기 어려운 여러가지 사실들을 알 수 있게 된다.

미개인들의 춤은 대체로 단순한 발굴림이나 발동작의 반복, 몸의 일부분 흔들기, 팔의 단순한 동작반복 등으로 동물의 움직임을 모방하거나 간단한 상징적인 춤을 춘다.

브라질 인디언의 수렵무용

원시시대의 무용의 면모를 이들 미개민족의 무용에서 미루어 추찰하여 춤을 추는 목적에 따라 小林[1)]가 분류한 내용을 인용하여 간단히 서술해 보면 다음과 같다.

1) 수렵무용

미개민족은 수렵, 채집등을 통해 음식물을 구했으므로 이들에게는 수렵이 생활의 가장 큰 부분이었다. 미개인의 수렵무용의 목적은 사냥을 떠나기에 앞서 부락의 신에게 많은 수확과 무사함을 빌기위해 춤을 추고, 수렵장소에 도착하여서는 다수확과 무사함을 비는것 외에도 수렵의 두려움을 극복할 수 있는 용기를 북돋우기 위하여 춤을 추었다. 또 수렵에서 부락으로 돌아오면 神에게는 감사를, 부락민과 가족에게는 수렵에서의 수확에 대한 보고와 무사함의 기쁨을 알리기 위해 춤을 추었다.

---

1) 小林信次, 舞踊史, 逍遙書院, 1967. pp, 5 ~11

수렵무용의 형식은 수렵인들만의 춤, 동물로 가장한 사람들만의 춤, 수렵인과 동물로 가장한 사람들의 혼합춤 등이 있다. 동물로 가장한 사람들만의 춤은 가장에 사용된 동물들의 흉내를 내는 모방 춤이고, 수렵인들의 춤은 창, 활 등과 같은 무기를 들고 추는 춤이 많다.

어획무용, 브라질 인디언 · 아마존강유역의 가마유라족

2) 전쟁무용

원시사회에서는 전쟁에서 자신과 가족, 부락을 보호하는 것은 자신들의 힘 뿐만 아니라 神의 가호가 있어야 한다고 믿었다. 따라서 전쟁터로 떠나기 전에 부락의 신에게 승리를 기원하는 춤을 추고 전쟁터에 도착 하여서는 승리를 기원하고 용기를 북돋우기 위하여 춤을 추었다. 또 전쟁을 끝내고 마을에 도착하여서는 신에게 감사를 드리기 위한 춤을 추었다.

이와같은 전쟁춤은 병사들이 병기를 들고 전쟁을 흉내내어 춤추므로서

전쟁무용
폴리네시아 우베아 섬

최면에 가까운 흥분상태에 이르도록 하여 병사들로 하여금 전장에서의 두려움을 잊게하는 춤과, 병사들이 전쟁터로 떠난후 부락에 남아있는 사람들이 전쟁의 승리를 비는 부락민들의 춤으로 나눌 수 있다.

현존하는 미개민족의 전쟁 춤 가운데 전자에 속하는 것으로는 오스트레일리아 토인의 전쟁춤 등이 있고, 후자의 유형은 미국의 톰슨 인디안과 마다가스카르섬의 미개민족의 춤 등을 들 수 있다.

3) 종교무용

원시인들은 모든 생활이 신에의해 지배를 받으며 신의 도움이 없이는 생존이 불가능한 것으로 생각했다. 원시인들이 신성시하여 숭배하는 사물과 이때 나타나는 무용을 형태에 따라 분류해 보면 다음과 같다.

기도사의 춤. 브라질 · 카라야 인디언

오스트랄리아 원주민의 춤

① 정령과 영혼의 춤

精靈이란 인간, 동식물 , 자연물 등의 죽은 영혼을 일컫는 것으로 원시인들은 혼이 초인적인 힘을 갖는 것으로 믿고 숭배하며 제사를 지냈다. 이 제사에서는 신성시 된 영혼과 인간의 의사전달 수단으로 춤이 사용되었다.

이때의 춤을 세가지 형식으로 구분할 수 있는데 첫째로는 정령과 혼령으로 가장한 사람의 춤, 둘째로는 정령의 상을 만들고 그 앞에서 추는 숭배자들만의 춤, 세째로는 위의 두 형식의 혼합춤이다.

이들 춤은 대체로 정령을 초대하기 위한 춤, 정령의 특징을 묘사하고 정령을 즐겁게 하는 춤, 정령을 환송하는 춤의 세가지 단계로 나눌 수 있다.

② 토템 숭배와 춤

토템이란 씨족들이 숭배하는 부락의 신으로서 각 씨족은 토템을 중심으로 단결한다. 토템에는 동물, 식물, 자연물 등이 있는데, 씨족들은 그들

북오스트랄리아 원주민의 토템 춤

의 神에게 씨족의 무사, 안녕을 비는 제사를 지낸다. 이때의 가장 중요한 내용이 춤이었다.

토템으로는 호랑이나 뱀, 용, 곰, 사자 등과 같은 동물들이 있으며 대개는 부락민들이 숭배하는 동물들의 모습으로 가장하여 춤추고 있다. 이와 같은 가장 무용은 현재에도 세계 각국에서 전하여 전승되고 있다.

4) 성인식의 춤

원시시대에는 한 사람이 하나의 성인의 역할을 하고 부락민으로서의 대우를 받으려면 성년식을 거쳐야만 하였다. 성인식에서는 용기와 지혜를 시

아프리카 가라족의 성년식 지도자

험하고 이에 합격한 소년과 소녀만이 성년이 될 수 있었다. 성년식에서 가장 많이 사용되는 것이 춤이었다.

이 행사에 사용되는 춤은 악령을 쫓고 청년을 보호하려는 주술적인 부락민의 군무와, 청년이 된 자신의 힘을 과시하는 본인의 독무로 크게 나눌수 있다. 어떤 경우에도 춤은 성인식의 가장 중요한 절차였었다.

5) 의료무용

원시인들은 질병이 악귀의 침입 때문에 생기는 것으로 믿었다. 따라서 병자에게 붙은 악귀를 주술의 힘에 의해 쫓음으로써 질병이 치료된다고 믿었던 원시인들은 신과 인간의 중간에서 신과 통하는 절대적인 힘을 갖는 자가 샤-만이라고 믿었다. 샤만이 신에게 비는 가장 중요한 도구가 춤이었다.

병자를 치료하기 위한 춤으로는 부락민이나 가족들이 환자를 대신하여 신을 즐겁게 하므로서 환자의 병을 치료하고저 하는 춤과, 환자 자신이 거의 엑스타시한 상태에서 격렬하게 춤추는 가운데 악귀가 떨어져 가도록 하는 환자 자신의 춤이 있다.

6) 농경무용

신석기시대가 되면서 한곳에 정착하여 농사를 짓는 농경시대를 맞이하게 되었다. 원시인들이 한곳에 정착하여 농사를 지음으로서 생활의 여유를 가져다주고 문명이 싹틀 수 있는 기틀을 마련하는 계기가 되었다. 이에따라 파종에서 수확에 이르기까지 인간으로서는 불가항력인 한발, 홍수, 폭풍우 등과 같은 천재지변이 일어나지 않도록 神에게 기원하는 행사가 생겨나게 되고 이 행사의 가장 중요한 부분을 춤이 차지하게 되었다.

농경무용에는 주로 파종기에 天神과 地神에게 풍작을 기원하는 춤과 한발시의 기우제, 홍수때에 비를 그치게 하기위해 기원하는 춤, 수확기의 감사제 등으로 나눌 수 있다. 이 때의 춤은 무당이 춤으로 신에게 비는 기원무와 부락민 전체의 춤, 또는 특수하게 선택된 몇 사람의 춤 등으로 구별할 수 있다. 부락민들의 농경무용은 남녀를 풍요의 상징으로 비유하여 추는 춤의 형식과 어떤 사물을 풍요의 대상으로 상징화하여 추는 춤이 있었다.

이상에서 설명한 석기시대의 유물과 현존하는 미개인들의 무용을 통하여 원시시대의 무용을 정리하면 이들은 무용을 숭배의 수단, 종족의 단합과 힘의 표현 및 강화의 방법, 의사소통의 수단, 구애나 결혼의 수단, 질병치료의 수단으로 사용하였음을 알 수 있다. 이 시대에는 무용이 인간생활의 가장 중요한 도구였으며, 정신적인 지주였었고 신과의 대화를 위한 절대적인 수단으로 사용되었었다.

아프리카 토인의 춤.
선의 힘을 빌고 사악한 정령을
구슬리기 위함.

二、고 대

1. 이 집 트

이집트는 서북쪽의 리비아족, 동북쪽의 세무족, 흑인등의 혼혈로 이루어진 종족으로 알려져 있다. 이들은 나일강 유역의 비옥한 땅에 농사를 주업으로 부락을 형성하여 생활하였다. 처음에는 남쪽과 북쪽에서 두 왕국이 형성되었으나 기원전 3100년경에 이르러 메네스왕에 의해 통일왕국이 되었다.

고대의 이집트는 26대의 왕조가 통치를 하였는데 제 1, 2 대 왕조 시대의 자료는 거의 없고 제 3 대 왕조부터 6 대 왕조까지를 고왕국시대로 분류하고 있다. 제 3 대 왕조부터는 피라밋을 건설하였으며 고왕국 전성기였던 제 4 대 왕조때 부터 건축, 조각, 회화, 공예등의 양식과 기술이 발달하였다.

중왕국시대의 전성기는 12왕조부터이며 이때에는 정치적으로 급격히 진보하고 수년에 한번씩 인구 조사를 하기도 하였다. 또 이 시대는 피라밋을 축조하지 않고 岩壁을 파서 이 묘의 암벽에 당시의 생활을 회화나 浮彫로 표현하고 있다. 이 외에도 중왕국 시대의 것으로 종교적인 극, 시집, 醫學書들이 발견되고 있다.

신왕국시대의 전성기는 18, 19대 왕조때이며 이 시기가 이집트의 최고 전성기로서 타민족을 병합하여 일대제국을 성립하였다. 이집트는 기원전 525년에 페르시아에게 정복될 때까지 26대 왕조가 계속되었다.

이집트의 종교는 天上의 신으로부터 동물의 神, 추상적인 神에 이르기까지 여러가지 신을 신봉하는 多神教였다. 이는 초기 이집트가 여러가지 呪物을 숭배하는 수많은 부락사회의 집합체로 이루어진 왕국이었기 때문이다.

초기 이집트인들은 인간이 죽으면 來世도 현세와 지속되며 어느시기에는 부활한다고 믿었다. 따라서 시신이 안전하게 매장될 수 있는 피라밋이나 훌륭한 분묘를 만들고 농경, 수렵, 가축, 일상생활, 제사, 무용등 당시의 풍습을 묘의 벽에 그렸다. 또 사자가 영원한 생명을 얻기 위해서는 음식을 제공하고 명복을 빌어야 한다고 믿었기 때문에 성대한 제사를 올리게 되었다.

이집트의 문화는 매우 복잡하면서도 고도로 발달했다. 점성술, 기하학, 조각, 건축학, 종이 제조법의 발견, 봉제술의 발달 등 최고의 문명을 꽃피웠다.

계급 구조는 왕족, 농민, 노동자, 노예, 강한 세력을 갖고 있던 승려등으로 구성되어 신분에 따라 엄격히 차별 대우를 받았다.

소녀의 춤 BC2700~2200년경의 벽화

1) 종교적인 무용

현재까지 발견된 대부분의 이집트 무용은 분묘의 벽화에서 발견된 종교적인 성격의 것이었다.

이집트의 종교무용은 사원에 고용된 직업적인 무용수에 의하여 종교의식의 일부로서나, 왕과 같은 귀족들의 장례 절차의 일부분으로서, 농민들의 풍요를 비는 祭式의 한 절차로서 사용되었다.

음악가와 여성무용수 BC 2700~2200년경의 벽화

이는 다음과 같은 몇가지 사실로 미루어 추찰할 수 있다.

고대 이집트 제 4 왕조의 아쿠후트테-크의 분묘의 벽화에는 얇은 옷을 입은 소녀가 지도자로 보이는 사람의 박수에 맞추어 종교적인 형태의

18 왕조의 라모세 왕의 묘
BC2700~2200년경의
장례식무용

무용을 배우는 것으로 추측되는 浮彫가 보이며 제 5 대왕조의 넨쉬에프트가이의 분묘의 벽화 가운데 음악가와 여성 무용수로 불리우는 이와 유사한 형식의 춤이 있는데 이는 행진을 하면서 춤추는 무용인듯 하다.

제19왕조 시대의 것으로 추정되는 삭카라 지방에서 出土된 "葬儀의 무용"이라 불리우는 춤이 제 4, 5 왕조시대의 분묘벽화에서 볼 수 있는 춤과 흡사하게 닮은 것을 보면 중왕조 시대의 종교무용형식도 이와 비슷하였을 것으로 생각된다.

이외에도 네페르트－이리 분묘의 벽에 왕비가 태양신에게 예배를 드리는 무용에서 당시 예배무용의 면모를 추찰할 수도 있다.

이리왕비의 예배무용
이리분묘 벽화
BC1570~1090년경의 벽화

이와같은 이집트 무용의 내용은 주로 경작과 추수에 관련된 것으로써 중요한 목적은 대부분이 신에게 풍작을 기원하기 위한 것이었다. 춤을 출때에는 승려나 무용수의 우두머리가 재현된 전설의 주인공 역활을 하였고 군무가 이를 도와주는 역할을 했다. 아비도스 abydos 의 오시리스 축제에서 오시리스의 생애를 재현하는 춤, 황소신, 아피스의 모험을 묘사한 비밀무용, 관람자가 없이 사원에서 승려에 의하여 수행되던 아스트로노믹 Astronomic 이나 별의 무용 등은 신을 위로하는 무용이었다. 따라서 사원에서는 특별한 계급으로 남녀 무용수를 육성하고 있었다.

장례식에서의 무용은 죽은자의 모습으로 가장한 사람이 그 장례식을 주도하며, 죽은 사람이 태어나서 죽을 때까지 행했던 뛰어난 행동을 판토마임으로 연기한다. 무용수들은 死者를 위해 환송과 기도의 춤을 추었다.

농부들은 귀족과는 달리 스스로 춤을 추어 풍요를 기원했다. 이 사실은 제5왕조 분묘에 릴리프 relief 로 묘사된 收獲祭의 집단무용에서 알 수 있다.

2) 오락적인 무용

이집트 제1대 왕조의 것으로 일컬어지는 木彫는 센티 Senti 왕이 춤추는 모습이라고 한다. 이것으로 미루어 보면 고대왕조로 거슬러 올라갈수록 상류계급이 어떤 목적을 위해 직접 춤을 추었던 것으로 생각된다. 작스는 "기원전 2천년대 중기에 터트오시스 Thutmosis 1세가 그의 딸 헤췌프스트 Hetchepsowet 를 왕위계승자로 인정하자 귀족들은 계속해서 춤추며 기뻐했고 신하들도 도약하며 춤을 추었다. 그러나 수많은 그림과 문헌도 진정한 사교춤을 보여주지는 않고 있다"[2] 고 한 것으로 보아 이집트에는 직접 추어서 즐기는 사교춤은 없었던것 같다. 그러나 여흥으로서의 무용은 모든 계층에서 춤춘 것 같으며 귀족들의 연회에서는 고도로 숙달된 무용수를 고용하거나 노예들에게 춤을 추게 한것 같다. 당시의 무용동작을 확실하게 설명할 수는 없으나 기원전 1500년경 이집트의 외국정복시절 이전의 춤은 남성적이고, 큰 걸음에 각이 진 동작이 많고 아크로바트적인 체조동작과 유사한 엑스타시한 춤이었던 것 같다.

---

2) Curt Sachs, Eine Weltge Schichte das Tazes, (小倉重夫訳, 音樂之友社) 1972, p 276

이집트 무용수와 악사
BC1420년경

그러나 이 이후 부터는 정복된 국가로부터 들어온 무희들의 영향으로 무용동작의 영역과 다양성이 부가되고 동작의 선도 부드럽고 매끄럽게 변했다.

그 예를 들어 보면 제18왕조 시대의 유적에는 무용과 관련된 많은 벽화가 있다. 그 대표적인 것으로 "피리부는 소녀와 무용수"라 불리우는 벽화가 있는데 이 무용의 형식은 생기 발랄하게 춤추는 당시의 오락무용의 대표적인 형식일 것으로 생각된다. 이 시대에는 무용수들이 양식화된 모습으로 손가락이 곡선을 이루고 있음을 알 수 있다.

이집트가 주변국가를 정복하고 강국으로서 권력을 향유하던 시기에는 춤이 고도로 발달한 아프리카의 중부 지방으로 부터 춤추는 난장이 피그미족 Pygmy 을 데려다가 춤을 관람하였다.

후기 왕조시대에는 대도시의 광장에서 유랑하는 어릿광대나 곡예사의 소집단이 즉흥적인 쇼를 보여주기도 했다. 이들 어릿광대나 곡예사는 고대 이집트에 있어서는 직업적인 무희 집단이었다.

무용사에서의 이집트의 공헌은 인류역사상 최초로 무용이 발달하는 시기에 여러나라의 무용을 받아들여 발전시키고 무용동작의 다양성을 부여했을 뿐만아니라 지중해 구석구석에 이 무용을 전파시키는 역할을 한 것이였다.

2. 고대 히브리인들의 무용

고대 히브리인들이 무용을 한 사실을 입증할 만한 유물은 없다. 그러나 구약성서에는 무용에 관한 기록이 있다. 사무엘서(6 : 4)에서 보면 "다윗은 그의 온 힘을 다하여 하느님 앞에서 춤추었다."라든가 聖歌(149 1:3)에서 "그들로 하여금 춤을 추며 그의 이름을 찬양할지니라"라고 한 것을 보면 개선식과 예배식에서 무용을 했으며 무용이 상당히 존중시 되었음도 알 수 있다.

또 哀歌(5~12)의 성구에서"이스라엘이 적·전쟁·구금으로 실의에 빠졌을때 우리들 마음의 기쁨은 끝나고 우리의 춤은 슬픔으로 바뀌었다"라고 묘사한 것을 보면 기쁠때의 자연발생적인 춤 뿐만아니라 슬픈 감정까지도 춤으로 표현한 것을 알 수 있다.

성경구절에서 보면 고대 히브리인들이 추던 몇가지 무용의 형태를 알 수가 있다.[3]

"골든카프 Golden Calf 둘레에서 원형 혹은 環形의 춤을 추었다"라고 기록된 이 춤은 종교 무용과 우상숭배 형식이 복합된 이교도의 의식을 흉내낸 것으로 생각된다. 또 같은 구절에

> 다윗이……길을 따라가며 하나님과 방주 앞에서 제물을 준비하고 혼신을 다하여 춤을 추기 위해 길을 멈추었다.

라고 한 예배무용의 형태에 대한 기록이 있다. 이 사실에서 미루어 보면

중세까지 전해 내려오던 결혼식을 행하는 집으로 가는 길 내내 춤을 추는 결혼식 파티에서의 관습은 고대의 결혼식 무용에서 비롯된 것으로 생각된다.

구약성서에는 葬禮式 무용에 대한 언급은 없으나 현대의 시파딤(스페인과 포르투칼계의 유태인)들 중에는 기도를 詠唱하면서 棺 주위를 걷는 장

3) 출 애굽기 32 : 6, 19

례식의 관습이 있는데 이는 고대의 葬禮行進舞에서 유래한 것으로 추측된다. 이외의 춤들은 대개 기념행사에서 거행되는 호핑댄스 hopping Dance나 훨링댄스 whirling Dance 로써 묘사되고 있다.

고대 히브리인들은 특별한 행사나 기념행사 이외에도 일상생활에서 기회가 있을때 마다 춤을 추었음을 알 수 있다. 그 증거로 센드레이와 노튼은 Sendrey and Norton 히브리인들이 무용의 동작을 설명하는 단어가 12개나 된다고 지적하고 있다. 또 쿠르트 작스 Curt Sachs는 "고대 유태인 여자들의 춤은 대부분이 회전춤일 것이다. 왜냐하면 마홀 m'ahôl은 항상 여자들의 춤이라는 의미로 사용되며 원을 그리면서 회전하는 칼이나 회오리 바람을 뜻하는 동사 훌 'hu'l (turn) 로 부터 파생된 단어이다. …… 여기서 언급된 동작은 사방을 바라보는 동작이므로 칼춤으로 해석하면 안된다.[4]"라고 설명하고 있다.

몇몇 성경학자들은 pasah라는 단어가 의미하는 "건너가다, 절약하다" 와 "절룩거리다, 절룩거리는 모습으로 춤을 추다"에서 踰越節行事가 초기 히브리인들이 봄 축제에서 추었으리라고 추정되는 특이하게 절룩거리며 추는 춤에서 유래한다고 추측하였다.

고대 히브리인들이 이집트를 위시한 인접 국가들에게서 상당한 관습상의 영향을 받은 것은 센트레이와 노튼의 다음과 같은 서술에서 증명된다.

> 두 종교에의 행진무용은 여러 가지 의식에서 사용되었다. 국가적인 축제는 대중적인 무용을 포함하고 있다. 두 민족은 多産을 바라는 춤으로서 추수·감사제를 거행하였으며 이스라엘의 농부는 이집트인과 같이 손바닥과 버드나무 가지로서 축하하였다. …… 그들의 신들이 춤을 탐닉한다는 이집트인들의 믿음조차도 히브리인들의 개념과 같은 점을 가지고 있다.[5]

이상에서 서술한 사실로 미루어 보면 고대 히브리인들과 주변국가에서는 무용이 생활과 밀접한 관계를 가지고 있었음을 추찰할 수 있다.

3. 그 리 이 스

그리이스는 유럽의 동남단에 위치한 발칸 반도에서 오리엔트 Orient 문

4) Curt Sachs, op. cit, p. 53.
5) Alfred Sendrey and Mildred Norton, David's Harp; The Story of Music in Biblical Times (New York; The New American Libary, 1964).p.207

명의 유산과 에게문명 Aegean Civilization 이 접촉하여 그 영향을 받아 독특한 그리이스 문화를 꽃피운 국가이다. 발칸반도는 海岸線이 발달하고 험한 산악지대가 국토의 대부분을 차지하고 있으며, 평야는 전 영토의 20%정도 밖에 되지 않을 뿐만아니라 강우량이 적어 농업국으로는 적당하지 않다.

그리이스인이 언제 발칸반도에 이주하였는지는 확실히 알수 없으나 그리이스인의 일파인 도리아족 Dorians 이 침입하여 미케네문화를 정복한 것은 기원전 1100년경으로 알려지고 있다. 이 이후 약 300 년간은 그리이스 민족이 주변의 영토에 이주한 시기이다.

도리아족은 펠로폰네소스 반도와 크레타섬 및 에게해의 여러섬, 이오니아족 Ionians 은 아티카 Attica 반도를 중심으로 한 동해안 에오리아족 Aeolians 은 서부 산악지대에 자리를 잡고 부락중심의 씨족적인 농경생활을 영위하였다. 그런데 그리이스의 영토는 험한 산이 부락간의 통행을 막고 있어 서로 왕래가 용이하지 않았으므로 부근의 부락이 서로 합쳐서 도시중심의 정치적인 통일체로 발전하여 그리이스 특유의 폴리스 Polis 중심의 도시국가가 형성되었다. 기원전 700년경에는 그리이스에 수백개의 폴리스가 있었고 이들은 정치적으로는 독립되어 있었으나 경제적으로는 상호 연관을 갖고 있었다. 문자·언어·종교는 동일한 민족이라는 정신이 강하여 이를 더욱 공고히 하기 위해 인보동맹 Amphictiony 과 올림피아 경기를 만들었다.

그리이스는 민주주의가 일찍부터 발달하고 모든 시민이 직접 정치에 참여하였으나 이는 자유민에 국한되어 있었고 피정복민인 노예에게는 모든 권한이 박탈되었다. 따라서 소수의 자유민에게는 다수의 피정복민을 통치할수 있는 능력을 기르기 위한 높은 교육이 요구되었다.

그리이스는 제우스를 비롯한 남녀 12신을 모시는 다신교국으로 초자연적인 사물의 숭배로부터 고유의 직능을 가진 인간적인 神을 만들고 이들을 숭배했다. 그리이스의 무용은 이들 종교에 근거를 둔 것으로 군사훈련이나 교육의 한 방법으로 발전하였으며 나중에는 인기있는 연예의 일부분이 되었다. 그리이스인들이 무용을 상당히 존중하고 있었음은 재론할 필요가 없겠으나 그리이스의 문명이 일어나기 이전에 크레타섬을 중심으로 발달한 에게문명과 호메로스 시대 무용의 영향에서 비롯된 것으로 생각된다. 따라서 그리이스 무용의 모체를 이루는 것은 역시 에게시대의 무용과 호메로스 시대의 무용으로 생각되어 독립된 항목으로 설정하였다.

1) 그리이스 무용의 태동

① 크레타 Create의 무용

그리이스 문명이 일어나기 이전에 크레타 Crete 섬과 그리이스 본토 및 서아시아의 서해안 일대에 세계 최초의 해양문명인 에게문명 Aegean Civilization 이 일어났다. 크레타섬의 크노소스 Knossos 및 기타의 고적을 발굴한 결과 기원전 3000년부터 기원전 1400년에 이르기 까지 이 시기에 크레타인들은 다양한 게임과 스포오츠, 무용 그리고 음악적인 활동을 한것이 입증되었다.

크레타섬의 무용가운데 가장 오래된 것은 큐레타스 Curetes 라는 춤으로 사냥하는 모습을 흉내내면서 광폭하게 뛰는 남성무용이었고 이와는 형태가 다른 전쟁무용도 있었다. 또 간단한 원형 형태의 여자들의 춤, 동물의 가면이나 박제를 쓰고 추는 춤, 앞뒤로 공중돌기를 하거나 뛰어 오르며 재빨리 하는 춤, 머리 또는 두팔로 서거나 걷기, 바퀴처럼 뒤로 굽히기 등을 포함한 무용도 있었다. 이외에도 메이즈maze 또는 래버린쓰 labyrinth 로 불리우는 고대 크레타의 유명한 무용이 있다. 실로 짠것 같은 나선형의 패턴을 가진 이 춤은 크놋소스에 있는 미노스궁에서 기원한 것으로 추찰된다. 크레타의 무용수에 대해 로울러 Lawler[6]는 "이와같은 행동들이 너무 복잡하기 때문에 크레타의 무희들은 오랫동안 엄한 훈련을 받은 전문적인 연예인 이었을 것이며, 왕족이라도 무용을 하였을 것으로 추측하고 있다."라고 했다.

그리이스인들은 크레타인들을 뛰어난 예술가로 생각하였고 무용에 있어서는 그리이스인의 스승으로 받들었다.

② 고대 그리이스 무용

고대 그리이스인들은 초기의 이집트인들 처럼 무용을 대단히 존경하였다. 고대 그리이스인들이 이집트 무용의 영향을 받고 있었음은 몇몇 유물의 그림에서 증명된다. 그리이스인들은 무용을 고대의 풍습으로서 신성하게 영감을 받은 것으로 보았다. 그리이스인들은 하늘에 있는 별들과 혹성까지도 일종의 질서정연한 무용을 하고 있는 것으로 여겼다. 따라서 천체의 수호여신인 우라니아는 학예를 관장하는 뮤즈Muses 신의 한 사람으로 무용

---

6) Lillian B, Lawler, The Dance; Ancient Greece (Middletown, conniwesleyan University press 1964), p. 38.

의 수호 여신이었다. 서사시와 음악의 여신이며 이들의 일곱신 가운데 하나인 텝시코리 Terpsichore 는 춤의 여신이었다.

로울러는[7] 그리이스인은 신이 무용의 원천이라고 생각하였으며 위대한 神威의 대부분이 무용으로서 문헌과 예술에 묘사되었다고 지적하고 있다. 플라톤은 법률편에서 무용이란 기쁨과 같은 감정의 표현을 하기 위하여 젊은이들이 몸을 움직이는 자연적인 욕구로부터 발생한다고 말하고 정말로 무용이 자연적이고 본능적인 동작이 될 수 있는 하모니와 리듬의 감각은 신과 뮤즈의 특별한 선물로 얻어진 것으로 생각한다고 하였다.

고대 그리이스인들은 무용을 독립된 예술로 생각하지 않았다. 그 예로 "Orcheisthai"라는 그리이스어는 영어로 "춤을 추다"로 해석되는데 실제로는 행진, 게임하기, 예술, 재주넘기 까지 포함하는 말이다. 또 그리이스어로 mousiké 는 "뮤즈의 운술"이라는 뜻으로 음악, 시가, 무용을 의미한다.

호머의 시 일리아드의 18장에는 아킬레스의 갑옷을 묘사하고 있다. 여기에는 고대 그리이스의 세가지 무용이 방패에 그려진 것으로 다음과 같이 묘사되고 있다.

> 처녀들은 거만하게 구애를 받아들이며 젊은 남녀들은 상대방의 허리에 서로 손을 얹고서 춤을 춘다. 처녀들은 부드러운 린네르 의상을 입었으며 청년들은 향유를 바르고 날이 곱고 허리가 잘룩한 옷을 입었다. 처녀들은 예쁜 화환을 목에 걸고 청년들은 은빛 혁대에 금빛 비수를 차고 있었다. 모두들 능숙한 걸음걸이로 빙빙 돈다. 그 모습은 마치 도공이 바퀴옆에 앉아 바퀴가 잘 돌아가는지 시험하기 위해서 손으로 돌려 보는 듯하다. 다음에는 서로 마주보며 접근해 간다. 사람들이 주위에 몰려들어 이 즐거운 춤을 구경하며 즐긴다. 사람의 솜씨라고는 볼 수 없는 악사가 하아프를 뜯으며 이들 한 가운데서 운율을 지휘하고 두 사람의 곡예사가 재주를 넘고…… [8]

이와같이 고대 그리이스의 청춘 남녀는 결혼식이나 수확기에 청년들만 추거나 처녀들도 섞인 즐거운 군무를 추었었다.

그리이스의 춤에 대해 작스는 다음과 같이 기술하였다.

> 그리이스에 있어서 춤의 역사는 타문화에서와 같이 실제로 창조한 기록은 거의 없다. 주제와 유형 동작, 형태도 모든 것이 대부분 원시민족들에 의하여, 또는 아시아 문화에서 이미 착상되어졌던 것들이다. 여기에서 우리는 고대 민족간의 일련의 동일한 관념 즉 풍요, 결혼, 전쟁, 죽음 등을 발견할 수 있고 동일한 관념의 결합에 의해 이루어진 장례 의식에서의 전쟁춤과 좀더 후기의 풍요 축

---

7) Ibid p. 14
8) 일리어드 18장

제에서의 전쟁춤을 찾아 볼 수 있다.

동일한 유형의 춤 또한 발견된다. 한편으로 보면 추상적이며 비 모방적인 춤이 있는가 하면 다른 한편으로는 동물춤과 탈춤 그리고 무언극과 같은 구상적이며 모방적인 춤도 있다. 동작도 마찬가지로 동일하다. 한편은 도약과 급격한 움직임의 확장된 동작이, 다른 한편에서는 몸을 비틀고 선회하는 등과 같은 폐쇄된 동작들이 있다.

형태에서도 동일한 것이 발견된다. 남녀 혼성의 원무와 남성의 열이 맞은 편에 있는 여성의 열로 다가가는 선형의 춤 line Dance, 미로춤 labyrinth, 행진춤 procession, 독무등이 있으며 후기에는 쌍쌍춤의 형태도 보인다.[9]

그리이스에서는 군무가 먼저 발생하였으며 차츰 그리이스 개인주의에 부응하여 독무를 추게되고 엑시타시한 상태에서의 춤의 경험이 대중적이고 세속적인 드라마로 발전하게 되었다.

2) 그리이스의 무용

① 종교와 무용

초기 그리이스의 무용 가운데 대표적인 것으로 기원전 1500년경의 것으로 추측되는 그레타섬에서 발굴된 凍石의 항아리 위쪽에 농부들이 노래하고 춤추며 행렬을 지어가는 무용의 그림이 그려져 있다. 이는 그리이스 초기의 농경무용의 한 형태일 것으로 추측된다.

기원전 700년경의 것으로 일컬어지는 키프로스섬에서 발견된 은쟁반에는 신에게 예배를 드리는 모습의 그림이 그려져 있는데 이 그림은 이집트의 예배모습과 흡사한 것이다. 이외에도 데빌론이나 아티카에서 출토된 유물에서 발견된 무용에 관계된 그림들도 무늬의 기하학적인 그림형식이나 무용 동작의 포즈가 이집트의 영향을 받은 것으로 추측된다.

고전문학시대로 접어들면서 그리이스인들은 초기의 동물숭배에서 벗어나 남녀로 구별되는 12신을 중심으로한 수 많은 인간적인 신을 숭배하게 되었다. 이 신들의 주위에는 수많은 신화가 있고 저마다 각기 다른 특권을 갖고 있다. 이들 신에게 드리는 제례 행사 가운데 무용과 관련된 특별한 예를 찾아본다.

그리이스인들은 다산과 술의 신인 디오니소스에게 행운을 비는 축제를

9) Curt Sachs, Eine Weltgeschichte des Tanzes, 小倉重夫訳 音樂之友社, 1972, p276

올렸다. 그들은 디오니소스의 신화상의 동료 가운데는 사티로스 Satyrs 혹은 고우트멘 goat-men 이 있었다고 믿었다. 무희들이 축제에서 이들의

고대 그리이스의 새의 춤

역할을 할때에는 염소 차림을 하고 염소 모양의 신발을 신었다. 그리이스 말로 염소는 트라고스 tragos 인데 기원전 500 년경에 시행되었던 염소 춤 경연대회는 트라고디아 tragoedia 경연대회 혹은 염소의 노래 goat song 로 알려졌다. 이 사실을 증명하는 유물로는 기원전 500 년경에 만들어진 것으로 알려진 화병의 그림속에 춤추는 광인 마에나드 maenad 로 불리우는 디오니소스를 숭배하는 신자들이 산꼭대기의 신전 앞에서 미친듯이 춤추는 모양이 그려져 있다. 이들 춤추는 광인 마에나드의 모습을 그린 그림, 조각 등의 유물은 상당히 많다.

이들 유물들의 그림을 종합해보면 신을 애도하며 미친듯이 뛰고 돌고 발을 구르는 여자들이 죽인 어린양을 공중에 던지는 모습이 묘사되어 있다. 이와같은 그림들에는 규격화된 특별한 형식이 없는 무용이 갖는 아름다움이 농축되어 있다.

춤추는 사티로스 Satyrs 로 불리우는 헬레니즘 시대의 조각이 있다. 사티로스는 신화 속의 인물로서 산, 강, 임야등을 관장하는 영물이며 디오니소스를 추종하고 있는 반은 사람, 반은 산양이다. 사티로스는 산과 들을 춤추면서 돌아다니고 술과 육감적인 무용을 좋아하며 여인을 희롱하기를 즐긴다. 이 조각에는 강한 힘을 과시하는 남성적인 무용미가 잘 표현되어 있다.

이외에도 에게해의 델로스 Delos 섬에 있는 델피 Delphi 에서는 아폴로

전투의 춤을 추는 그리이스 병사, BC 400년경

Apollo 와 누이인 아르테미스 Artemis 를 위한 축제와 무용이 있었다. 아폴로는 안무의 법칙까지도 명령하였다고 일컬어지고 있다. 이외에도 아테나 Athena, 헤카테 Hecate, 디미터 Demeter, 페르세포네 Persephone 등과 같은 신들도 각기 다른 축제일에 저마다 다른 특이한 제례식이 있었다.

이상과 같이 그리이스에서도 무용은 제례에서 신을 기쁘게 하기 위한 도구로서 중요한 역할을 갖고 있었다.

그리이스의 희극춤

춤추는 사티로스

② 교육과 무용

그리이스인의 무용관 가운데 가장 중요한 특징은 무용의 교육적인 가치를 인정한 것이었다. 그리이스의 철학자 중에는 무용교육에 대하여 깊은 관심을 나타낸 사람이 많다. 플라톤 Platon 은 "노래와 춤을 잘 하는 것은 교육을 잘 받은 것이다."라고 하였다. 그는 작품 법률편에서 교육으로서의 무용의 중요성에 대해 대단한 관심을 기울였다. 플라톤은 무용과 음악에는 고귀한것 즉, 훌륭하고 존경할 만한 것과 그렇지 못한 것의 두 가지가 있다고 했다. 플라톤의 교육에 관해 기술한 내용을 발췌하여 본다.

> 그는 모든 어린이들 소년 소녀들에게 똑같이 초기부터 고상한 음악과 무용으로서 교육을 시키곤 하였으며 경연대회를 열어 이들을 자극시키기도 하고 ·· 그는 관리들에게 학교와 공공 연주회장에서 가치없는 모든 리듬과 하모니, 스텝과 제스춰를 배제하도록 절대적인 권한을 주곤 하였다. 음악과 무용을 신에게 바쳐야 하고·····신 자신들이 춤을 추고 춤을 고안 했으므로····· 고상한 무용은 학생들에게 건강과 기민함 그리고 신체의 아름다움과 선량한 정신, 잘 조화된 마음을 주어야 하며·····[10]

소크라테스는 무용으로서 신에게 경의를 표하는 사람이야 말로 전쟁에서도 훌륭하다고 말하면서 무용은 보다 폭 넓게 가르쳐져야 한다고 주장하였다.

그리이스인들은 가정교사에 의하여 다른 교육과 함께 어릴 때 부터 무용을 배운것 같다. 그리이스인들의 신체 훈련은 다양한 종류를 고르게 훈련하였으며 동작은 활력적이었다. 인위적이거나 곡예와 같은 동작은 거의 없고 자연발생적으로 자유롭게 달리며 뛰어넘고 뛰어 오른다.

아테네와 스파르타의 소년들에게는 무용이 군사교육에 도움이 될 수 있도록 가르쳐졌다. 팔레스트라 Palaestra 와 짐나지움 gymnasium 에서 이들은 전투동작을 습득시키기 위해 고안된 피릭춤 Pyrrhic Dance 과 그 밖의 다른 무용에 참여하였다. 이 무용들은 아래의 몇가지 범주로 분류된다

- 포티즘 Podism : 백병전에 대비하여 훈련시키기 위한 것으로서 발의 동작을 빨리 이동시키는 훈련
- 씨피즘 Xiphism : 가상 전투로서 젊은이들이 집단으로 춤과 같은 형태로 전술을 연마하는 훈련
- 호모스 Homos : 높은 통나무와 바위를 뛰어넘고 벽이나 요새를 기어오르기위해 높이 뛰어 오르는 훈련
- 테트라코모스 Tetracomos : 당당한 그룹 대형으로서 일제히 공격하거나 연결된 방패로서 자신들을 방어하는 훈련

스파르타의 훈련 학교에서는 소년들을 위해 이러한 무용들을 가르쳤을 뿐 아니라, 파나테나익 축제 Panathenaic Festivals 에서 정기적으로 공연을 하였고 군대에서는 훈련의 일부로서 규칙적으로 실행하였다.
숀 Shawn[11]에 의하면 그리이스에는 약 18개의 피릭댄스 Pyrrhic Dance

10) Cillian B. Lawler, op. cit., p 124.
11) Shawn, op. cit., p. 18.

라는 이름의 무용이 있고 춤은 독무, 2 인무, 군무 등이 있었으며 내용은 가상전쟁과 같은 형태의 무용이었다. 이 무용으로서 심신을 단련하고 근력을 높이며 규율을 터득하고 전장에서는 두려움을 잊게하는 역할도 했다고 한다.

그리이스에서는 무용이 극히 존중되었다. 그 예로 페리클레스 Pericle-an 시대의 정치가, 장군, 철학가들과 훌륭한 사람들은 중요한 공적 행사나 전투에서의 승리의 답례로 수 많은 청중앞에서 독무를 하기 위한 연습을 했다. 아테네의 시인 소포클레스 Sophocles 는 상당히 젊었음에도 살라미스 Salamis 전투가 끝난후 수금의 연주자와 승전무의 지휘자로 뽑혔다. 그리이스의 뛰어난 장군이며 정치가의 한 사람인 테베스 Thebes 의 에피논다스 Epaminondas 는 성인시절에 악기를 연주하고 노래를 부르며 춤을 추었는데 청중들 앞에서도 춤을 추었다. 또 에스킬루스 Aeschylus 와 아리스토파네스 Aristophanes 는 자신들의 각본으로 다양한 동작의 춤을 추었다.

로마 후기에 살았던 그리이스의 풍자시 작가인 루션 Lucian 은 그리이스인들의 무용에 대해 다음과 같이 언급하고 있다.

> ·····모든 도시의 가장 고귀하고 위대한 병사들은 무회였으며 그들은 그것을 부끄럽게 생각하지 않았기 때문에 ····

③ 연극과 무용

그리이스의 극장은 처음에는 무용과 밀접한 관계를 맺고 있었다.
원래 오케스트라 Orchestra 라는 말은 극장의 원형 무용장소를 의미하였다. 오케스트라나 무도장에서 실시된 그리이스의 공공무용은 후에 코러스가 되었다. 그리이스 시대의 극은 노래와 대사와 무용이 합쳐진 것으로서 비극이나 희극이 모두 이와같은 형태였던것 같다.

그리이스의 연극에는 희극과 비극의 두 종류가 있다.

아리스토텔레스는 "그리이스의 비극 tragedy 는 디씨램브에서 발생하였고 다산과 부활을 비는 봄의 제례식이 격식을 갖춘 합창과 연극 형태로 발전하게 되었다"고 말했다.

희극은 디오니소스 제에서의 대사나 노래, 춤에서 기원한다고 전하여져 오고 있다. 이 웃음거리의 극이 점차 형식을 정비하여 비극과 함께 디오니소스 제에서 경기의 형식으로 행하여 지게 되었다.

쿠르트작스는 "그리이스의 모든 극 무용은 감정과 행동을 표현하는 포라이 Phorai 와 인물의 특징을 표현하는 스케마타 Schemata의 두 종류의 유형에 포함되며 이러한 동작들은 미리 계산되어 만들어진 손동작 즉 케이로노미아 Cheironomia" 라고 불리웠다.

케이로노미아의 동작 설명의 예를 들면"슬픔과 고통의 표현은 손을 머리 위에 올려놓는 동작이며 숭배의 표현은 두손을 위로 펴서드는 동작 등 수백 가지가 있었다"라고 하였다.

그리이스의 극에서 나타나는 무용의 대표적인 형태는 다음과 같다.

- 엠메리아 Emméleia : 그리이스의 비극 춤
  이는 근엄하고 심각한 형태의 무용으로서 전형적으로 비극적인 테-마에서만 사용하였다. 무회는 말을 하지 않고도 극의 내용을 전달할 수 있는 상징적인 몸짓을 구체화하여 갖고 있었다.
- 코작스 Kordax : 희극에 사용되는 특이한 무용 이었다. 이 춤은 외설적이고 천하게 묘사 되었었다. 욕정을 유발하는 선회동작과 사람의 엉덩이 걷어차기, 가슴과 허벅지를 때

리는 동작들 외에도 이와 비슷한 동작들을 많이 포함하고 있다.

- 씨키니스 Sikinnis : 기원전 6세기에 시행된 사티로스극의 전형적인 무용이었다. 상당히 야단 법석스럽고 곡예적인 동작으로서 생동감있고 활력적이고 무례한 것이었다. 때로는 신화적인 줄거리의 풍자적인 내용을 포함하는 경우도 있었다.

④ 오락과 무용

그리이스에서는 코모스 Komos 혹은 코모이 Komoi 로 불리우는 만찬후에는 여흥으로서 노래, 요술, 악기, 연주, 그리고 무용을 하는 것이 관례였다. 이러한 여흥은 본래 주인이나 초대받은 손님들이 행하는 것이였으나 기원전 300~400년경 부터는 직업적인 무희계층이 발생하여 연기를 하게 되었다. 이들은 전문화된 고도의 기술을 보유하고 있었고 때로는 노예들이 무희로서의 훈련을 받은 후에 보수를 받으며 연기하는 경우도 있었다.

이 당시에도 연기의 스타는 있었던것 같다. 델로스 Delos 섬의 한 비문에는 한 명의 여자 무희가 그녀와 함께 다닌 무용단 전체보다 더 많은 돈을 받은 사실을 기록하고 있다.

디오니소스 극장의 춤추는 소녀, 아테네 국립박물관

알렉산더 Alexander가 동방을 원정한 후 데리고 돌아온 포로들에 의해서 그리이스의 무용은 동방의 영향을 받기 시작하였다. 이 이후 부터 그리이스의 무용은 점차적으로 발동작과 함께 몸짓을 사용하게 되었다.

헬레니즘 Hellenistic 시대와 그리이스-로마에 이르는 시기에는 판토미우스 Pantonimus 또는 무언극의 무희가 대단한 인기를 누리게 되었다. 의상과 마스크를 서로 다르게 입은 独舞者 solo dancer는 음악으로 이루어진 中間劇의 삽화에서의 각 장면에서 줄거리를 전달하기 위해 야단스런 몸짓과 흉내를 내곤 하였다. 이런 형태의 연예는 로마제국의 세력이 절정에 달했던 시기에 가장 광범위하게 사용된 것 같다.

3) 그리이스 무용의 종류

그리이스의 무용에 관한 명칭은 현재까지 전하여져 오는 것이 많다. 이 가운데 대표적인 춤을 정리하여 보면 다음과 같다.

- 피리케 혹은 피릭댄스 Pyrrhiche′; "붉은 옷을 입은"이라는 뜻을 가진 이 춤은 그리이스인들이 5세부터 추기 시작하며 신체단련과 전투 준비를 위한 가상 전쟁 무용으로서 스파르타에서는 여성들도 추었다. 후에는 무언극이 되었으며 직업적인 무용수가 춤추기도 했다.
- 파이안느 Paians; 의술의 神 아폴로에게 바치는 춤으로서 질병과 죽음에서 구원을 받기 위해 추는 주술적인 춤이다.
- 큐레터스 Curetes; 소리를 지르며 무기를 부딪치는 소리를 내면서 行하는 춤이며, 광폭하게 날뛰면서 하는 남성 무기춤이다.
- 히포케마타 Hyporchémata; 아폴로 神에게 바치는 춤으로 몸짓과 음악이 신화를 표현하는 춤이다.
- 짐노파이디아이 Gymnopaidiai; 나체의 소년들이 추는 춤으로 춤의 형태는 레스링 동작에 기초를 둔 춤이다.
- 엠메리아 Emméleia; 神을 찬양하며 경건하고 엄격하게 조용히 추는 윤무이다. 주로 처녀들이 손을 잡고 춤춘다. 출산 후 10일째 되는 밤의 여성의식, 사춘기에 들어가는 입사 의식, 결혼식날 신방의 문앞에서나 묘지로 가는 애도 행렬에서 춘 춤이다.
- 디시람프 Dithyramb; 디오니소스 찬가로 디오니소스를 모시거나 다

른 神을 받드는 화환을 쓴 50여명의 무용수가 추던 매우 극적이며 격렬한 춤이다. 이 춤의 지휘자는 중앙에 있는 디오니소스 신이므로 성장력과 부활을 상징한다. 이러한 춤은 유명한 시인과 정치가가 지휘하였다.

- 코작스 ; 특유한 희극적 무용으로 외설적이고 천하게 묘사되었다.
- 씨키니스; 기원전 500년대에 시행된 사티로스극의 전형적인 무용이다.
- 크자르페이아 ; 방패를 들고 춤추는 무기춤이다.
- 포디즘 Podism; 백병전에 대비하기 위한 무사들의 훈련에 사용한 춤으로써 주로 발의 동작을 빨리 이동시킨다.

4. 로 마

이탈리아인은 인도 유럽인계 민족으로 기원전 1700년경과 1200년경의 2회에 걸쳐 이탈리아 반도 북방으로 부터 이동해 왔다. 또 에투리아인은 기원전 600년에서 부터 500년 사이에 로마를 점령하고 이 곳의 도시 국가들을 점령했다.

기원전 272년,로마의 이탈리아 반도 통일이 거의 완성되었고 기원전 31년의 아우구스투스 Augustus 결전에서 全 지중해를 통일했다. 아우구스투스의 지중해 통일에 의해 공화제는 붕괴되고 帝政시대가 되었다. 제정초기는 평화가 찾아오고 學藝도 번성하여 로마제국의 황금시대를 구축했다.

로마는 건국후의 수백년간은 전쟁의 역사 였다. 따라서 로마 국민들은 예술과 문화를 접하고 이를 발달시킬 여유가 없었고 다만 초기의 에투리아 문화와 그 후의 그리이스 문화를 유입하여 답습과 모방에 그치고 말았다.

후기 로마 시대에는 국민의 이기심과 향락주의가 로마제국의 위기를 조장하고 지중해의 분열이 시작되는 와중에 게르만 민족이 침입하여 로마제국은 멸망하였다.

1) 로마 무용의 특성

로마시대는 帝國은 있었으나 로마의 예술이나 무용은 없었다. 로마인들은 정복한 땅인 에투루리아와 그리이스인 포로로 잡혀온 이들의 무용을 즐기기는 하였으나 무용 자체를 창조하고 발전시키려는 노력은 없었다. 로마의 무용이 어떻게 변했는가에 대해 적절하게 표현한 숀 Shawn 의 말을 인용하면 다음과 같다.

> 우리는 로마제국에서 춤이 처음에는 극장에서 상연하는 예술 형태로 되었음을 발견하게 된다. 그 후에는 상업화가 되었음을 발견한다. 로마의 신앙생활이 점차 부패하고 흥청거리기 시작함에 따라서 종교무용은 구속이 없는 방황과 선정적인 행사가 되었다.[12]

이와같은 로마 무용의 역사는 대개 3기로 나눌 수 있다.

2) 고대 로마시대의 무용 — 제 1 기 —

로마의 역사가 시작되던 시기에는 특정 집단 남자들이 무리를 이루어 춤을 추었다. 이것을 살리 Salii 라고 하는데 라틴어로 이말은 "춤을 추다," "도약하다"라는 뜻의 살티오 Saltio 에서 유래하였다고 한다. 살리에서는 밭을 가꾸고 씨뿌리는 사제와 전쟁무를 추는 군인과 마르스 Mars (군신, 전쟁의 신)의 사제들과 젊은이와 노인들로 이루어진 남자 집단들이 춤의 지휘자의 지휘에 따라 방패를 율동적으로 두드리며 원을 따라 행진하였다. 이 춤은 우아하고 장엄하였으나 동작은 별로 없었고 박자는 마치 빨래하는 사람들처럼 세 박자의 반복음으로 발을 굴렀던 것으로 추측된다. 이 세박자라는 특징 때문에 이들의 춤을 트리프디움 Tripudium 이라 부르게 되었다.[13]

폼베이 벽화 로마의 무용

이와같은 유형의 다른 합창 무용으로는 팔라리아 Palilia 팔레스 Pales의 축제에서 양치기들이 들판에서 엄숙하고 장엄한 춤을 추었다. 양치기들은 밤을 새워가며 짚단에 피운 불을 둘러싸고 원을 이루어 춤을 추었다.

또 루페르칼리아 Lupercalia 는 3월 1일에 판 Pan 神을 경축하기 위

12) Shawn, op. cit., p. 24.
13) Curt Sachs, op. cit, p. 277.

하여 거행한 행사로서 이 의식의 司祭들인 루페르치 Luperci 는 회초리를 들고 로마 길거리를 다니면서 나체로 춤을 추며 구경꾼을 회초리로 때렸다고 한다.

사투날리아 Saturnalia 는 12월 중순에 거행되는 종교 축제였다.사턴 Saturn 을 기리기 위하여 거행되는 이 향연에서는 잔치를 벌려 술에 취해 춤을 추는데 이 때에는 계급이나 계층의 구별이 없었다.

커스타인 Kirstein 은 "이 교도의 축제일을 기독교도들이 그리이스도의 미사 Christ's Mass 혹은 크리스마스 Christmas 로 채택하였고 이것이 여러 세기를 계속하면서 수 많은 극무용이 되었다[14]"고 말한다.

초기 로마의 극장에서도 무용이 상연되었다. 기원전 300년 중엽에 로마에 데려온 이스트리아 Istria 출신의 무희나 그리이스에서 건너 온 연기자가 여흥으로서 神을 달래고 天災에 시달려온 주민들의 마음을 전환시키기 위한 것이었다. 이들은 양의 가죽으로 된 양치기의 망토를 입고 허술한 무대 장치를 하고 신, 영웅, 일반인등의 생활을 풍자적으로 개작하여 익살스럽게 상연하였으나 로마 주민들의 관심을 크게 끌지는 못하였다. 이 이후 무희들은 귀족이나 그리이스, 남이태리인의 노예가 되었고 극장에서 공연할 때에는 이들을 빌렸었다. 뿐만아니라 초기에는 여자가 무대에 출연하지 않고 젊은 남자들이 여인의 역할을 대신 하였다.

페르스

3) 로마 무용의 전성시대 — 제 2 기 —

기원전 200년 경부터 로마 무용의 제 2 기 역사가 시작된다고 할 수 있다.

이 무렵 부터 로마의 귀족사이에 춤이 시작되었다. 에투루스카인 Etruscan과 그리이스의 안무가들이 지적인 무용학교를 세우고 어린이들에게 교양으로 무용을 지도하였다. 귀족의 자녀들도 무용을 배웠으며 교양인은 누구나 춤을 출 수 있어야 한다고 믿게 되었었다. 이 시기에는 춤은 사교적인 교양으로서 사회적으로 인정을 받았다.

춤이 유행하게 되자 로마 시민의 특성을 유약하게 한다고 비난을 하게 되

14) Kirstein, op. cit., p. 46.

어 기원전 150년 경에 아프리카누스 Africanus 황제는 칙령으로 무용학교를 폐쇄시켰으나 무용의 열기를 막지는 못했다.

4) 로마 제국시대 — 제 3 기 —

로마 시대를 통털어서 무용이 가장 유행한 시기는 기원전 220년경 시저아우구스투스 Caesar Augustus 의 통치하에서 그리이스, 에트루스, 오리엔트 등의 영향을 받은 춤이 무언극의 형태로서 무대에서 독립된 후 부터이다. 이렇게 된데에는 두가지 이유가 있다.

첫째로 로마인들은 예술적인 美나 감정의 표현으로서의 무용을 좋아하지는 않았으나 무언극 무용의 활력적인 장면을 즐겨했다.

둘째로 이 시기에는 로마는 다양한 국적의 민족으로 가득찼고 이들이 모두 이해할 수 있는 공통된 언어는 몸짓 뿐이었으므로 무언극의 무희들은 말과 노래 대신에 몸짓으로만 연기를 하였다. 무용은 한 배우가 혼자서 다양한 의상을 입고 가면을 쓰고 한 연극속에서 여러 인물의 성격을 묘사한 초기 그리이스의 비극과 상당히 유사하였다. 롤러 Lawler 는 당시의 연극에 대해 다음과 같이 말하고 있다.

> ……관중들은 하루 종일 극장에 앉아서 마치 최면에 걸린 사람처럼 무희들을 지켜 보았다. 그들은 무희들이 살아있는 神이라고 생각하였으며 세네카 Seneca 는 그들의 연기에 대한 열광을 병적 Morbus 이었다고 말하고 있다. 여인들은 기절을 하였고 고위 관리들은 동작마다 고개를 숙였고 로마의 황제들은 무희들을 불러 춤을 추게 하였고……[15]

로마가 기근이 들어 고통을 당하고 있을 때 연사들이나 교사들까지도 國外로 추방 하면서도 삼천여명의 무희들은 市에 남아 있도록 허락하였다. 춤에 대한 찬·반론은 수세기 동안 계속되다가 결국 500∼600년경에 이르러서는 춤에 대해서 반대하는 입장이 점점 우세하게 되었다. 따라서 사회의 지도적인 지도자들과 작가들은 춤을 부패하고 부도덕한 짓으로 낙인 찍고 있었다. 그러나 로마시민들은 점차 난폭하고 대대적인 쇼를 즐기게 되었고 춤도 점차 타락하고 음탕한 것으로 바뀌었다. 특히 로마의 폭군 칼리글라 Caligula 나 네로 황제는 춤을 나쁜 목적에만 사용하였기 때문에 무용은 더욱 부패하게 되었다. 따라서 무용은 그리스도교의 지도자들에게 심한 비난을 받기에 이르렀다.

---

15) Lawler, op. cit., p. 140

5. 인　　도

인도의 문명은 대략 기원전 2500년부터 1500년에는 이미 인더스강과 라비강 연안에 고도로 발달해 있었다. 그 증거는 고대도시인 모핸조다로 Mohenjo-daro 와 하라파 Harappa 의 유적에서 발견할 수 있다. 인도인은 금욕주의를 기초로하는 힌두교를 신봉하고 엄격한 사회계급 제도인 카스트 제도에 묶여 개인의 능력을 자유롭게 펼치기에는 부적당한 사회였다.

따라서 급격한 사회변혁과 발달은 없었다. 또한 힌두교의 엄격한 교리에 따라 개인의 즐거움을 위한 운동과 유흥은 사회적으로 극히 억제되어 있었고 무용도 오락적, 예술적인 면에서 보기보다는 종교적인 목적으로 사용되었다.

무용은 힌두교의 사상이나 생활에 불가분의 관계를 가지고 있다. 인도의 3神 가운데 하나인 시바神은 춤의 神으로써 옛부터 우주는 시바神이 춤으로 움직이게 하였고 별은 춤에 의해서 움직이고 있다고 믿고 있다. 인도 남부의 사원에 있는 조각에서는 神을 나타라자(춤의왕)로 나타내고 있는 것도 있고, 보다 동작이 부드러운 여성의 춤을 만든 시바神의 처 빠르미터의 모습을 조각한 것도 있는데 여러개의 팔을 가지고 있는 조각상이 나타랴사 춤의 형태로서 현재까지도 전하여 지고 있다.

1) 인도 무용의 발생

인도의 무용은 기원전 1500년경 서북부로 부터 북부 인도에 침입한 아리아족의 무용과 지리적으로 고립된 남인도의 무용과는 상당한 대조를 이루고 있다. 외침의 영향을 덜 받은 남인도에서는 고유의 고대 인도 문명의 특성을 거의 원형대로 간직하고 있다.

북부 인도의 고대 문명의 면모는 고대도시 모헨조다로 (기원전 2500~1500)의 유적지에서 발굴된 브론즈의 춤추는 소녀상에서 그 면모를 추찰해볼 수 있다.

인도의 지역별 무용의 특색　왼쪽위 : 카 닥
오른쪽위 : 마니프리
왼쪽아래 : 카타카리
오른쪽 아래 : 바라타 나샤

남부인도의 무용은 수천년 전의 고대 무용의 형태를 그대로 간직하고 있는데 현재에도 남부 인도사원에 조각된 부조물에 수많은 무용동작들이 조각되어 전해져 오고 있다.

인도의 무용은 바라타 Bharata 가 기록한 나티아사스트라 Natyastra (무용술)라는 인도 무용 교본에 기록되어 전해져 내려오고 있는데 이 책은 400년 경에 쓰여진 것으로 고대부터 전승되던 인도의 무용이 상세히 기술되어 있고 힌두교도들에게는 준성전으로 간주되고 있다.

나티아사스트라는 세계에서 가장 오래 된 무용 전문서적 가운데 하나로 일컬어 지고 있다.

남부인도의 사원의 예배에는 반드시 무용이 수반되었다. 나티아사스트라에 기록된 것으로는 인도의 무용에는 머리 9종류, 눈 8종류, 눈섭은 6종류, 목은 4종류의 움직이는 방법이 있고 무드라라고 부르는 손동작에는 4천여 종류의 방법이 있다고 한다.

뿐만아니라 춤 그 자체는 9가지의 감정－노함, 공포, 사랑, 용기, 익살, 哀感, 숭배, 감정의 격변, 사색 － 에 따라 춤추어 진다. 의식무용에서는 舞樂이 일치되며 정해진 스텝이나 곡을 반복 연기하는 것이 아니고 즉흥적으로 복잡한 리듬을 만들어 간다. 이와 같이 어려운 무용수업을 위해서 사원에서는 어린 소녀에게 오랜기간에 걸쳐 전통적인 종교무용을 지도하고, 성장하면 사원에 소속된 무용수로서 神의 시녀 즉 데바다시 Devadasi 가 되어 타인과 자신의 죄를 위해 봉사하게 된다.

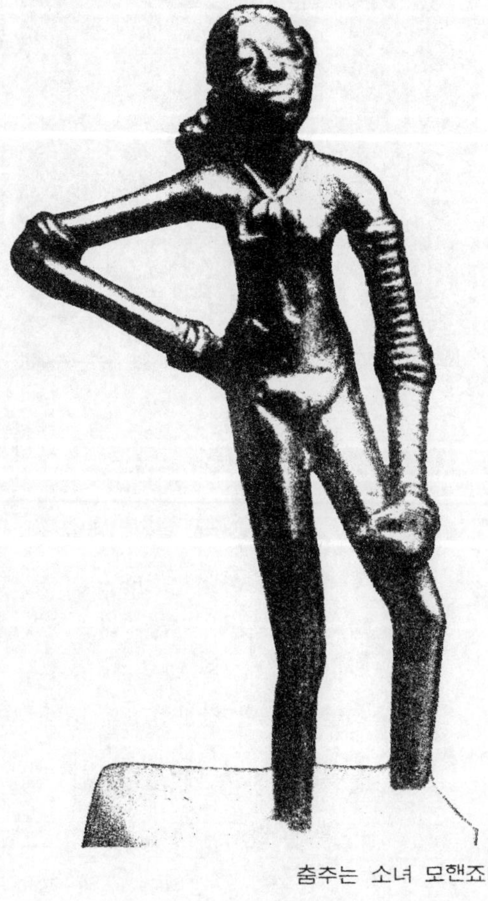
춤추는 소녀 모핸죠다로

중세에 이르러 사회의 계급화가 정착되면서부터 북부 인도에서는 왕족과 권력자에 의해 신성했던 사원의 무용이 오락무용으로 변하면서 차

춤 타락의 길을 걷게되었다. 남부에서는 1700년대 부터 권력자와 부유한 자들에 의해 보여주는 오락무용으로서 선정적인 춤으로 변하게 되었다.

1900년대 이후 부터는 인도 고전무용의 부흥운동이 일어나게 되었으며 이로인해 인도의 고전무용은 현대적인 예술 무용으로 발전하게 되었다.

현재에는 사원에 소속된 데바다시 무용수는 거의 없어졌으며 예술가로서 무용을 배우려고저 하는 어린이는 8세 정도가 되면 스승을 찾아 그의 집에서 기거하며 스승의 무용을 전수받게 된다.

춤추는 소녀 사원의 벽부조

2) 인도 무용의 종류

인도의 무용은 크게 4종류로 분류할 수 있다.

① 바라타 나남 Bharata Natyam

바라타 나탐의 뜻은 "내면의 감정표현 또는 리듬"을 의미하는 것으로 남부 사원의 조각은 대부분이 이 춤 동작이다. 이 춤은 주로 탄조래 Tanjore를 중심으로한 남부인도의 전통적인 춤이다.

② 카타카리 Kathakali

이 춤은 남서부 인도의 춤으로 덕이 높은사람, 영웅, 악마 같은 사람 등의 세 인물이 등장하여 신과 악마의 언행을 연기 한다. 이 춤은 남성만이 연기하며 집밖에 가설 무대를 만들고 일반인들에게 보이는 춤이다.

③ 마니푸리
Manipuri

이 춤은 인도 동북부의 파키스탄지방에 속하는 마니풀지방의 춤으로 크리슈나神의 전설을 나타내는 우아한 춤이다. 마니풀은 "神들의 무용장소로서 만들어진 곳"이라고 불리우며 수많은 민속무용이 있다.

카라카리춤의 복장

④ 카닥 Kathak

북부의 춤인 이 춤은 宮廷舞踊이다. 힌두교와는 달리 회교도는 춤을 여흥으로 생각했으므로 이 지방이 회교도에게 정복된 시기에 종교무용이 아닌 이 춤이 생겨났다. 우아하면서도 열광적으로 빙빙도는 춤이다.

인도의 무용은 2000년전 북인도로부터 불교의 승려들이 포교를 위해 티베트, 중국, 한국, 일본 등으로 갔을때 이들에 의해 인도무용이 소개되었다. 그 증거로 사자가 없는 중국, 한국, 일본 등에 연기되는 사자춤은 인도의 영향으로 생각된다. 한편 천여년전 남인도의 왕들이 Seylon(스리랑카)을 정복한 후 부터 남인도 상인들의 왕래와 더불어 동남아 일대에 남인도계통의 무용이 소개되어 타이, 말레이지아, 인도네시아에 영향을 끼치기 시작하였다.

외국무용의 발달

6. 중　　국

양자강을 중심으로 발생한 고대 중국의 문명은 동양의 여러국가에 지대한 영향을 끼치며 일찍 부터 발달했었다. 중국인들은 예(禮)를 인간의 기본으로 생각하고 대가족 제도를 통해 이를 실천했다.

고대 중국의 역사를 기록한 문헌들을 보면 周(B.C 1122~249)조에 이르러 중국에 최초의 문화가 꽃피웠으며 이 시기의 문물제도는 수 천년에 걸쳐 중국 문화의 기초를 이루게 된 것이다.

주나라 때에는 고도로 조직화된 국립학교 제도가 마련되어 있었다. 학교교육은 소학(小學)교육과 대학(大學)교육으로 나누어 지며 소학교육은 사(師)씨, 보(保)씨, 악사(樂師)의 지도를 받는데 사씨는 삼덕(三德…至德, 敏德, 孝德) 삼행(三行…孝行, 友行, 順行)을 가르치고 보씨는 육예(六藝…禮, 樂, 射, 御, 書, 數) 육의(六儀…祭祀, 賓客, 朝儀, 喪紀, 軍旅, 車馬)를 지도하며 악사는 소무(小舞)를 지도했다.[16] 소학에서의 교육은 지육·덕육·체육·병법 등이 였으나 이 가운데 덕을 가르치는 것을 주로 했다.

대학에서는 천자(天子), 태자(太子), 공경, 대부의 자제를 주로 가르쳤으나 여성과 평민에게는 이러한 교육이 이루어지지 않았다.

지방교육은 주·현(洲縣)의 순으로 개설하고 소학교육에 해당하는 육덕, 육행, 육예를 주로 가르쳤다.[17]

왕이있는 수도에는 다섯개의 학교가 있었으며 이 가운데 동서(東序)라고 불리우는 학교에서 전례(典禮)의 춤이나 궁술을 가르쳤다.

어린이들은 8세 경에 하급학교에 입학하였으며 15세경에는 상급학교에 진학했다. 주로 봄과 여름에는 궁술과 춤, 음악을 배웠고, 가을과 겨울에는 읽기와 쓰기 예법을 배웠다.

주시대의 귀족자제의 교육방법은 13세에는 음악을 배우고 시와 노래를

16) 上野菊爾, 東洋文化史 概說, 清教社, 1949, p 33
17) 上掲書와 同

낭송하고 작(勺 : 주공(目)이지은 음악)을 춤춘다. 만 15세에 달하면 상(象)을 춤추고 활쏘기를 배운다. 26세가 되면 예를 배우기 시작하고 모피와 순견의 옷을 입으며 대하(大夏)를 춤춘다. 춤의 형태는 종교적, 공격적, 방어적, 무언극적인 움직임을 나타내고 있다.[18]

주나라 이후에는 학교에 대한 정부의 감독이 붕괴되고 교육은 개인의 힘에 의해 이루어지게 되었다.

무용은 부유층과 귀족 계급의 자제들의 교육에는 필수적인 과목이었으며 춤추는 능력은 성질판단의 한 기준이기도 했다.

중국의 고전 예기(禮記)에는 대의례(大儀禮)에서 행해지던 4종의 춤에 관하여 기록하고 있다. 이 춤의 명칭은 무용수가 손에 들고 추던 의물의 종류에 따라 이름지워졌는데 순의 춤(楯→방패), 창의 춤(槍→창), 우모의 춤(羽毛→깃털), 적의 춤(笛→피리) 등이었다.

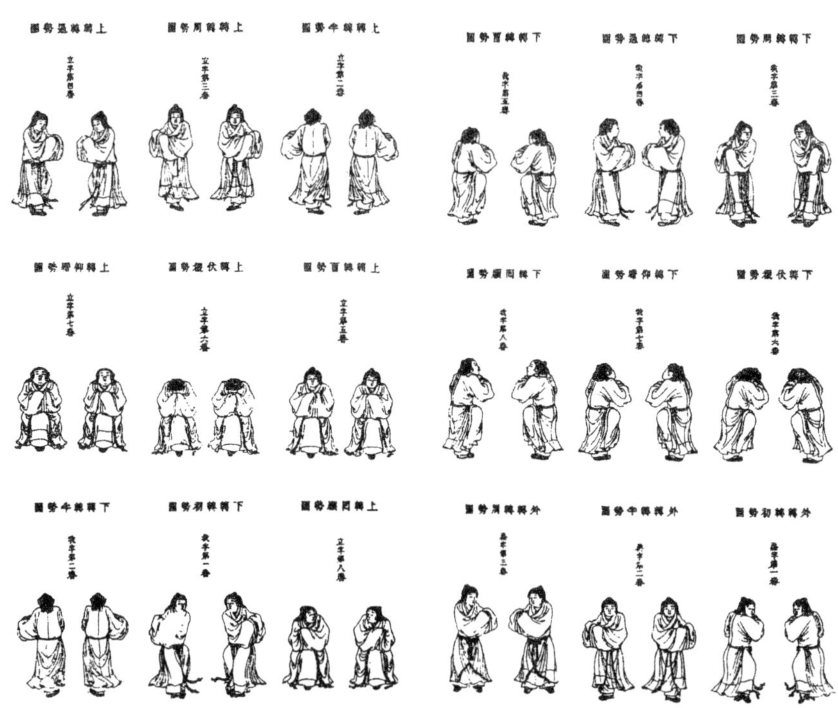

주나라의 소무(小舞) 가운데 하나인 인무보(人舞譜) (周禮)

18) 禮記, 卷十二內則

예기에 의하면 대상제(大嘗禘)에는 당에 올라서 청묘(清廟)를 노래하고, 당을 내려 와서 관(管)을 가지고 상무(象舞)를 춤추고, 주간옥척(朱干玉戚)을 가지고 대무(大舞)를 춤추고, 8일 무인대하(大夏)를 춤춘다.[19] 이와 같은 형식은 공과 천자를 위해서만 사용될 수 있는 것이었다.

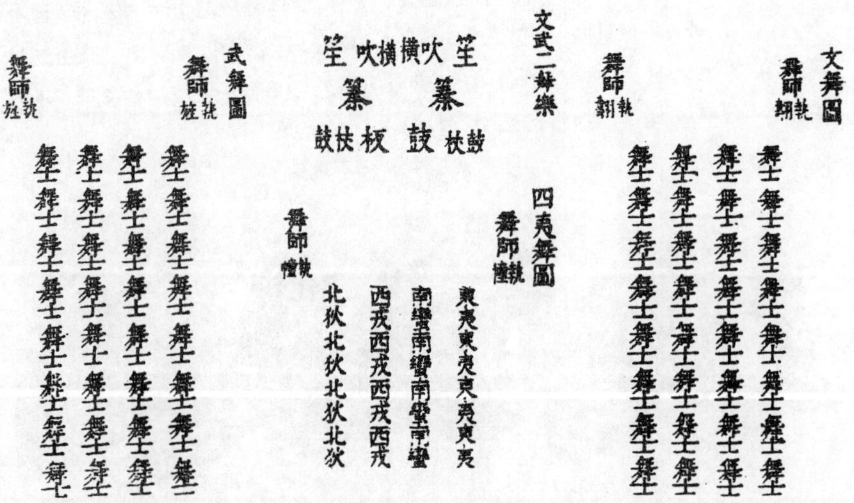

문무도(8일무)

제사식전(祭祀式典)에는 반드시 음악과 무곡이 계속 연주되었었다. 음악에는 주악과 노래, 대합악(大合樂), 홍악(興樂) 등이 있고 춤에는 대무(大舞), 약무(籥舞-피리), 연악의무(燕樂의 舞) 등이 있었다.[20]

대무는 주대의 황제를 위해 만들어진 무용으로서 7종류가 있었는데 20세가 되면 대사악(大司樂)에게서 배우게 되었다. 7종류의 대무는 다음과 같다.

운문(雲門) 황제의 무용과 음악

대권(大卷) 황제의 무용과 음악

대함(大咸) 요(堯)왕의 무용과 음악

---

19) 上揭書 祭統.

20) 吳文忠, 中華体育文化史圖選集, 漢文書店, 1975, p 10.

대경(大磬) 순(舜)왕의 무용과 음악
대하(大夏) 우(禹)왕의 무용과 음악
대무(大武) 무(武)왕의 무용과 음악
대호(大濩) 창(湯)왕의 무용과 음악

중국 무용의 기법과 정신은 주대의 성왕(成王) 때 주공이 만들었으며 이 악법에 의해 무용과 음악을 국자(國子)에서 가르쳤다. 중국에서는 군자들의 예법을 배우는 필수 과정으로 무용이 학습되었으며 예법의 기초로서, 교양의 기초로서 주대에 만들어진 악법이 근 3000년에 걸쳐 중국 예법의 주류를 이루면서 현재에 이르고 있다.

춘추 전국시대의 무녀(하남성출토)

旄(古代文舞所執者)

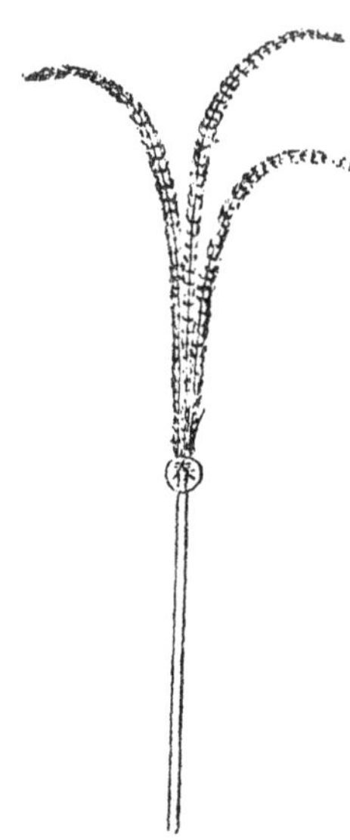

羽(古代文舞所執者)

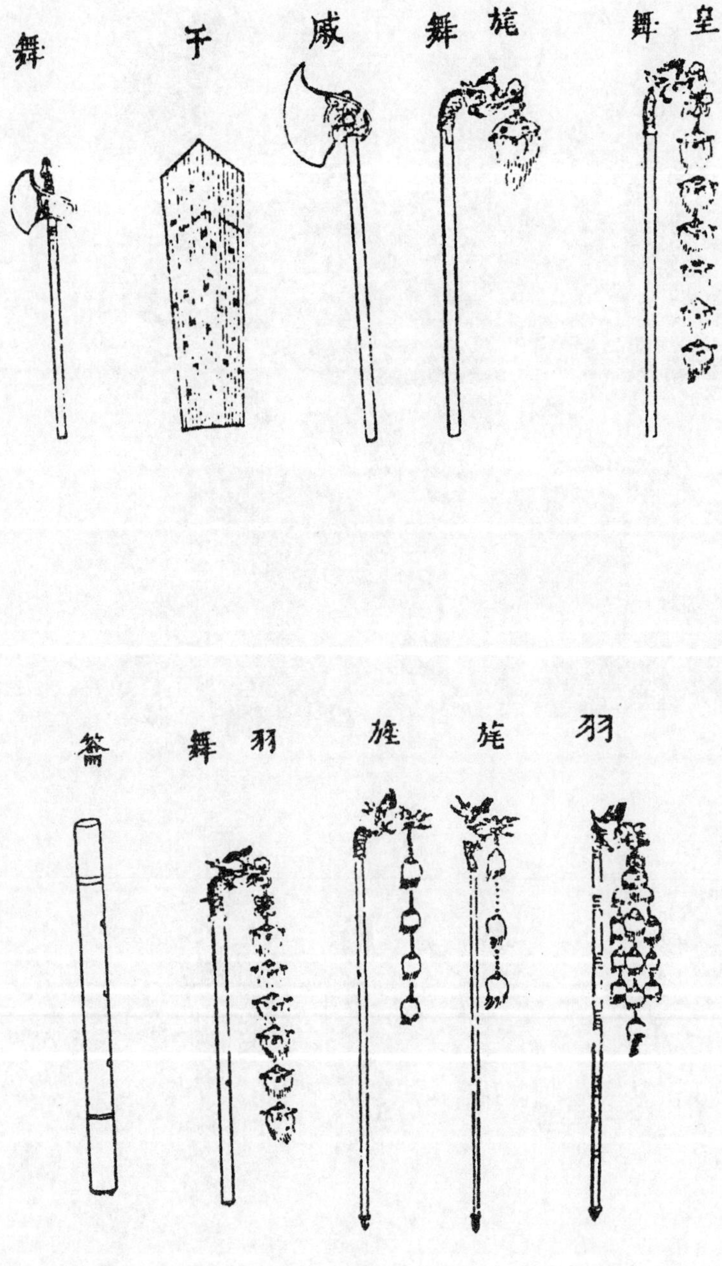

춤출때의 용구

한대의 가무도
(B. C 206~ A. D 220)
(사천성출토)

새　　원숭이　　사슴　　곰　　호랑이

한의 오수도 (B. C 206~ A. D 220)

악여무 (당나라 시대의 도기) (AD 600~800)

진(秦)나라 때에는 여자들의 무용이 발전한 시기이며 한(漢)나라 시대에는 여자무용이 최고의 전성기 였었다. 6세기경의 남북조(南北朝) 때에는 서방의 舞樂이 유입되었다.

당(唐)나라 시대는 중국 무용의 황금기로서 우리나라를 비롯한 동남아 일대에 영향을 끼쳤다. 이때에 이르러 외래무를 호악무(胡樂舞), 중국악을 속악무(俗樂舞)라 하게 되었다.

三、중　세

중세는 로마사회가 붕괴해가기 시작하는 시기에 북쪽으로 부터 이주해온 게르만 민족의 대이동으로 인해 로마의 멸망이 촉진되던 1세기 말에서부터 르네쌍스 운동이 일어날 때 까지의 약 1000년 동안을 말한다.
로마가 멸망한 이후에도 여러가지 문화를 보호하고 지도권을 보유하고 있던 교회는 타락한 로마인의 도덕을 재생시키고 북방으로 부터 이주해온 게르만의 호전적인 정신을 완화시키는데 커다란 역할을 했다.

중세는 다음과 같이 3기로 나눌 수 있다.

중세전기 ……1세기 말부터 게르만 민족의 대이동 시기인 9세기경 까지로서 유럽 문화지역과 그리이스인, 슬라브인을 주축으로 이루어진 동 유럽 문화지역, 그리고 아랍인에 의한 사라센 제국의 문화지역으로 분리 되었다. 이시기는 중세를 형성하는 준비 기간이라고 할 수 있겠다.

중세중기 ……9세기에서 13세기에 이르는 시대로서 봉건제도가 완성되고 카톨릭 교회를 중심으로한 그리스도교 문화가 사회 모든 분야에 절대적인 영향을 끼치던 시대였다.

중세말기 ……13세기에서 15세기에 이르는 시기로 봉건제도가 붕괴되고 중앙집권 국가가 성립되어 근대 유럽제국으로 전환되는 시기이다.

무용의 역사에서 보면 중세는 그리스도교의 통치권에 있던 지역에서는 암흑시대라고 일컬을 수 있었으나 그외의 지역에서의 무용은 각 문화의 특성에 맞추어 발전되는 시기였다.

1. 기독교와 무용

1) 예배의식에서의 무용

초기의 기독교도들은 신을 섬기는 수단으로 무용을 사용했다. 신도들은 성가와 무용으로 교회에서 예배를 드렸고 종교의 축일, 祭日, 죽은 사람을 매장하는 장지 등에서 춤을 추었다. 초기의 기독교도들이 철야를 한 후 춤을 추는 모습을 묘사한 백맨 Back-man의 다음과 같은 서술에서 당시의 무용 형식을 추측할 수 있겠다.

"남녀별로 구성되어 서로 마주보는 두개의 합창대로 일단을 이루었다. 교대로 노래를 부르는 동안 노래를 부르는 사람들은 잠자코 있기도 하고 때로는 앞으로 나가고 때로는 뒤로 움직이고 어떤 때에는 좌우로 움직였다. 그 후에는 단일 합창단으로 합쳤다."[21)]

300 ~400 년대에 이르러서도 교회의 지도자들은 방탕하고 타락한 춤에 대한 경고는 계속하였으나 교회에서의 예배를 위한 춤은 찬성하였고 실제로 교회의 예배식에서 춤을 추었었다.

600 년대 초엽에 아보트 멜레티우스 Abbort Meletius 는 영국의 각 교회에서 무용을 하도록 허락해 주었다.

룩셈브르크의 성령강림절에 행하는 에흐테르나크 Echternach 행렬식은 690 년 경에 살았던 성 윌리보어드 St. Willibord를 기념하는 행사로 성직자, 성가대, 교인들이 교회에서 춤추며 행진하여 제단 둘레를 돌며 춤을 추는 행사였다. 이와같이 초기의 그리스도 교회에서는 종교적인 예배의 수단으로 무용을 사용하였으나 시대가 경과함에 따라 종교적인 무용은 변질하여 신성한 형

춤추는 농민

21) E. Louis Backman, Religious Dance (London: George Allen and unwin Ltd, 1952).p. 11

식의 예배무용이 세속적인 영향을 받기에 이르렀다. 이에 금욕주의를 추구하는 성직자들은 무용을 금지하는 법령을 발표하게 되었다. 539년 톨레도 Toledo 협의회는 성자들의 향연과 행렬에서 추는 춤과 노래는 스페인에서 뿌리 뽑혀야 한다고 촉구했다. 554년 실데베르트 Childebert는 그의 통치령 내에서 무용을 금지 시켰으며 톨레도 협의회는 633년 교회에서 노래하고 춤추며 향연을 벌리는 축제를 비난하였다. 성 아우구스티누스 St. Augustine는 춤추는 것 보다는 땅을 파는 것이 좋다고 하였다. 10세기 초 페이트리아크 존 3세 Patriarch John는 음악을 연주하고 춤추기 위하여 무덤을 찾는 여인들을 추방하겠다고 위협하였고, 1209년의 아비공 Avigon 협의회는 철야근행시에 교회에서 유희를 하거나, 춤을 추기, 링댄스 또는 애가 Love song 을 불러도 안된다는 교명을 발표하였다. 12세기에 파리의 주교였던 오도 Odo는 교회와 장례 행렬에서 춤추는 것을 금지하였으며, 상당히 후인 1667년 파리의회는 일반적인 종교무용을 금지하고 1월 1일, 5월 1일에 하는 대중적인 춤과 사순절 첫 일요일에 행하는 토취댄스 Torch Dance 및 횃불춤과 성요한의 철야근행일에 모닥불 주위를 돌며 추는 춤을 금지하고 포고령을 발하였다. 이와같은 집요한 교회의 금지령에도 불구하고 춤이 존재할 수 있었던 것은 춤 면죄부 Dancing indulgences를 팔아 수입을 많이 올리던 목사들이 이 금지조치의 실시를 거부하였기 때문이다.

교회의 이와같은 노력에도 불구하고 목사들의 춤은 종식시킬 수 있었으나 대중적인 종교무용을 완전히 금하지는 못하였다. 그 증거로는 중세동안 위에 열거한 외에도 수많은 무용 금지법이 계속해서 발표되고 있었던 점을 들수 있다.

2) 교회 축제에서의 무용

교회의 축제에서 행해지던 중세 무용의 대표적인 것을 존 빌레스 John Belets 에 의해 들어보면 다음과 같다.

- 집사(디콘, Deacon)의 축제 무용 : 성 스티븐의 기념일에 추는 것으 다양한 형태의 율동과 노래와 춤, 게임을 행했었다.
- 목사들의 춤 : 성 요한의 기념일에 목사들이 추는 춤.
- 아기의 날 Innocent's Day에 추는 성가대 소년들의 춤 : 이 날에는

어린이 추기경이 선출되고 다양한 놀이와 율동, 노래, 잔치등을 행했다. 12월28일 아기의 날에 거행 되었다.

- 부집사의 춤; 그리스도 할례의 축일에 추는 부집사들의 춤으로 바보들의 축제 The Festivals of Fools 로 더 잘 알려진 행사로 아래 계급의 성직자들이 높은 계급의 성직자들을 풍자하여 가면과 가장을 하고 춤추고 노래하고 술을 마시며 예배식을 풍자적으로 개작하여 웃음거리 연극을 하는 등의 행사이다. 이 축제는 1100년대말 부터 유럽의 대부분의 지역에 전파되어 행해졌다.

프랑스와 독일에서는 고난, 고통, 전염병으로 부터 구원을 받기 위하여 성자나 순교자의 유골과 십자가와 기,성모 마리아상을 들고 행진하는 관습이 있었다. 여기에 참가한 사람들은 행진하는 도중에 어느 특정한 곳에서 리드믹한 스텝을 밟기도 하고 의식적인 절과 선회, 전진과 후퇴를 포함하는 성무를 하였다. 이 관습은 800년경부터 1500년경에 걸쳐 행해졌었다.

2. 연예인과 춤

정원의 춤

중세 초 부터 약 1400년까지 교회의 광장이나 시장에서 배우들이나 무희들에 의해 여러가지 내용의 연극이 상연 되었다. 대표적인 것으로는 성자나 순교자의 생활을 묘사한 기적극과 선과 악, 미덕과 악덕의 싸움을 묘사한 도덕극이 있었다. 이 극은 매년 겨울 크리스마스를 전후하여 상연 되었다. 이 죽음과 부활에 관한 극은 모든 유럽에 알려지게 되었고 많은 무지한 농민들이 기독교에 귀의하는데 도움을 주었다.

이와같은 배우들이나 무희들 이외에 방랑하는 연예인 무리가 있었다 이들 연기자들은 가수, 무희, 시인, 음악가, 배우, 마술사 등으로 구성되어 있었으며 마을의 광장에서 공연을 하며 수많은 곳을 방황하였다. 이러한 연예인들을 독일에서는 “춤을 추다”라는 뜻의 스필러 Spieler 에서 유래된 스필만 Spielmann으로 불렀고 다른 명칭으로는 미네씽거 Minnesingers —연예하며 노래하며 방랑하는 중세 독일의 방랑시인— 라고도 불렀다. 또 남부 프랑스, 북부 이태리 지방에서는 이들을 트루바두어 Trouba-dors 라고도 했다.

중세 후기에 접어들면서 카톨릭 교회의 금지 조치가 약화 됨에 따라 이들은 각지역의 영주들의 성에서 환영을 받게되었다.

3. 농민과 서민의 춤

무용을 비난하고 금지하는 교회의 조치가 반복 됨에도 불구하고 도시

15세기 불란서 농민들의 춤

의 서민이나 농민들은 수호제, 5월제, 혼례, 장례 및 종교행사 등에서 춤을 추었다.

농부들이 춘 춤에는 두가지 기본적인 유형이 있었다.

1) **라운드 댄스** Round Dance ; 라운드 댄스는 가장 대중적인 춤으로서 일반적으로는 춤추는 사람들이 서로 손을 잡고 긴 사슬을 이

16세기 독일 농부들의 춤

루며 춤을 추는 형태로 오픈 써클 Open Circle 혹은 클로우즈드 써클 Closed Circle로 곡선이나 직선으로 움직이는 춤이였다.

그예로 독일 초기의 춤은 습관적으로 열을 짓거나 써클을 지어 춤을 추었었다.

2) **커플 댄스** Couple Dance; 커플댄스는 보다 덜 서민적이고도 1400년 까지는 그다지 유행하지 않았던 춤이었다.

농부들의 춤은 상당히 난폭하고 억세며 동작이 크고 가끔은 성과 세속적인 것을 솔직히 표현하고 있다. 농민의 춤가운데 몇가지를 들어보면 다음과 같다.

• 호팔다이 Hoppaldei ; 짝을 지어 춤추며 팔을 흔들고 어깨를 들썩거리며 거칠게 추는 춤.
• 어셀로튼 Ahselrotten ; 쇼울더 로우링 댄스 Shoulder-rolling Dance로 박진감있고 희롱을 하며 색정적인 춤.
• 프링겔탄츠 Pringeltanz ; 펄쩍 펄쩍 뛰는 거친 춤.
• 오베트쇼튼 Hobetschotten ; 어깨를 으쓱 거리며 마루 바닥을 활주하며 고개를 흔드는 춤.
• 짐플 - 감플 Gimpel-Gampel ; 난폭한 리핑 Leaping과 스키핑 Skipping으로 이루어진 춤.

4. 귀족의 춤

봉건제도가 정착되면서 영주를 위시한 귀족계급들의 사교와 향연을 위해 점차 무용이 등장하기 시작하였다. 귀족의 자제들로 이루어진 기사들은 초기에는 신체단련을 위한 훈련에만 몰두하였으나 무용이 사교의 중요한 수단이 되면서 부터 점차 기사교육의 중요한 부분을 차지 하게 되었다. 기사교육의 단계는 시동 Dage or Henchman 으로서 7 세에서 부터 14세 까지, 徒者로서 14세 부터 21세까지 보낸 후 성대한 의식을 치른 다음 정식 기사가 된다. 기사교육기간중에는 성의 넓은 공간에서 무용과 게임을 연습했었다. 특히 徒者시에는 귀부인들을 위해 노래하고 춤을 추어야했다.

1100년 말 런던의 아동들의 놀이에 대해 윌리엄 피츠스테판 W. Fitzstephen 이 쓴 글에서 보면 당시의 기사교육의 영향을 많이 받고 있음을 알 수 있다.

> ……여름의 祭日에는 소년은 뜀뛰기, 무용, 활쏘기, 레스링, 돌던지기 순의 조작을 연습하고 소녀는 템버링에 맞추어 가볍게 춤추며 체력이 유지되는 한 춤을 계속한다. ……[22)]

---

22) Willon Fitzstephen, Description. of London John stow, The Survey of London (Manchester : George Routledge and sons, 1893.) pp. 118-119 인용 세계체육사 力口惏 夫訳 p. 118

기사가 되면 귀부인들의 춤의 상대역을 하여야 하였으므로 기사들의 교육의 중요한 부분을 무용이 차지하게 되었다. 귀족들은 처음에는 농부의 춤을 모방하였으나 귀족의 의상을 착용하고는 농부들과 같이 자유롭게 움직일 수가 없었다. 따라서 귀족들은 세련되고 우아하면서도 움직임이 적도록 춤을 새롭게 구성하였다. 귀족들이 초기에 행한 춤의 대부분을 바쎄 Basse 라고 했는데 이말은 마루에서 발을 거의 떼지 않고 움직이며 동작이 작다는 뜻을 의미한다.

네틀(Nettle)이 13세기경의 독일의 음유시인 시대에 나타난 2종의 왕실무용에 관해 적은 것을 보면

> 여인들은 끌리는 옷자락을 손으로 잡고 ……미소를 머금 었고 ……그들의 눈은 상사병을 나타내듯 반짝이고 ……한 기사가 두 여인 사이로 걸어갔고 서로의 손을 잡고 그 기사가 두 여인 사이를 걸어갔다. 바이올린 켜는 사람들이 바로 곁에 서 있었다. 춤은 아주 뾰족한 신을 신고 엄숙한 발걸음으로 천천히 진행되었다. 이같은 상류층의 모든 춤은 드래깅 Dragging 스텝으로 긴 열을 지어 추는 춤이다. 두명의 바이올란 켜는 사람이 음악을 연주한다.[23]

다음의 그림은 기사사회의 무용을 나타내는 “소녀의 무용”으로 불리우는 레오나드 다빈치의 그림이다. 이 그림에서는 여인들의 무용 동작이 상당히 활발한 것으로 묘사되어 있다.

또한 중세 귀족사회의 춤추는 모습 가운데 “가장무용을 하는 사람” 으로 불리우는 그림이 있다. 이 그림은 뮌헨의 성에서 행하던 가장무도회의 모습으로 이와같은 형태의 무용이 이 시대 전 유럽의 성에서 유행하였다.

중세 말기에 이르러 음유시인, 마술사, 어릿광대들로 이루어진 연예인들은 이태리나 프랑스를 위시한 유럽 궁전의 가치있는 부속물이 되었다. 뿐만아니라 귀족들의 무용을 전문적으로 지도하는 무용교사라는 특이한 직업이 생겨나게 되었다. 무용교사는 그들이 속해 있던 왕실의 왕자나 백작을 수행하여 여행을 다녔으며 예의 범절이 바른 사람으로서 귀족의 젊은 남녀에게는 교육의 지표로서 존경과 신뢰를 받았다.

농부들의 활발하고 큰 동작과 거친 춤에 비하여 귀족들의 무용은 마루바닥에서 거의 발을 떼지 않는 우아한 그라이딩 Gliding과 터닝 Turning 스텝이였고 농부의 무용이 짝을 이루거나 남녀간에 보다 자유로운 대형임에

---

23) Ibid., p. 119.

중세귀족들의 가면춤

반해 왕실의 무용은 그룹대형으로서 상당히 제한 되어 있었다.

중세의 무용은 농부들의 춤이 귀족의 무도회에 유입되어 세련된 후 다시 농부들에게 되돌아가는 형태로서 서로간에 영향을 주며 발전하였었다.

5. 특이한 형태의 중세 춤

1) 죽음의 춤 Dance of Death

프랑스에서 기원되었다고 일컬어지는 춤으로써 중세 동안에 계속 되다가 1300년 부터 1400년대에 걸쳐 절정에 달했다. 죽음의 춤은 이태리, 독일, 스페인, 영국 등지 까지 전파 되었다.

죽음의 춤은 일반적으로 교회의 묘지에서 시작되었다. 여기서 춤추는 사람들은 죽음에 대한 두려움과 죽음에 대해서는 만인이 평등하다는 시사를 위한 시위의 일종으로 춤을 춘것으로 해석되기도 했다.

사의 무용, 한스 목판화

이 춤은 누군가가 죽었을 때 혹은 교회의 축제 때 사람들이 갑자기 교회의 묘지에서 노래하고 춤을 추기 시작하여 사제가 그만하라고 명령하거나 이들에게서 악령을 몰아내기 위한 기도를 하여도 그칠줄 모르고 지쳐 쓰러질 때까지 계속하였다. 교회는 무덤에서의 춤을 금지 시키기 위한 여러가지 조치를 강구 하였음에도 종식시킬 수가 없었다.

2) 무도병 St. Vitus Dance

무도병은 1000년 부터 1300년경 까지 전 유럽에 광적으로 퍼졌던 춤이다. 센트비트댄스라는 춤의 명칭은 고뇌로 부터 보호해 주는 수호신의 이름을 딴 것이다. 이 춤을 출때에는 남녀노소가 모두 광적으로 날뛰면서 빙글빙글 돌고 몸을 뒤틀고 소리를 지르며 입에 거품을 물었다. 쿨드 작스는 이 춤이 전염병과 기나긴 전쟁등 끝없는 재난에 시달리고 자신들의 생명까지 흔들리게 되자 미쳐버린 한 무리의 사람들이 춤을 추기 시작하고 이 춤을 보는 사람에게도 전파되어 춤꾼의 무리속에 합세하게 된다고 했다. 이와 같은 춤은 몇개월 동안이나 계속되며 의사와 사제도 속수무책이었던 것 같다.

3) 무도광 Danseomania or dancing mania

1000년 부터 1300년경에 이르는 시기에 전유럽에서 유행하던 것으로 마틴 Martin은 유럽사람들이 계속되는 자연의 재화 (전쟁, 전염병, 화재) 를 격었기 때문에 단세오마니아로서 긴장에 대한 감정적인 배출구를 찾으려고 하였다고 시사하고 있다.

각계 각층의 사람들은 ····그들이 고통스러운 피로로 죽을때 까지 한번에 며칠씩 온 거리와 마을로 춤을 추며 빙글 빙글 돌던 일종의 광란에 자극을 받았다.[24]

커스타인 Kirstein은 댄싱 매니아를 특히 독일과 베네룩스 Benelux 제국에서 13세기와 14세기의 문헌에 광범위 하게 기록된 병리학적 정신이상 pathlogical aberration 이라고 말한다. 이 병은 때로는 어린 아이들에게도 감염이 되었는데 독일 어린이들이 에르푸르트 Erfurt 에서 아른쉬타트 Arnstadt 로 가면서 춤을 추었는데 도중에 수많은 아이들이 피로로 죽었고 다른 아이들은 일생을 마비 상태로 지냈다고 한다.[25] 또 1278년 마르부르

24) Martin, op. cit, p. 22.
25)sachs, op. cit. p. 314.

크 Marburg 에 있는 한 다리가 밑으로 무너져 한 때의 무희들이 모두 빠져 죽었고 1347년에는 수백명의 남녀가 Aix- la-chapelle 에서 메쯔 Metz 까지 춤을 추며 갔는데 승려들이 마법을 풀려고 노력함에도 소용이 없었다. 이와같은 춤을 추는 사람들은 일종의 신들린 증상을 나타내었는데 어떤 때는 예배식을 방해하면서 교회마당에서 갑자기 노래를 부르고 춤을 추는 때도 있었다. 이들은 넋이 빠져 땅위에 갑자기 쓰러지고 미친듯이 뛰어오르기도 하고 사람들 앞에서 손발로 감정을 표현하면서 춤을 춘다. 이들은 수족이 굳어지고 경련이 일어나고 무감각해져서 쓸어질 때까지 춤추고 깨었을 때는 분노에 사로잡혀 난폭하게 날뛰었다. 댄싱 매니아는 흑사병과 페스트가 전 유럽에 성행하여 수많은 사람이 죽어 갈 때에 극에 달했다. 이 이후 수십년이 지나자 군중들이 교외를 방랑하는 관습이 생겨났다. 주로 독일과 베네룩스 제국에서 이러한 현상이 일어났다.

이 병은 1300년 부터 1400년경에 절정에 이르렀고 1600년까지 계속되었다.

4) 타란텔라　Tarantella

무도병과 비슷한 증상의 것으로 타란텔라 Tarantula 거미에 물려서 생긴 병으로 생각되었던 일종의 발작적인 춤이다. 거미에 물린 독기를 몰아내기 위하여 일부러 발작적으로 추는 이 춤도 센트 비투스의 춤과 마찬가지로 구경꾼에게도 춤이 감염되었다.

치료법으로서의 이 춤이 현재에는 이태리의 많은 도시에 타란텔라라는 민속무용으로 남아있다.

四、근　　대

1453년에 동부 로마의 콘스탄티노플이 터어키인에게 점령되자 많은 학자들이 고전을 가지고 이탈리아로 망명하게 되어 고전연구에 대한 관심이 높아지게 되고, 아리스토텔레스의 저서의 재발견, 대학의 설립등은 중세의 정신세계를 지배하였던 기독교의 권위를 저하시켰다. 또 무역과 상업의 발달은 봉건제도의 기초를 붕괴시키고 지식의 탐구열은 스콜라 철학의 기초를 무너뜨렸다.

1300년 부터 1600년에 이르는 시기에 유럽에서는 교육의 3대 운동이 일어났다. 이탈리아를 기점으로 하여 인간을 본위로 생각하려는 인문주의 Humanism 운동이 일어났고, 1700년경에는 형식적 종교적 권위로 부터 인간해방을 부르짖는 도덕주의 Moralism 운동이 시작 되었으며, 과학적 연구를 문제 해결의 새로운 방법으로 도입하려는 실학주의 Realism 운동은 1600년을 전후하여 대두되었다. 이와같이 교육에 새로운 사조가 일어나고, 이어서 종교개혁 운동이 전 유럽을 휩쓸고 지나간 후에 인간을 엄격한 훈련에 의해 단련 시키려는 훈련주의 교육이 등장하였다. 이어 1700년에 일어난 계몽주의는 개인의 노예화에 대한 철학적 반항을 시도하였다. 이 사상이 계기가 되어 자연의 순리에 순응하는 교육을 지향하려는 자연주의 교육이 발생 되었다.

유랑극단, 곡예사 등에 의해 겨우 명맥을 이었고 천시되었던 무용이 근대에 이르러서는 발레가 육성하고 발전되어 예술로 발돋음 하게 된다. 따라서 근대의 무용사는 발레의 역사라 불리울 수 있으리만치 발레는 무용에서 중요한 위치를 차지하게 되었다. 이 시기의 무용은 귀족들의 사교 춤인 궁정무용과 농민들의 춤인 민속무용 및 교육으로서의 무용, 예술 무용 등으로 춤의 사용 목적에 따라 무용의 종류도 다양화 되었다.

귀족들은 다투어 무용교사에게 춤을 배우고 무용교사들은 정확한 춤의 방법과 내용에 대해 해설한 책들을 펴냈다. 따라서 이 시기는 서구 각국의 세련되지 않은 농민무용(민속춤)이 궁정무용으로서 세련화 되어 귀족들에게 일반화 되어가는 시기로 궁정무용의 완숙기라고 말할 수 있겠다.

1. 궁정무용 Court Dance

르네쌍스 시대에 이르러서도 중세의 여운이 남아 궁정무용은 優美한 것이 였다. 화려한 축연, 무도회, 가장무도회, 발레등은 귀족이나 귀부인의 사교 생활에서 가장 중요한 위치를 점하게 되었다. 귀족들의 춤이 농민들의 춤 가운데서 유입되어 활발하고 커다란 동작, 높이 뛰고 다듬어지지 않은 동작들이 귀족들의 품위에 어울리는 우아한 인사, 가끔씩 정지한 포즈, 토 포인트, 워킹 스텝, 개로핑 스텝등으로 수정되어 세련화 되었다. 이러한 귀족들의 춤은 작법 등에서 새로운 동작이 생성되기도 했다.

귀족들의 궁정무용은 꼭 끼이는 남자들의 옷과, 치마자락이 긴 여자들의 옷 때문에 자유롭고 활발하게 움직이는데 상당한 지장을 받았다. 따라서 올바른 자세와 위치, 스텝 등을 규칙에 따라 배워야 되었고 무용교사가 이 일을 담당하게 된 것이다.

이 시대에 유행하던 궁정무용을 쿠르트 작스의 저술에서 인용하여 정리하면 다음과 같다.[26]

- 1400년 ; 바스당스 Bassdance, 살타렐로 Saltarello, 콰테르나리아 Quaternaria, 피바 Piva, 칼라타 Karata, 발로 Ballo, 모레스크 Moresque 등이 있었다.
- 1500 ~ 1600년 ; 이 시기의 유럽 무용은 이탈리아, 프랑스, 스페인이 주류를 이루었으며 밀란과 롬바르디는 무용예술의 중심지였다. 궁중무용으로는 파반느' Pavane, 갈리아드 Galliard, 뚜르디옹 Tourdion, 꾸랑뜨 Courante, 카스카르다 Cascarda, 베르가마스카 Bergamasca, 사라방드 Sarabande, 샤꼬나 Chacona, 볼타 Vata, 니사르다 Nizzarda, 브랑르 Branle, 가봇뜨 Gavotte, 브란도 Brando, 빠샤까글리아 Passacaglia, 비에데 히바오 Pie de Jibao, 당스 데 부퐁 Danse des Bouffons 등이있다.
- 1600년 후반~1700년; 1600년경의 무용은 예술인과 관람자가 뚜렷이

26) sachs, op. cit. p 335~517

중세의 궁정무용

코티용

1820년대의 카드릴

구분되는 시기로 예술무용의 정착기라고 할 수 있다. 궁정무용의 종류는 다음과 같다. 미뉴에트, 빠쓰삐에 Passepied, 부레 Bourrée, 씨손느 Sissonne, 지그 Gigue, 알레망드 Allemande 꽁뜨르, 카드릴, 리고동 Rigaudon, 폴리아 Folia, 폴로네에즈 Polonez, 크라코비아크 Krakowiak.

- 1700 후반 ~ 1900년초 ; 왈쯔 Waltz, 폴카 Polka.

2. 교육으로서의 무용

고대 그리이스에서는 무용의 교육적인 목적이 바르게 이해 되었었다. 소크라테스는 춤에 대하여

……건강을 위하여 다른 사람들에게 기쁨을 주는 능력을 갖기 위하여, 체중을 줄이기 위하여, 식욕을 촉진시키기 위하여, 편안한 잠을 자기 위하여 그는 새벽에 홀로 춤을 추었다.[27] ……고 말하고 있다.

아리스토텔레스 역시 교육에 있어서의 무용에 관하여 관심을 나타냈다. 그는 춤이란 젊은 학생들의 좋지못한 감정을 깨끗이 해 주는 데 유효한 것이고, 여가선용으로도 훌륭한 것이며, 미래의 시민을 준비하는데 도움이 된다고 하였다.

로마시대와 암흑시대서는 무용이 형편없는 위치로 전락하였으나 르네쌍스 시대로 접어 들면서는 귀족계층의 교육에 중요한 부분이 되었다. 르네쌍스 시대에는 왕실 무용의 성장과 함께 귀족들의 춤추는 능력이 교양으로서 중요한 위치를 차지 하였으므로 왕을 위시한 귀족들은 젊었을 때 부터 전 생애동안 정규적으로 무용 수업을 받았다.

1400년 초에 이르러 무용교습이 직업적인 교사들에 의해 이루어지게 되면서 이탈리아의 도메니치노 Domenichino 에 의해 무용이론이 정립되었고 저서로는 말기의 지도내용을 요약한 〈도메니치론 Domenichino Treatise〉이 있다. 도메니치노의 제자인 구글리엘모 에보레오는 1400년 중엽에 〈 무용예술론 De praticha Sew arte Tripudii Unlghare Opusculum〉을 썼고 또 다른 제자인 안토니오 코르나찌노 Antonio Cornazano 는 〈무용예술에 관한 책 Libro dell arte Danzare〉을 출간했다. 1588년에 타브로 Jehan Tabourot 필명 Arbeaui Tadourot 는 〈무도법 Orchésographie〉을 썼는

27) Lillion B. Lawler, op. cit, p. 40

데 이책은 지금도 무도의 중요한 문헌으로 간주되어 참고서가 되고 있다. "무도법"에는 춤교습의 방법에 관해서 상세하게 기술되어 있다.

무용에 관한 저술 이외에 이 시대의 대표적인 교육자들의 무용교육에 대해 살펴보면 다음과 같다.

이탈리아의 인문주의 교육자 펠트레 Vittorino da Feltre (1378—1446)는 그의 교육과정에 춤, 말타기, 펜싱, 수영, 사냥, 낚시 및 그 밖의 스포오츠도 포함시켜 기사교육의 특징을 그대로 반영하여 귀족자제들에게 지도 했다.

인문주의자인 피콜로미니 Aeneeas Sylvius Piccolomini (교황 Pope pius II세 1405—1464)는 달리기, 무용, 수영이 남자에게 뿐만아니라 여자에게도 좋다고 말하고 자녀를 위한 성교육의 필요성을 역설했다.

사회적 인문주의자인 영국의 엘리오트 Thmas Elyot (1490경—1546)는 〈가정교사의 서〉라는 그의 저서 가운데에서 "모든 무용은 대체로 덕의 개념에서는 모순된 것이라는 의견에 나는 불찬성이다"[28] 라고 말하고 있다.

종교개혁의 선구자이며 종교개혁자인 루터는 도덕주의 교육자 였다. 그는 많은 종교개혁자들과는 달리 적절히 행하여지는 무용에 대해서는 인정을 하였고 그렇지 않은 무용은 엄하게 비난하였다.

카톨릭교회에 소속된 도덕주의 교육자들이 세운 카톨릭 학교에서는 다른 학교보다도 무용이나 체육을 인정하고 있었다. 이들 학교에서는 게임, 스포오츠, 무용가운데 좋아하는 것을 선택하여 행할 수 있도록 장려하고 있다.

이 시대에는 여학생을 위한 학교도 있었으나 많은 소녀들은 형식적인 교육을 받지 않고 무도교사와 가정교사에게서 교육을 받았다.

언어적 실학주의자인 라블레 François Rabelais(1483—1553)는 그의 저서 가르간튜아 이야기 The Life of Gargantua에서 가르간튜아 선생은 1개월에 1일은 책을 버리고 시골의 풀밭에서 유희, 노래, 무용, 공중회전하기, 개구리 곤충채집 등과 같은 레크리에이션적 활동을 했다고 기술했다.

감각적 실학주의자인 말카스터 Richard Mulcaster (1531—1611)는 교육론에서 여러가지 체육활동에 관하여 논술하고 "무용이 왜 비난 당하며 어떻게 하여 이제부터 구제를 받을 것인가"라고 논술하고 있다.

---

28) Sir Thomas Elyot The Boke Named. The Governour (London: Kegan paul, Trench, and co, 1883), X Lp. 26.

단련주의 교육가 록크 John Look(1632-1704)는 1693년에 쓴 "교육에 관한 고찰"에서 "무용은 모든 생활에서 우아한 동작을 하게 해주며 무엇보다 남성다움을 부여해 주며 젊은 사람은 확신을 갖게한다. 그러나 이것은 가능하면 힘과 연령이 어느정도 도달했을 때 부터 배워야 하며 너무 빨라서는 안된다고 생각한다"[29]라고 쓰고 있다. 록크는 신체운동을 주장할 때 수영, 무용, 승마, 펜싱과 같은 완전한 신사에게 필요한 특수한 기술의 습득을 주로 생각하고 있었다.

룻소의 자연주의 철학에 기초한 학교 프로그램이 1774년 바세도우 Johann Bernharol Basedow (1723—1790)가 세운 범애학교에서 실험적으로 실시되었다. 당시에는 무용교사는 특수교사로서 강사를 초빙하는 것이 일반적이였으나 이 학교에서는 정교사를 채용하여 위탁했다. 이 학교 교육과정은 이제까지 세워진 어떤 학교보다 완벽한 신체단련 과정을 교과과정에 도입하고 기사적인 신사로서의 품위를 이루게 하려고 노력했다.

독일 교육의 발전에 또 다른 주요한 개척자인 구쯔무쯔 Johann Friedrich Gutsmuths(1749—1839)는 1793년"젊은이들을 위한 체조"라는 교재를 간행하였는데 이 책에서 그는 "춤이란 우아함과 근력과 민첩성과 함께 동작의 균형을 일치시키는 경향이 있는 열렬히 권장할만한 운동이다"[30]라고 주장 하였다. 구쯔무쯔는 쉬네프펜탈에 있는 그의 체육관에서 무용을 적극 장려하였으며, "짐네스틱 댄스"라는 용어를 최초로 사용하기도 하였다.

> 젊은이들이나 소년들을 위한 발레와 비슷하며 그들의 능력과 힘을 단련시키고 노래와 함께 순수하고 명랑한 마음과 힘찬 영웅심을 자극하고 애국심을 소중히 여기도록 하는 건전한 분위기에서 하는 훌륭한 짐네스틱 댄스는 상당히 바람직한 것이……

초기의 투른 베라인 운동에 적극적 이었던 다른 교육자들은 "포크타운동"이라는 것을 도입 하였는데 간단한 행진, 호핑, 스키핑, 런닝동작과 패턴들로 구성 되어 있었다. 항상 노래를 부르며 춤을 추었고 때로는 음악을 수반할 경우도 있었다. 후에 체육교과에서 짐네스틱 댄스라고 일컫게 된것의 전신인 것으로 생각된다.

---

29) Locke, "some Thoughts concerning Education" p. 149
30) Johann Guts Muths, Gymnastie for youth guated in s. c staley and D. M Lowery Gymnstic Dancing (New York: Association press 1920), p. 6

3. 농민무용(민속무용)

직업적인 무용수들이 천시되던 관습이 1400년대에 접어들면서부터는 북부이탈리아에서는 존경받는 무용교사의 지위를 획득하기에 이르렀다. 이제 까지는는 민속무용과 궁정무용이 서로 영향을 끼치며 발전해 왔으나 무용교사라는 직업이 등장하면서 궁정무용은 농민무용에서 분리되기 시작하였다. 세련되고 규칙적이며 고정화된 궁정무용에 비해 농민무용은 일반민중에 의해 거칠고, 크고 길들여지지 않은 동작으로 춤추어 졌다. 귀족들이 추는 궁정무용 가운데 대부분은 초기에 일반 민중들도 추던 춤이 였으나 궁중에서 세련되고 조직적인 것으로 다듬어 지게되었다.

1500~1600년경에는 농부들은 축일이나 일요일 저녁에 기도한 후에 묘지에서 춤추기 위해 모였을 때 피리소리, 윤창 등에 맞추어 춤을 추었다. 영국의 May Day는 영국의 남녀 노소의 일대 무용제라 할 수 있을 것이다. 영국이외의 유럽 각지에서도 축일, 결혼일, 주일의 예배후 등에 사람들이 모이는 곳에서는 항상 춤이 가장 중요한 행사중의 한 종목이었다.

종교개혁 이후에도 교회에서나 지도자급 교육자들 가운데는 무용을 금지시키려는 노력으로 혹은 국법이나 교회의 법으로 춤추지 못하도록 규정짓고 있으나 농민들의 춤추는 습관을 버리게 하지는 못했다.

불가리아 남성의 민속춤

19세기초
폴란드 농민의
민속무용그림

마케도니아의 남자의 춤 (고로)

五、현　　대

1. 19세기 미국의 무용

1) 미국의 예술무용

1800년이 되면서 동부지역에 극장이 건립되고 뉴욕과 필라델피아는 무용의 중심지가 되었으며 프랑스의 무용수들이 미국의 발레를 지배하기 시작했다. 위땡 Francique Hutin 은 최초로 성공한 발레리나였다. 1840년에는 엘쓸레 Fanny Elsser 가 2년에 걸쳐 전 미국을 순회 공연하여 대단한 성공을 거두었다. 이 밖에도 미국에서 공연을 한 무용수 중에는 마리·따글리오니, 쁘띠빠, 엔리코·체크쉐티 등이 있었으며 이들은 미국 발레의 전통을 창조하지는 못했으나 미국의 우수한 발레리나를 개발하는데 도움을 주었다. 이 때의 미국의 무용수 가운데 뛰어난 사람으로는 리 Mary Ann Lee, 턴벌 Julia Tunball, 메이우드 Augusta Maywood, 스미스 George Washinton Smith 등이 있었다.

1800년대 후반에는 이들 무용수들과 겨룰 만한 사람이 미국에서는 나타나지 않았고 발레도 점점 퇴보 하였다. 그 이유는 정부가 다른 나라에서 오는 무용단체들은 후원을 하면서도 미국내의 무용가들의 가치는 인정하지 않았기 때문이다.

고전 발레와는 반대로 1866년 뉴욕의 니블로즈 가든에서 공연된 뮤지컬 더 블랙 크룩 The Black Crook 은 전 미국을 4년간이나 순회하며 공연하여 대단한 성공을 거두었다. 이 작품에서 무용수들은 짧은 의상의 발레복을 입었다.

춤에 대한 관심은 점차 증가하여 1800년대 중엽에는 뉴욕시에 무용교사가 8명 이었던 것이 1896년에는 63명이 되었다. 이들은 대부분 사교춤과 발레를 함께 가르쳤다.

2) 사교춤의 유행

1800년대 초에는 사교춤이 크게 유행하게 되었다. 도시에서는 무용교사들이 정규반을 가르쳤고 상류층에서는 무용교육이 가정교육의 상징인 것처럼 여겨졌다. 모든 모임의 절정은 춤이었고,인기있는 오락 이었으며, 사람들은 춤을 사랑하였다. 이 때의 사교춤의 종류는 버지니아 릴즈, 컨트리, 지그, 쉐이크 다운즈 등이 있었다.

1830년대에는 유럽에서 왈츠와 폴카가 유행했고 바로 미국으로 수입되어 열정적으로 받아 들여졌다. 그러나 왈츠와 폴카 춤은 종교계를 비롯한 사회 각층에서 도덕적으로 타락한 춤이라는 비난과 비판을 받았다. 상류사회 사람들은 공식적인 회합에서는 코티용을 추었고 입장료를 받는 무도회장이 전국에 설치 되었다.

1800년대 후반에는 주요 도시의 번화가에 부유하고 명망있는 사람들을 위한 거대한 무도장이 있었다. 대부분의 단체는 연례 무용행사를 열었고 중상류 계층들은 부부가 일년내내 무용반에 참석하는 일도 흔히 있었다. 이 행사의 전형적인 프로그램은 왈츠, 폴카, 군대행진, 카드릴, 요크, 포트랜드, 팬시, 캘리포니아, 버지니아 릴 등이 였다. 이들 중 왈츠나 폴카를 제외한 대부분은 세트댄스나 라인댄스 였다. 춤은 점점 호화스럽고 대규모화 해가기 시작했다.

1885년 다드워쓰 Allen Dadworth 는 사교춤 교재를 펴냈는데 여기에는 스텝과 도표를 곁들인 춤의 체제와 개요가 음악과 함께 상세하고 명확하게 설명 되어있다.

볼룸

3) 흑인춤의 출현

1800년대에는 북미 대륙에 흑인의 춤과 음악이 나타났다. 아프리카에서 온 노예들은 고향의 민속과 종교적인 전통춤을 기독교로 개종을 한 후에도 계속하여 추었다. 1800년대 초에는 뉴올리언즈 노예들은 그들의 비참한 처지를 달래기 위한 수단의 일종으로 춤추는 것이 허용 되었다.

흑인의 의식과 신앙에서 비롯된 춤을 부두 Voodoo 혹은 보던 Vodun 이라고 하는데 이 춤에 의해서 흑인노예들이 결속하는 것을 타파하기 위하여 가끔씩 흑인들이 즐겁게 춤출 수 있는 행사를 마련하였다.

남부지방에서는 흑인 음악연주가나 무용수가 많았다. 이들 가운데 1825년경에 태어난 쥬바 Juba 는 자유민으로서 원래의 이름은 윌리엄 헨리 레인 William Henry Lane 이였다. 그는 뛰어난 댄서로서 독특한 연기능력을 가지고 있었고, 1848년에는 런던으로 가서 대단한 찬사를 받았다.

그러나 대부분의 흑인 무용수나 연기자들은 일자리를 얻기가 극히 어려웠고 그들이 맡는 역할도 형편없는 것이었다.

4) 쉐이커 댄스

서부에 위치한 몇몇 주에서 쉐이킹 퀘이커 교도 혹은 쉐이커 교도라고 불리우는 독특한 프로테스탄트 교파의 교도들이 나타났다. 이들은 부패한 사회를 거절하고 결혼을 부정하며 육체적 교섭을 거부하는 몹시 엄격한 계율을 가지고 있었다.

쉐이커 교도들이 예배를 위해 초기 집회에서 행한 행동은 중세의 무도광들의 모습과 흡사했다.

쉐이커 교도들은 1792년 경에는 큰 예배당을 가진 지부를 11개로 늘리면서 교세를 급속히 확장해 나갔다.

초기에는 개인적인 표현에 의존했던 쉐이커춤은 점차적으로 보다 조직화되고 구조와 형태를 갖추면서 변화하였다. 이 춤에는 신의 보좌 주위를 천사들이 춤을 추면서 도는 모습을 환상적으로 표현한 스퀘어 대형의 샤플 춤이 포함되어 있었다. 이와같은 활력적인 예배의식이 교인이 아닌 사람들에게 감명을 주고 개종하는데 도움이 된다는 사실을 인식하자 동부의 쉐이크교 지도자들은 활력있는 노래를 작곡하고 무용을 안무하는데 박차를 가하기 시작하였다. 이 춤에는 다양한 대형과 동작들이 사용되었고 무언극도 점차

쉐이커 교인들의 춤

첨가되기 시작하였다. 절하기, 발구르기, 빙빙돌기, 신의 계시를 실현하기 등과 같은 몸짓들은 다소간의 차이는 있었으나 상징적인 의미로서 예배식의 한 구조로서 구체화 되어갔다. 1840년에는 신앙의 대부흥이 있었고 예배식의 일부분으로 복잡하며 정교한 춤을 차츰 개발해 갔다. 이때의 춤에는 라인댄스, 크로그댄스, 스퀘어댄스, 스타댄스 등과 춤이 사용되었다.

1900년대 초 부터 쉐이크교도들의 종교는 점차 쇠퇴해 갔다.

5) 무용교육의 발전

1800년대에 있어서의 미국 무용교육의 발전은 국민학교와 중등학교의 교육종목의 확장과 여성을 위한 사설 학원, 사립 중등학교 및 대학의 설립과 관계가 깊다. 1800년대 초에는 주립대학이나 교회재단의 대학 설립이 많았고 마운트 홀리오크 및 뉴잉글랜드의 곳곳에 여자대학이 최초로 설립되어 무용을 가르치기 시작했다.

에마 윌라드 Emma Willard는 버몬트에 있는 미들베리 대학에서 1807년부터 1808년 까지 겨울 동안에 수업을 하였는데 후에 다음과 같이 기술하였다.

> 날씨가 너무 추워 더 이상 견딜 수 없게 되자 모든 여학생들을 마루에 집합시키고 컨트리 댄스를 하기 위하여 그들을 두줄씩 긴 열로 정렬시켰다. 그리고 노래를 부를 수 있는 아이들이 활발한 노래를 부르기 시작하면 내가 소녀들 중에서 한 아이와 파트너가 되어 춤을 리드하고 학생은 모두 재빠른 동작으로 따라서 하곤 했다. 우리들은 학교에 들어가서도 다시 춤을 추었다.[31)]

무용은 대체로 여자들을 위한 교육 프로그램에 포함되나 미육군 사관학교에서는 신사로서의 몸가짐과 처신을 하는데 도움을 주기 위하여 무용을 가르쳤다. 1823년에는 당시의 유명한 보스턴의 무용교사인 판파티가 지도교사가 되어 여름 야영에서 3학년과 4학년의 일과로 무용이 필수 과목으로 지도 되었다. 이 밖의 수 많은 군사학교가 이 이후 무용을 교육과정에 포함시키게 되었다.

1800년대 초반에는 춤이 어린 학생들의 학교 교육 과정에서도 나타나기 시작하였다. 1800년대 중반에는 무용이 건강에 유익한 것이라는 점에 관심이 깊어지게 되었다. 그러나 청교도적인 편견 때문에 무용은 상당한 제재를 받았다. 1853년에 마운트 홀리요크대학에서 운동에 관한 저술을 하였는데 이 책에서는 선생은 운동을 실시할 때 춤과 같은 형태로 실시해서는 안된다고 경고하고 있다.

남북 전쟁시대 부터 1800년대 말엽까지 무용은 체육교육 과정의 한 부문으로 보다 널리 받아들여 졌다. 1862년에 루이스 Dio Lewis는 "새로운 체조"라는 저서에서 춤은 유연성 민첩성 및 우아함을 개발시키는 제법 격렬한 운동이라고 찬미 하였다. 루이스의 체조는 행진, 리핑, 스키핑, 파트너와 마루 위를 도는 등의 개조된 형태의 춤을 닮았다. 1800년대 후반에 이르는 십여년 간 춤은 모든 계층에서 여가선용으로 널리 보급 되었다. 바싸르 여자대학에서는 많은 반대 의견을 물리치고 춤이 수업에 도입 되었다.

---

31) Alma Lutz, Emma Willard, Danghter of Democracy C Baston; Haighton Mifflin campany, 1929), p. 37.

수년 후 하바드대학의 총장 엘리어트 Charles W Eliot는 아담스 Charles Francis Adams에게 보낸 편지에서 "나는 만일 하바드대학에 필수 과목을 개설해야 하고 또 할 수 있게 된다면 무용을 넣고자 한다고 자주 말해 왔읍니다. 이 점에서 볼때 미 육군사관학교는 매우 현명했읍니다"[32]라고 썼다.

① 미적무용과 체조무용

예술로서의 무용을 중등학교와 대학에 도입시키는 데는 프랑소와 델싸르뜨 Delsarte의 역할이 컸다. 델싸르뜨의 미국인 추종자들은 외적인 동작을 내면적인 정신세계와 연관 시키려고 노력한 델싸르뜨식 체계의 운동을 개발 시켰다. 1890년대에 크게 유행한 이 방법은 동작의 자유와 조화를 강조하였으며 긴장과 이완에 중점을 둔 운동이었다.

델싸르뜨식 체제를 가지고 미적인 미용체조를 형성시킨 사람은 엘빈 벨로우 길버트이며 1894년 써전트 Sargent에 의해 체육교육자들에게 소개 되었다. 이·방법은 애티튜드 Attitudes, 아라베스크 Arabesques, 포즈 Poses, 엘리베이션 Elevation, 그룹핑 Groupings 등의 전신 포지션과 다섯가지 발과 팔의 포지션에 기초를 둔 것이었다. 길버트의 이 방법은 미용체조로서 점차 미적무용으로 알려지게 되었다.

1900년대 초에 미적무용을 지도하는 사람들은 이사도라 던칸의 표현 방법에 영향을 받아 미적무용을 표현력이 강한 예술적인 형태의 것으로 만들려고 노력하였다. 이 결과 남성들과 소년들이 이 형태의 무용을 거부하기에 이르러 보다 힘들고 보다 남자다운 짐네스틱 댄스를 만들기에 이르렀다. 스텔리와 로워리는 짐네스틱 댄스를 단순한 동작과 상당히 격렬하고 훌륭한 실제적인 운동, 근육단련을 조장한 자유롭고 연속적이며 리드미컬한 균형운동[33]이라고 기술하였다.

디오루이스 Dio Lewis 의 훈련 방법을 닮은 짐네스틱 댄스는 미로 달리기, 스키핑, 스텝, 갤로핑. 버지니아 릴, 호른 파이프, 하이랜드 프링, 짜르다스와 여러나라의 포크댄스를 포함하고 있었고 미적 무용의 일부분과 신체활동의 여러분야에서 추출한 운동 등으로 이루어져 있었다.

또한 1900년대 초의 중등학교와 대학의 체육에는 남성을 위한 짐네스틱

32) Charles W. Eliot, quoted in Henry, James, charles W. Eliot president of Harvard university, 1869-1909. (Boston; Houghton Mifflin co, 1930), vol, II, p. 163

33) Staley and Lowery op. cit, pp. 82-83

댄스와 소녀를 위한 미적무용의 두가지 형태의 무용이 확립되었다.

② 민속무용과 민족무용

1900년대초 부터 급속도로 유행하게 된 춤은 포크댄스 Folk Dance와 내쇼날 댄스 National Dance 였다. 민속무용은 부루쿨린 노멀 체조학교의 교장인 윌리엄 지 앤더슨 William G Anderson 이 1887년 아일랜드의 지그 Jigs, 릴 Reels, 클로그 Clogs, 버크 Buck, 윙 Wing 등을 소개한 이후부터 체육교육의 한 과목으로 실시하게 되었다. 앤더슨은 초기에 이 춤을 여름 야영지에서 가르쳤으나 후에는 예일과 그 밖의 대학에서도 지도하게 되었다.

1892년 경에는 뉴욕 거주 스웨덴인 사회의 교육자들 가운데 스웨덴의 포크댄스를 수집하여 가르치는 것에 관심을 기우리는 사람이 많아졌다. 이 자료는 바로 짐네스틱 댄스에 스며들어 미국 전역에서 레크리에이션 종목으로나 체육의 독자적인 종목으로 발전하게 되었다.

버처널 Elizabeth Barchenal 과 크렘프톤 C, Warol Crampton 은 유럽에서 민속무용의 근원에 관한 연구를 하였고 전통적인 포크댄스와 미국의 컨트리 댄스를 집대성 하였다. 1900년대 초에는 미국의 중등학교와 대학의 체육시간, 지역사회의 레크리에이션 종목에 민속무용이 광범위하게 채택되었다.

의사이며 체육교사였던 길릭크 Luther Halsey Gulick 는 포크댄스와 내쇼날 댄스가 순환계, 호흡계, 소화계에 미치는 영향을 이론적으로 증명하였다.

③ 현대무용과 무용교육

미국의 학교무용에 현대무용을 도입 시키는데에는 콜비 Gertrude Colby 라아슨 Birol Larson, 더블러 Margaret H Doubler 의 노력이 매우 컸었다.

콜비는 1920년대의 지도급 무용가들의 영향을 받아 자연스럽고 자유로우며 자아표현이 허용되는 체육과목의 개발을 위하여 창작무용을 실험하였다. 그는 감정적인 자극제로 음악을 사용하였는데 이 방법을 내츄럴 댄스 Natural Dance라 불렀다. 내츄럴 댄스는 현대의 학교 무용의 전신이라 할 수 있을 것이다. 콜비는 이 시기에 미국의 지도급 무용교육자들을 가르쳤다.

라아슨은 콜롬비아의 바나드대학에서 무용을 담당한 사람으로 내츄럴 댄스의 가치를 인정하는 한편 해부학, 운동기능학, 물리학의 법식에 맞는 무용기술이 필요하다고 생각하여 이를 실험하였다. 라아슨은 학생들이 무용을 통해 스스로를 개발할 수 있도록 도와주고 그들의 욕구나 능력, 한계에 어울리는 무용예술을 개발 시킬 수 있도록 노력하였다.

더블러는 1916년 부터 콜롬비아대학의 강사로 있던 2년간 콜비와 라아슨의 실험작업을 주의 깊게 관찰하고 위스콘신대학에 근무할 때 창조적 표현과 신체운동에 관한 과학적인 이해에 근거한 무용 종목을 개발하였다. 더블러는 대학교육에서 무용에 대한 인식을 새롭게 하였고 무용과 체육 교육자들의 전문적인 영역에 커다란 영향을 준 무용교재를 서술하였으며 무용센터를 중서부에 설립하기도 했다.[34]

④ 학교무용과 창작무용

1930년대에는 민속무용, 사교춤, 현대무용 등이 공존하던 시기 였다.

민속무용과 민족무용은 전 미국의 중등학교와 대학에 확대 되었으며 탭댄스는 1920년대와 1930년대 초에 중등학교와 대학에서 널리 가르치기 시작하였다.

탭댄스는 초기에 클로그 댄스라는 이름으로 사용되기도 했다. 이 춤은 나무창을 댄 구두를 신고 거칠고 둔중하면서도 리드미컬한 음을 만들면서 추었다. 그러나 1940년대 부터는 체육교육의 목표를 달성할 수 없는 기계적인 형태의 활동으로 간주 되어 학교 교육과정에서는 상당히 퇴조하였다.

1930년대 초 부터 학교에서 가르친 창작무용은 콜비가 가르쳤던 내츄럴 댄스에 기초를 둔 것으로 초등학교에서는 교사들의 지시나 사실적인 교육을 최소한으로 하면서 창조적이며 리드미컬한 동작을 나타내고 교사는 학생들이 움직일 수 있도록 암시를 주었다.

고등학교나 대학의 학생들에게도 내츄럴 댄스 이론에 입각한 자유로운 접근법을 다수의 교사들이 강조했다. 톰프슨 Betty Lynd Thampsn 은 이 시기의 창작무용에 대해서 다음과 같이 쓰고 있다.

> ……무희를 기르는 것이 아니라 인격을 개발시키기 위한 목적으로 발전되었으며… 모든 동작은 신체의 자연스런 움직임과 보통 행할 수 있는 동작에 근거

---

34) Margaret H' Doubler, Dance; A Creatino Art Experionce. (New York; Fs Crofts and Company, 1940) and Dance and 2ts in Education (New York; Har court). Brace and company, 1927.

를 두고 있다. 그러나 그 동작들은 학생들이 쉽게 할 수 있고 완전한 밸런스와 협응능력을 가지고 움직일 수 있을 때까지 연구되고 연습되었다. 이 당시에는 창작을 효과적으로 수행할 수 있기 전에 신체를 도구로서 훈련시켜야만 한다는 확신이 없이 개인적인 독창력과 미적 표현에 중점을 두었다.[35]

1930년대에 이르러서는 예술무용가들의 영향으로 기술과 무용동작이 다양화되고 예술적인 형태로서 무용도 커다란 관심을 불러 일으켰다.

각급 학교의 무용교육자들은 무용기교를 배우고 새로운 매개체의 예술적 가능성을 탐구하기 위하여 특별한 워크샵을 받거나 무용가의 연습장에 가서 연구를 시작했다. 한편 예술가들은 많은 학교 지도자들이 자신의 수업에 참석하기를 바라고 자기의 관객 확보를 위해서도 이들을 환영하였다.

⑤ 극장무용의 시작

식민지시대 초기에는 배우, 가수, 무용수, 곡예사등 무대 연기자들이 천시되었으나, 연예에 대한 금지조치들이 차츰 완화되면서 극장이 개발되기 시작하자 직업적인 연기자들을 구하기 시작하였는데, 초기에는 무용교사나 반직업적인 사람 혹은 비 직업적인 사람들이 여기에 응했다.

1700년대에는 유럽의 직업적인 단체들이 미국에서 공연을 하였는데 첫번째 단체로는 할란 Hallan을 중심으로 한 영국 극단으로 할리퀴네이트, 스펙타클 등과 같은 춤을 상연하였다. 1767년에는 뉴욕에 죤 스트리트 극장이 개관되어 공연예술의 중심지가 되었다. 1774년에는 극장활동이 금지되었다가 곧 폐지되었다.

1792년 플라써드 Alexandre Dlacide와 그의 단원들이 오페레타와 발레를 공연하였다. 듀랭 John Durang은 1790년대 초기의 무용가였는데 배우, 무대장치가, 작가, 익살광대 등 수많은 무대예술 부문에 참가하여 명성을 얻었다. 후에는 유럽의 무용수들과 더불어 전국을 순회공연 하였다.

미국의 무용 작품으로는 1794년 필라델피아의 뉴 췌스낱 극장에서 상연된 라 포데 놔르가 유명하였다. 이 작품은 프랑스 무용가 가르디 Gardie가 주연을 하고 듀랭이 파트너 역할을 하였다.

1800년대 초에 이르는 동안 유럽 무용단의 미국 방문은 점점 증가하였

35)Betty Lynd Thompson, Fundamentals of Rhythem, and. Dance (New York; A. S. Barnes & co, Inc, 1933) p. 153

으며 관객들의 무용에 대한 지식도 점점 증가되어 갔으나 무용을 공연할 장소와 미국에 정착하여 지도하는 지도자가 없었다.

2. 독일학교 체육과 무용

여자 체육이 학교에서 실시되기 시작한 것은 아돌프 스피츠(1810~1858)의 영향에 의한 것으로 구르케가 1851년 베를린에서 처음으로 여자체육을 개혁하고 자신의 중앙체조학교에서 시작했다. 그 후 각 방면에서 여자체육이 연구되어 1894년 5월 31일 고등여학교에 체조가 필수과목이 되었다. 이 체조 가운데 무용은 음악유희라고 표시되어 있으나 그 형태는 확실하지 않고 추측컨데 전체가 손을 잡고 원을 만들어서 노래하며 춤춘 것으로 생각된다. 이 외에도 무용식의 질서운동, 도수운동, 수구 운동을 음악반주에 맞추어 행하는 라이겐이라고 하는 것이 행하여졌다. 1907년경부터 단순한 운동형식이나 근력을 필요로 하는 운동이 장려되어 음악유희는 생략되었다.

1913년 다시 형식이 다른 창가유희가 학교체육 가운데 삽입되게 되었다. 창가유희를 학교에 도입한 공로자는 마이엘과 라도슐이다. 마이엘은 1907년 체육유희와 창가유희를, 라도슐은 1912년 창가유희를 실시했다. 라도슐의 생각에 의하면 무용은 여자가 천성적으로 좋아하는 것으로 그 사실을 무시하는 학교는 죄악이라고 했다. 여기에서 정의적인 면을 역설한 창가유희가 탄생한 것이다. 또 민속무용이 교재로 등장했다. 이들은 도수체조나 질서운동과는 관계없이 자유롭고 유희적으로 지도되었다. 그러나 처음에는 여자 체육교사가 민속무용을 모르기 때문에 여간해서 체육의 교재로서 도입할 수가 없었으나 점점 민속무용을 춤출 수 있게 되어 민속무용이 여자체육 가운데 확고한 지반을 갖게 되었다.

3. 사교댄스

사교 댄스는 중세 말기부터 근대에 이르기까지 프랑스 궁정에서 춤추어진 궁정무용에서 생겨났다는 것이 일반적으로 알려진 사실이다. 그 이유는 궁정무용 자체가 고전적인 사교 댄스이고 고전적인 사교 댄스가 현대의 사교 댄스로 발전한 것이기 때문이다. 현대의 사교 댄스는 1900년 초에 형성된 것으로 왈츠가 그 최초의 것이라고 전해지고 있다. 왈츠는 프랑스에서 시작하여 독일로 전해진후 요한 슈트라우스 부자의 영향을 받아 비엔나 왈츠의 형식이 생겨나고, 1920년 이후부터 현재의 템포를 가진 왈츠로 변화되어 왔다.

폭스 트롯은 1915년경 뉴 올린즈의 흑인 사회에서 행하여지던 춤에 힌트를 얻어 캬슬 부처에 의해 현재와 같은 형식이 만들어졌다.

탱고는 1920년 아르헨티나의 부에노스아이레스인에 의해 추어진 것인데 포오크 댄스가 파리에 소개됨에 따라 그 춤에 힌트를 얻어 현재와 같은 탱고 형식을 만든 것이다.

블루우스는 미국 흑인이 노예해방 이전부터 불러온 노래를 재즈화한 것으로 이 곡에 사교 댄스의 형식을 넣은 것이다.

이들 사교 댄스는 서양의 생활과 밀접한 관계를 갖고 일상생활 가운데 용해되어 춤추어져 왔다.

4. 레뷰와 뮤지컬

레뷰와 뮤지칼은 한계를 짓기가 극히 곤란할 정도로 혼용되어 왔다. 레뷰란 말은 프랑스어의 류뷰에서 비롯된 것으로 열병식이나 재회라는 의미를 갖고 있다. 다시 말하면 열병식적인 구성미나 회고록적인 작품을 가리키는 넓은 의미의 레뷰라는 말이 가져다 준 것이다. 현재 프랑스에서는 레뷰라는 말을 사용하지 않고 보드빌이라 불리워지고 있다.

뮤지칼은 레뷰와 같은 의미의 음악극적인 것을 해석하여 영·미어로 붙인 이름이다.

억지로 레뷰와 뮤지칼을 분리한다면 레뷰는 스펙타클적인 댄스를 주제로 한 음악성을 띤 무대를 의미하나 현재에는 뮤지칼 가운데 속한 것이다. 뮤지칼은 레뷰를 포함한 극적 요소가 강한 뮤지칼 플레이에서부터 스펙타클적 요소가 강한 뮤지칼 쇼우에 이르기까지 넓은 범위를 가진다.

5. 민족무용

세계 제2차 대전 이후 민족 자결주의라는 정치적인 영향을 받아 민족적

자각이 높아지고 이와 동시에 예술의식도 높아져서 민속무용의 발전이 급속도로 이루어져 왔다. 새로운 예술적 민족무용의 입장에서 보면 고전적인 예술적 민족무용이라고 할 수 있는 오랜 전통을 가진 유럽 민족무용의 대표적인 것으로 스페인 무용과 러시아 무용을 들 수 있다. 스페인 무용에는 보통 캐스터네츠를 사용하며 춤추는 스페인의 대표적인 춤과 유목민 가운데서 길러진 소박하고 정렬적인 플라멘코 춤이 있다.

소련의 러시아 무용도 오랜 전통을 가지고 있는데 특히 코자크 기병의 영향을 받은 낮은 자세로 다리를 교대로 내딛는 춤은 러시아 무용의 특징이라고 할 수 있다. 또 농민 가운데서 길러진 춤도 많이 있다.

동남 아시아 민속 무용 가운데 유명한 것은 인도 무용이다. 인도 무용에는 남부 인도 무용과 북동부 무용, 동서북부 무용이 있다.

남부 인도 무용은 고대에 기원을 가진 불교의 영향에 의해 생겨난 것으로 이 춤의 영향은 동남아 여러제국에 미치고 있다.

자바, 인도지나, 버어마 등은 남부 인도 무용의 영향을 받은 것 같다. 이 춤의 특징은 손목의 상징적인 제스쳐에 의해 극적인 의미를 표현하는 것이다.

동북부 마니플 무용은 다른나라의 영향을 받은 힌두교에 그 기원을 둘 수 있다. 이 춤은 고전적인 문학을 서정적으로 표현하고 있다. 마니플 무용은 신에게 드리는 찬미의 상징으로 육감적인 동작은 배제되고 춤에는 엄격한 속박이 있어서 극적 요소는 결여되어 있으나 자연 가운데서 발견할 수 있는 청순한 아름다움을 지니고 있다.

북부 인도의 춤은 힌두교와 회교가 서로 영향을 끼친 무용으로 왕궁에서 길러진 이 춤에는 다른 무용에서 볼 수 없는 분위기가 있다. 이 춤은 관능적인 동작과 아름다운 포우즈 그리고 모방적인 높은 기술도 가지고 있다.

이상에서 인도 무용을 설명했으나 근대에는 이들 민속무용이 본래의 형태대로 예술적이고 민족적인 무용으로 존재한 것이 아니고 의욕적인 지도자들에 의해 최근에 재구성된 것이 많다.

바리섬의 무용은 예술적인 무용으로서 가장 오랜 역사를 가지고 있다. 섬 주민의 무용에 대한 관심이 강해서 어떤 이유를 가지고도 바리섬에서 무용을 제외할 수가 없을 것이다. 이 섬의 무용은 신화에 그 기원을 두고 있다. 신 인도라가 다른 신을 즐겁게 하기 위해서 아름다운 데다리를 만들었다. 이것이 무용의 창조 였다고 전하여 지고 있다.

인도의 민속 무용

이와 같은 종교무용이 원시 사회에서 존재하며 악마의 혼을 쫓기 위해서나 신을 위로하는 수단으로서 행하여졌다. 그 후 제전적인 무용으로 발달하고 극장 무용으로 변천을 거듭해 왔다. 바리섬의 민족 무용의 발전은 타민족 무용의 발전을 위해 커다란 역할을 했다.

6. 오락 무용

현대의 감상적인 오락무용은 미국의 영향을 받은 뮤지칼 가운데 성장하고 있는 무용이 그 대표적인 것이다. 즉 뮤지칼 형식의 무용이 세계 각국의 감상적 오락무용계에 하나의 유행을 이루어 화려한 활동을 하고 있음을 볼 수 있다.

현대의 사교 댄스는 사교적인 성격이 주가 되는 경우와 오락이 주가 되는 경우, 스포오츠가 주가 되는 경우 등과 같이 그 목적에 의해 같은 형태의 것이 각기 다르게 사용되었다. 사교 댄스의 본래 성격은 어디까지나 서로의 친목을 도모하기 위한 오락적인 것으로 스포오츠적인 성격은 현대에서 생겨난 현상이다.

포우크 댄스와 스퀘어 댄스도 後에는 보편적인 레크리에이션으로서 정치적인 관계를 넘어 세계의 방방곡곡에서 춤추어지고 있다. 특히 전후 어려운 생활을 계속 해 온 각국의 대중으로 부터 경제적인 부담이 없이도 가능한 포우크 댄스는 자연적으로 환영을 받고 널리 춤추어 지게 된 것이다. 포우크 댄스는 건전 오락으로 금후 점점 그 발전이 기대되고 있다.

2장 우리나라무용의 발달

一、상고 및 부족국가시대

한반도에 인류가 언제부터 살기 시작했는지에 관해서는 정확히 알기 어려우나 현재까지의 유물과 유적에 의하면 구석기와 신석기 시대를 거쳐 씨족과 부족사회를 형성 하였으며 이와같은 과정은 고대문명이 발달한 다른나라의 초기 형태와 다를 바가 없는 것으로 생각된다.

삼국시대 이전의 우리나라는 단군에 의해 고대국가인 古朝鮮이 기원전 2333년에 건국되고 이어서 기자조선, 위만조선, 漢四群의 설치시대를 거쳐 夫餘, 高句麗, 沃沮, 東濊, 三韓 등의 부족연맹이 형성된 것으로 사가들은 기술하고 있다. 우리나라는 일찍부터 중국과의 교류를 통하여 청동기문화와 금속 문명이 발달하였으며, 정치적으로 이시기는 祭政一致時代였었다.

1. 무용의 발생

이 시기의 무용에 대해서는 우리나라에서 발견된 유물 유적만으로는 추찰하기 어렵다. 다만 다른나라의 무용 발달과정과 같은 경로를 거쳐 우리나라에서도 사람들 사이의 의사전달과 신과 인간과의 의사소통의 수단으로 춤이 사용되면서 종교적인 목적을 달성하기 위한 방법으로 발달하였을 것으로 추측된다. 이는 우리나라 제정일치 시대의 主祭者는 대개 부족장 혹은 왕이였던점으로 미루어 알 수 있다.[1)2)]

2. 제천행사와 무용

민중들에 의해 춤추어 지던 무용에 대한 기록은 우리나라 부족국가 시대의 祭天行事에 대한 기록에서 알아 볼 수 있다. 예(濊)에서는 10월에 하늘에 제사를 지내고 모든 부락민이 춤과 노래를 즐겼는데 이를 무천(舞天)이라 하였다[3)]. 고구려(高句麗)도 10월에 예와 비슷한 행사를 하였는데 이를 동맹(東盟)이라고 하였다.[4)] 부여(扶餘) 사람들은 12월에 하늘에 제사를 지내고 연일 군중들이 술을 마시고 춤과 노래를 불렀다. 마한(馬韓)에서는 매년 5월 파종이 끝난 후와 10월의 추수 후에 군중이 춤추고 노래하며 신에게 제사를 지냈다.[5)] 마한 사람들이 춤추는 방법은 군중이 모여 노래를 부르고 춤을 추며, 춤을 출때는 수십명이 함께 일어나서 서로 뒤따르며 땅을 높고 낮게 밟으면서 손발을 함께 주악에 맞추어 춤을 추는데 그 모습이 중국의 탁무(鐸舞)와 비슷하다고[6)]한다. 이와 같은 춤의 형태는 현대의 각지방 민속무용과도 상당히 유사한 점을 찾아 볼 수 있다.

3. 무용의 발달과 종류

우리나라의 무용에 관해 가장 오래된 기록은 단군조선시대에 속하는 夏(기원전 2206~1818)의 少康시대에 왕의 손님으로 가서 춤과 음악을 연주했다는[7)] 사실이 있고 周 나라의 환제(桓帝 기원전 720~697)와 영제(靈帝 기원전 572 ~545)시대 이후에 문란한 정치로 중국이 예법을 잃었을 때 우리나라에서 무악을 비롯한 예법을 구해간 사실이[8)] 있다.

뿐만 아니라 周代에는 우리나라의 舞樂을 맡아 관리하는 매사(韎師) 라는 관리가 있었던 점으로 미루어 보아 우리 나라는 고대로 부터 무용이

---

1) 崔南善, 朝鮮常識問答, 서울, 東明社, 1967, 312-314.
2) 裵小心, 朝國, 古代舞踊攷, 동대논총 7집, 1977, p, 96.
3) 4) 三國志 魏志 東夷傳.
5) 6) 上揭書와 同.
7) 後漢書 東夷傳.
8) 上揭書와 同.
9) 樂書 周禮.

상당히 발달 하였으며 일찍 부터 중국과 교류가 빈번 하였음을 알 수 있다.

이 시대의 무용의 형태나 종류를 모두 알 수는 없으나 삼지창(三枝槍)과 방패를 들고 추는 지모순무(持矛盾舞)가 있었으며 이는 곡식의 성장을 돕는 뜻을 갖고 있었다.[10]

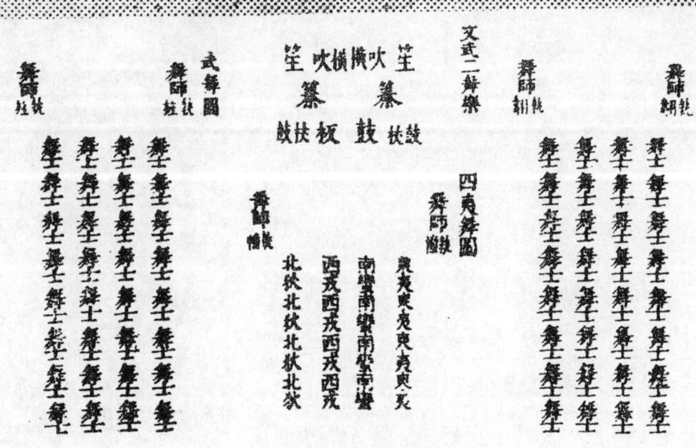

〈周代 四夷舞 배치도〉

10) 上揭書와 同

二、삼국 및 통일신라시대

고구려, 백제, 신라가 주변의 크고 작은 부족들을 정복하고 통합하여 전제왕권을 가진 고대국가의 면모를 갖추기 시작한 것이 고구려는 태조왕(53~146), 백제는 古爾王(234~286), 신라는 내물왕(356~402)때부터였다.

삼국시대에는 안으로는 왕권과 귀족세력이 확고하게 자리잡기 시작하고 밖으로는 삼국이 팽팽이 맞서서 전쟁이 끝일 날이 없었고 중국과의 왕래가 잦아 문화가 급속히 발전하던 시기이다. 또 불교가 도입 되었고, 고대 귀족문화가 꽃핀 시기이기도 하다.

민중들에 의해 주술적인 의미로 춤추어지던 무용이 삼국시대에는 관람하는 무용으로 발전하였고, 춤을 직업으로 하는 사람이 발생하여 격식을 갖추고 발전한 시기라고 할 수 있겠다.

1. 고구려

통구무용총 벽화

고구려는 육로로 중국과 교역이 이루어졌으므로 삼국 가운데 가장 일찍 문명이 발달하였다. 고구려의 무용에 대해 삼국사기에 기록된 내용을 옮겨보면 "고구려의 음악은 통전(通典)에 말하기를 악공인은 자주빛 비단 모자를 쓰고 새 깃으로 장식하고 노랑빛 큰 소매에 자주빛 비단 띠에 가랑이 넓은 바지를 입고 붉은 가죽신에 오색 끈을 매었다. 춤추는 사람 넷은 뒤에 상투를 틀고 이마에는 빨간 칠을 하고 금귀거리를 장식하였는데 두 사람은 노란 치마저고리에 적황색 바지를 입고 두 사람은 적황색 치마저고리와 속바지를 입

었는데 긴 소매에 오피화(烏皮靴)를 신고 짝을 지어 나란히 서서 춤춘다"[11] 라고 했다. 그런데 통구(通構)의 무용총 벽화나 그외의 고구려 벽화에서 발견된 무용수의 옷은 모두 소매가 팔의 길이보다 길고 넓은 옷을 입고 손이 보이지 않도록 하고 춤추고 있으며, 남녀가 함께 옆으로 늘어서서 열을 지어 추는 혼성 무용이다.

고구려의 무용수

고구려의 무용은 아마도 420년 이후에 크게 발전한 것으로 보인다.

고구려의 무용은 중국에서는 수(惰)의 개황(開皇 589~604)초에 제정된 七部伎의 세번째를 점유하였고[12] 대업(大業 605~616)중에 煬帝가 九部伎를 정했을 때나[13] 당(唐)의 태종(太宗626~649)때에 제정된 10部樂[14]에도 포함되었었다.

이와같은 고구려 무용의 종류는 고구려의 멸망과 비슷한 연대인 측천무후(則天武后 623~705)때에는 중국에서도 25곡이나 사용되고 있었던 점[15]으로 ᆞ 사 많은 종류의 무용이 있었을 것으로 보이나 현재까지 무용의 명칭을 알 수 있는 것으로는 당나라의 十部伎에서 고구려무로 기록된 호선무(胡旋舞)와 이백(李白)의 시에 기록된 광수무(擴袖舞), 수서(隋書)에 기록된 지서무(芝栖舞)등이 있을 뿐이다.

2. 백 제

백제는 북쪽에는 고구려가 자리잡고 있었으므로 바다를 건너서 주로 남중국의 여러국가와 교류했다. 따라서 舞踊도 고구려와는 다소 다른 특성을 가지고 발달했을 것으로 추측된다. 그러나 백제의 무용에 관해서는 유물과 유적은 물론 기록으로도 전해져 내려오는 것이 드물다.

---

11) 三國史記
12) 13) 隋書 音樂志
14) 樂書 樂圖論
15) 註 1과 同

다행히 백제는 일본에 문화를 전파하였기 때문에 일본에서 백제무용의 면모를 단편적이나마 찾아 볼 수 있다.

일본서기(日本書紀)에 백제사람인 미마지(味麻之)가 일본에 귀하하여(612) 중국의 오(吳)나라에서 배운 기악무를 영정촌(櫻井村)에서 기거하며 소년들에게 가르쳤다.[16)]

기악은 부처를 공양하는 불교무악으로 나라시대(奈良時代)에 대유행을 하다가 카마쿠라시대(鎌倉時代)에 이르러 쇠퇴한 가면무희로서 우리나라의 산대도감놀이 및 봉산탈춤과 관련이 있는[17)] 것으로 보아 백제에서는 중국에서 전래된 가연무인 기악(伎樂)이 널리 춤추어지고 있었을 것으로 생각된다.

백제의 무용은 기악 외에도 왕이나 귀족들을 위해 전문적인 직업 무용수가 있어 연무되고 있었던 것 같다.

삼국사기에서 "백제의 무용은 춤추는 사람이 두 사람 인데 붉은 빛갈의 큰 소매에 치마 저고리를 입고 장포관을 쓰고 가죽신을 신었다"[18)]고 한 것을 보면 무용수의 복장이 무척 화려하며, 2인무를 추었고, 치마와 저고리를 입은 것으로 보아 여자들 만의 춤인 것 같다.

일본후기에는 "백제 악사는 4인으로 橫笛, 箜篌, 莫目, 舞 등을 맡은 사람이다[19)]" 라고 한 것으로 보아 무용을 따로 맡는 사람이 있고 백제에서 일본에 정기적으로 무악의 기능이 높은 사람들이 파견되고 있었음을 알 수 있다. 이와같은 사실로 미루어 볼때 백제의 무용도 고구려나 신라의 무용과 어깨를 나란히 하여 발달하였음은 의심할 여지가 없다.

3. 신 라

신라는 삼국가운데 가장 후진국으로서 북에는 고구려, 서로는 백제에 막혀있어 중국이나 기타 대륙의 영향을 가장 늦게 받았다. 신라는 문무왕 8년(668)에 고구려를 멸망시켜 삼국을 통일(677)하고 정치적,문화적으로 통일된 단일 국가를 건설하게 되었다. 527년에는 불교가 전래되어 공인 되므로서 불교가 신라인들의 지배적인 종교로 대두 되었다.

---

16) 日本書紀 巻22, 推古天皇, 正月傳 條
17) 李惠求, 韓國音樂研究, 1959, p.222
18) 三國史紀, 巻32, 雜志, 第1樂
19) 日本後紀, 巻17, 平城天皇, 四年, 三月條

신라의 무용은 부족국가 시대부터 삼국통일까지의 무용과 고구려 백제의 무용을 수용하게 되는 통일 이후의 무용으로 나눌 수 있다.

1) 통일신라 이전의 무용

신라는 주변의 부족국가들을 병합하여 발달하였으므로 삼한의 고풍을 그대로 이어받았을 것으로 생각되며, 따라서 무용도 예외는 아니었을 것으로 생각된다. 신라의 무용은 일찍부터 상당히 발달한 것으로 보이며 특히 가야국의 병합 이후 가야의 무용이 신라에 널리 보급되고 흡수된 것 같다. 그 증거로 진흥왕의 명에 의해 가야사람 우륵은 신라에 귀화하여 계고(階古)에게는 가야금을, 법지(法知)에게는 노래를, 만덕(萬德)에게는 춤을 가르쳤다[20]는 기록으로 미루어 알 수 있겠다. 우륵은 금(琴)의 명수일 뿐만아니라 노래와 춤에도 뛰어난 인물이었음에 틀림없다. 가야의 춤은 신라인들에게 널리 보편화 되어 있었음은 문무왕 8년에 사사로운 잔치에서 奈麻原周의 아들 능안이 16세인데도 가야의 춤을 춘 사실에서도 알 수 있다.[21]

또 신라통일을 전후하여 당과 문물교류가 빈번해 짐에 따라 당의 무악의 도입 및 영향도 있었을 것으로 추측된다. 이 시대의 무용에 대해 간단히 서술하면 다음과 같다.

① 회악 (會樂)

유리왕 9년(32)에 왕이 6부를 정하고 왕녀 두사람으로 하여금 각각 부내 여자들을 거느리게하여 붕당을 만들고 7월 16일부터 날마다 6부의 뜰에 모여 길쌈을 했는데 음력 8월 15일에 이르러 그 공의 다소를 살펴서 진편에서는 음식을 마련하여 이긴편에 사례하고 모두 춤과 온갖 놀이를 하는데 이를 가회라 하며,이때 진편에서 한 여자가 일어나 춤을 추며 탄식하기를 "회소·회소"하였는데 이를 회소곡이라 한다.[22]

② 도솔가무(兜率歌舞); 유리왕때 만든 舞樂[23] 이다.

③ 가무 (笳舞)

제17대 내물이사금(356~402)이 만든 것[24]으로 가척 2인과 무척 1인이 추는 춤이다.

---

20) 三國史記 本記,第四眞興王 13年.
21) 上謁書, 文武王 8年 十月.
22) 三國史記, 卷第 본기 1 유리왕 9月.
23) 上謁書, 樂志.
24) 上謁書 와 同

④ 우식악 (憂息樂)

제19대 눌지마립간(訥祇麻立干 417~458)이 만든 것으로 눌지왕이 외질로 잡혀갔던 눌지왕의 동생이 박제상의 구함을 받고 돌아오자 주연을 베풀고 형제의 정을 극진히 나누고 왕이 스스로 노래를 지어 부르고 춤을 추어 그 뜻을 널리 선양했는데 이를 우식곡이라 했다고 한다.

이외에도 삼국사기와 삼국유사에는 많은 樂名이 보이는데 이때에는 樂이라 하면, 노래, 춤, 樂曲 등이 함께 연주되는 경우가 많았으므로 춤이 첨가된 곡이 상당수 있었을 것으로 생각된다.

2) 통일신라 시대의 무용

통일신라 시대에는 고구려 백제의 유풍을 이어받고 당의 춤과 노래의 영향을 받아 악(樂)이 제도적으로 정착되고 발달한 시기일 것으로 생각된다. 뿐만아니라 무악을 맡아 관장하는 관청이 설치 되었는데 진덕왕 5(651)년에는 예부에 음성서(音聲署)를 설치하였고, 경덕왕(742~765)은 음성서를 대악감(大樂監)으로 고치고, 혜공왕(765~780)은 다시 음성서로 명칭을 바꾸었다.[25]

이 시대에는 무악이 상당히 중요시 되고 종류도 풍부하였던 것으로 생각된다. 삼국사기에 보면 31대 정명왕(政明, 神文王) 9년(689) 당시의 춤과 종류로는 다음과 같은 것이 있었다.

① 가무(笳舞) 감 6년, 가척 2인, 무척 1인.

② 하신열무(下辛熱舞) 감 4인, 금척 1인, 무척 2인, 가척 3인.

③ 사내무(思內舞) 감 3인, 금척 1인, 무척 2인, 가척 2인.

④ 한기무(韓岐舞) 감 3인, 금척 1인, 무척 2인.

⑤ 상신열무(上辛熱舞) 감 3인, 금척 1인, 무척 2인, 가척 2인.

⑥ 소경무(小京舞) 감 3인, 금척 1인, 무척 1인, 가척 3인.

⑦ 미지무(美知舞) 감 4인, 금척 1인, 무척 2인.

⑧ 대금무(碓琴舞) 삼국사기 악조에 보면 무용수에게 붉은 옷을 입혀 춤추게 했다 한다.

삼국유사에 기록된 신라무용의 발생과 종류를 들면 다음과 같다.

① 무애무(無㝵舞); 원효대사가 큰 박을 들고 춤추며 노래하여 포교하였

25) 上揭書와 同

는데 이 때의 춤과 노래를 무애무라 하였다.[26] 이 춤은 처음에는 혼자 무애를 들고 춤추던 것이 고려에서는 여러명의 여기(女妓)가 추었고 조선조의 악학궤범에는 12명의 군무로 변했다.

② 검무(劍舞); 검무의 기원은 황창랑(黃倡郎)설과 관창(官昌)설이 있으며 현재까지 널리 춤추어지고 있다.

③ 처용가무(處容歌舞); 49대 헌강왕대에 동해 용왕의 아들 처용에 의해 비롯되었다는 설화를 갖는 처용무는 악귀를 물리치고 주술적인 힘을 갖는 종교무용으로서 발생하여 현재까지 전해져 오고있다.[27]

④ 남산신무(南山神舞, 御舞祥審, 御舞山神, 霜髯舞); 49대 헌강왕이 포석정에 갔을 때 남산의 신이 나타나서 어전에서 춤을 추었는데 다른 사람에게는 보이지 않고 왕에게만 보였다. 왕이 춤을 추어 그 형상을 보이었다. 신의 이름을 祥審이라 하였으므로 이 춤을 어무상심, 또는 어무산신이라 한다. 다른 설에는 신이 나와 춤을 추자 그 모양을 공인에게 명하여 조각시켜 후세에 보이게 했으므로 象審이라 하였고 또 상염무라고도 하는데 이것은 모양에 따라 지은 것이다.[28]

⑤ 옥도령, 지백급간(玉刀鈴, 地伯級干); 헌강왕이 금강령에 행차 했을 때 북악신이 나와 춤을 추었으므로 그 이름을 玉刀鈴이라 하고 동례전(同禮殿) 연회때는 지신(地神)이 나와 춤을 추었으므로 地伯級干이라 이름을 지었다.[29]

⑥ 五伎

우리나라 가면 무용극에 관한 기록가운데 가장 오래된 것이 최치원이 읊은 향악잡영 五首이다. 이 시에서는 금환(金丸), 월전(月顚), 대면(大面), 속독(束毒), 산예(狻猊)의 이름으로 신라말에 연희되던 다섯개의 가면무용의 내용을 묘사하고 있다.

위의 무용가운데 무애무, 검무, 처용무 등은 현대까지 전하여 춤추어 지고 있고 남산신무, 옥도령, 지백급간 등은 일연(一然 1206~1289)이 삼국유사를 저술할 때 까지는 연무되고 있었다. 가면무용극인 오기는 현재에도 연희되고 있는 각 지방의 가면무용극에 영향을 끼치면서 발달하였을 것으로 생각된다.

26) 三國遺事, 卷4 元曉不羈條.
27) 三國遺事, 卷2 처용랑과 망해
28) 2) 上謁書와 同.
29) 上謁書와 同.

3) 신라 무용의 제도

신라 무용수의 복식에 관해 삼국사기에서는 "가무로 춤추는 두 사람은 뿔달린 복두를 쓰고 붉은빛 큰 소매의 공복 난삼을 입고 붉은 가죽띠에 도금한 띠돈의 허리띠를 매고 검은 가죽신을 신는다"[30]라고 했다. 그런데 애장왕(哀莊王) 8年(807)에 이르러서는 思内琴을 연주할 때에는 무용수의 옷은 청색 옷을 입히고 대금무를 연주할 때에는 붉은 옷을 입히게 한 것으로 보아 이때에 이르러 무용수의 복식에 변화가 있었던 것 같다.

무용수의 수도 신문왕 때에는 1~2인 이었으나 애장왕에 이르러서는 4사람으로 증가하고 있다.

4. 삼국의 신앙과 무용

삼국의 신앙은 불교가 전래되기 이전에는 토속적인 원시신앙을 답습하여 오다가 불교가 전래되면서 두 종교는 공존하게 되었다.

우리나라의 원시신앙의 중요한 수단이 무용이었음은 부족국가 시대의 제천행사에서 알 수 있거니와 현재까지 전해오는 부락제나 굿 등의 주된 내용이 춤으로 이루어지고 있는 것을 보아도 분명하다.

불교가 전래된 이후에는 불교의 포교 수단으로 춤을 사용하고 있었음은 혜공대사(惠空大師)가 술에 취하여 춤추고 다닌 사실이나, 원효의 무애춤 등에서 알 수 있다. 뿐만아니라 백제 사람 미마지가 일본에 기악을 전할 때도 일본의 사찰에서 일반인을 상대로 연무한 것을 보면 이것도 역시 불교의 포교 수단으로 춤을 춘 것인듯 하다. 이와같은 사실에서 본다면 삼국시대부터 불교무용이 이미 행해지고 있었다고 할 수 있겠다.

---

30) 前謁書, 三國史記 樂志

三、고려시대

태조 왕건(王建 918~943)은 고려를 세우고 후삼국을 통일하여 정치적으로는 새로운 나라를 건설하였으나 문물제도와 예술은 신라의 것을 계승했다. 태조는 개국 후 훈요십조를 국시로 삼았는데 이에 의해 불교가 숭상되고 팔관회(八関會)와 연등회(燃燈會) 같은 불교와 관련된 거국적인 행사가 열리게 되었다.

연등회와 팔관회에서는 등불을 밝게 밝히고 대축연을 베풀고 춤과 노래 백희(百戱)등이 화려하게 치장된 특별무대에서 펼쳐졌는데, 연등회에서는 부처를, 팔관회에서는 토속신인 천지신명을 즐겁게 하므로써 왕실의 태평과 번영을 빌고 군신이 같이 기뻐하고 일반백성들도 즐기는 거국적인 행사였다.

나례는 왕가나 민간들이 악귀를 몰아내기 위해 얼굴에 가면을 쓰고 주문을 외우면서 음력으로 12월 그믐날 행하던 의식으로 주로 처용무를 추므로써 재앙을 막으려고 했다. 후에는 연극적인 구경거리까지 첨가하게 되었다.

이 시대에는 중국으로 부터 전해진 의식무인 아악과, 궁중연회에서 사용하는 정재무용이 수입되었다. 원(元)의 부마족이 된 뒤로는 원을 통해 대륙의 영향을 직접 간접으로 받았을 것이다. 뿐만아니라 고대로 부터 전래되어 오던 우리나라의 무용도 한층 체계화된 시기이기도 했다.

1. 궁중무용

1) 정재(呈才)

① 향악(郷樂, 俗樂) 정재

고려조는 신라시대의 무용을 이어 받아 전승 발전 시켰는데 고려사 악지에는 동동(動動), 무고(舞鼓), 무애(無㝵舞)등만 기록되어 있다. 신라시대의 수많은 무용 가운데 이 삼곡만을 속악정제로 기록한 이유는 밝히기 어려우나 향악무 종목 가운데 많은 수의 춤은 민간인들에 의해 춤추어

졌을 것으로 생각된다.

• 동동 (動動)

동동은 아박(牙拍)을 손에 들고 치면서 추는 춤으로 악학궤범에서는 아박무로 기록되어 있고 창작 연대는 확실하지 않다. 고려사에서는 두 사람의 여기(女妓)가 춤을 춘다.

• 무애무

신라의 원효에 의해 불교의 포교용으로 시작된 이 춤이 고려시대에는 궁중 정재로서 여기(女妓) 두 사람이 무애를 들고 추는 춤으로 변했다.[31]

• 무고 (舞鼓)

무고의 기원은 고려사에서는 "고려 충렬왕(1275~1314) 때 시중 벼슬에 있던 이곤(李混)이 영해(寧海) 유배지에 있을 때 바다위에 떠 있는 부사를 주워 춤추는 북을 만들었는데 그 소리가 굉장하였다. 춤은 돌아가는 춤으로 너울거리는 한쌍의 나비가 꽃을 감도는 것 같고 용감스러운 두 마리의 용이 구슬을 다루는 것 같다. 악부에서는 가장 기묘한 것이다"[32]라고 고려사의 후주에서 설명하고 있다. 이 춤은 두명의 여기가 추던 춤이었다.

② 당악정재 (唐樂呈才)

당악 정재란 중국의 궁중에서 사용하는 부용을 우리나라의 궁중에서 도입하여 연무하던 부용으로서 주로 궁중의 향연에 쓰인 무용들을 말한다.

"당악정재는 고려 11대 문종 27년(1073) 2월에는 교방 여제자 진경 등 13인이 전해오던 답사행가무(踏沙行歌舞)를 연등회에서 쓰도록 청하여 허락하였다. 11월 신해(辛亥)에는 팔관회를 열고 왕이 신봉루에서 춤을 보았는데 교방의 여제자 초영(楚英)이 새로 전해온 포구락과 구장기별기로 연무했다. 포구락 제자는 13인 구장기 별기의 제자는 10인이다"[33]라고 했고 "문종31년(1077) 2월 을미의 연등회 때에는 왕이 중광전에서 교방 여제자 초영이 추는 왕모대가무를 보았다. 1대가 55인이며 춤으로 「군왕만세」 또는 「천하태평」의 글자를 만들었다"[34] 고려사에서 전하는 위의 내용으로 보아 당악정재는 고려 문종조에 수입되었고 답사행가무, 구장기별기,

31) 高麗史, 樂志, 用俗樂節度條
32) 上揭書와 同
33) 上揭書와 同
34) 上揭書와 同

포구락 등이 당시에 당악정재로 행해 졌던 것 같다. 그러나 고려사 악지에서는 당악정재가 헌선도(獻仙桃), 수연장(壽延長), 오양선(五羊仙), 포구락(抛球樂), 연화대(蓮花臺) 등 다섯곡만 기록되어 있다.

2) 아악무(雅樂舞, 일무 佾舞)

아악무는 일무로 종묘의 제례(祭禮)에 연무하던 극히 형식적이고 의례적인 춤으로써 대열을 지어 춤춘다. 고려시대 송나라로부터 수입 된 춤으로 고려사에서 보면 "예종 11년(1116) 8월 송나라의 황제가 대성악과 문무(文舞), 무무(武舞)를 보내 주었다. 이 이후 부터 일무는 환구(還丘), 사능(社稷), 태묘(太廟), 선농(先農), 선잠(先蠶) 등의 의식에서 춤추어 지게되었다"[35] 이 이후부터 아악무는 조선조 말엽까지 전송되어 연무되었다.

2. 민속무용

고려시대는 부족국가 시대를 거쳐 삼국시대에 이르기까지 각각 지방별로 선대로부터 전승되어온 토속적인 민속이 연무되고 있었을 것이다. 여기에 개국 초 부터 화려하게 개최되던 연등회와 팔관회에서의 가무백희와 나례에서의 구나무(驅儺舞) 등은 민간에 전래 되어오던 춤에 상당한 영향을 끼쳤다. 뿐만아니라 궁중 나례에서 사용되던 처용무는 귀족은 물론 일반 백성들에게로 흘러 들어가 조선조말엽 까지도 민가에서 처용의 탈을 걸어두고 역신의 예방에 사용했었다. 신라시대에 민가에서 널리 춤추어 지던 검무는 고려시대에도 계속 되어졌다.

민간신앙으로 명백을 이어오는 무격(巫覡)들에 의한 굿도 불교와 나란히 병존하면서 토속신앙으로 한몫을 하고 있었다. 농경의례, 부락제, 성황제 등의 주제자로써 신과 인간의 중간자인 무격들의 춤은 고려 민속무용의 중요한 위치를 차지 하였다고 할 수 있다. 이들 행사에서 파생되는 가면무용극의 각 지방별 토착화도 고려시대에 시작된 것으로 생각되며 주로 재인(才人)이나 광대(廣大)로 불린 천민계급에 의해 연무되었다.

35) 裵小心, 高麗舞踊史, 研究, p.17~23.

3. 무용수

고려에서는 태악서(太樂署) 가운데 좌우 두 관서를 두고 좌부는 당악무(唐樂舞), 우부는 관현방(管絃坊)이라 하여 향악무를 관리하였는데 이를 양부악관 또는 양부영관(兩部怜官)이라 불렀다. 무용수에 속하는 女妓들은 태악서나 관현방 또는 교방에 소속되어 있었고 이들의 수는 문종 때 이미 1대가 55인으로 구성되어 연출하는 왕모대가무를 춤출 수 있었을 정도였으니 이때 교방에 소속된 무용수의 수는 수백명에 달했을 것으로 생각된다. 그 증거로는 고려도경에 "여기가 대악사에 260인이 있어 왕이 항시 사용하였고 그 다음으로 관현방에 170인, 다음으로 경시사(京市司)에 300인"[36] 이 있었다고 했다. 이들 무용을 맡은 여기들은 소속된 관서에 따라 신분이 3등급으로 분류된 것으로 보인다.

---

36) 高麗圖經, 下卷, 40, 樂律

四、조선시대

고려의 뒤를 이어 조선을 개국한 태조 이성계(1392~1398)는 수도를 한양으로 옮기고 숭유배불 정책을 폈다. 따라서 조선의 정치, 문화, 풍속 등은 유교에 기초를 두고 발달하게 되었다.

조선시대의 무용은 고려시대의 특징인 중국으로부터의 수입 단계에서 벗어나, 새롭게 창작되고 정착되는 단계의 무용으로 발전하였으며, 민간의 무용도 지역별 특성을 가지고 향토색이 짙은 춤으로 토착화되어 가는 시기로서 현재까지 전래되어 오는 춤의 틀을 만들게 되었다.

1. 궁중무용

조선은 고려로 부터 전하여져 온 무용과 음악을 그대로 사용하면서 개국초기에는 조선 개국과 역대왕의 업적을 찬양하고 국가의 태평과 안녕을 기원하는 정재 무용을 많이 만들었다. 세종때에는 악성 박연(朴堧)이 조선초기의 樂을 정리하였다. 성종 24년(1493)에는 성현과 몇 사람이 힘을 모아 당시의 각종 정재의 절차와 무구, 의상 등을 집대성하여 악학궤범을 편찬하였다. 조선 중기의 의식무용을 기록한 것으로 전해지는 시용무보(時用舞譜)는 보대평(保大平)과 정대업(定大業)의 두가지 일무(열을 지어 추는 춤이라는 뜻) 동작을 상세하게 기록하고 있다.

이외에도 정재홀기(呈才笏記), 진연의궤(進宴儀軌), 진찬의궤(進撰儀軌) 등의 기록에서 조선시대 궁중에서 사용되던 무용의 종류와 방법 등을 알아 볼 수 있다.

조선 순조 때의 효명세자는 수 많은 정재의 악장(樂章)을 짓고 김창하(金昌河)와 더불어 정재춤을 만들어 대부분이 현재까지 전해오고 있다. 이두 사람은 조선시대의 궁중 무용사에 가장 커다란 업적을 남겼다.

1) 정재

궁중연회와 사신들의 접대 등에 사용되는 정재는 태조때[37]에 선친의 업적을 기리는 금척(일명 몽금척), 수보록 등 두 정재를 새롭게 만든 것을 비롯하여 태종[38]때에는 근청전, 수명명을 지었고 세종 때에는 하황은[39], 하성명[40] 성택,[41] 보태평 정대업,[42] 봉래의 등의 정재를 만들었다. 이때 만든 정재의 형식은 당악정재를 바탕으로 만든 것과 향악정재 형태로 만든 것으로 나눌 수 있는데 장사훈[43]이 악학궤범의 내용을 분류한 것을 옮겨 보면 다음과 같다.

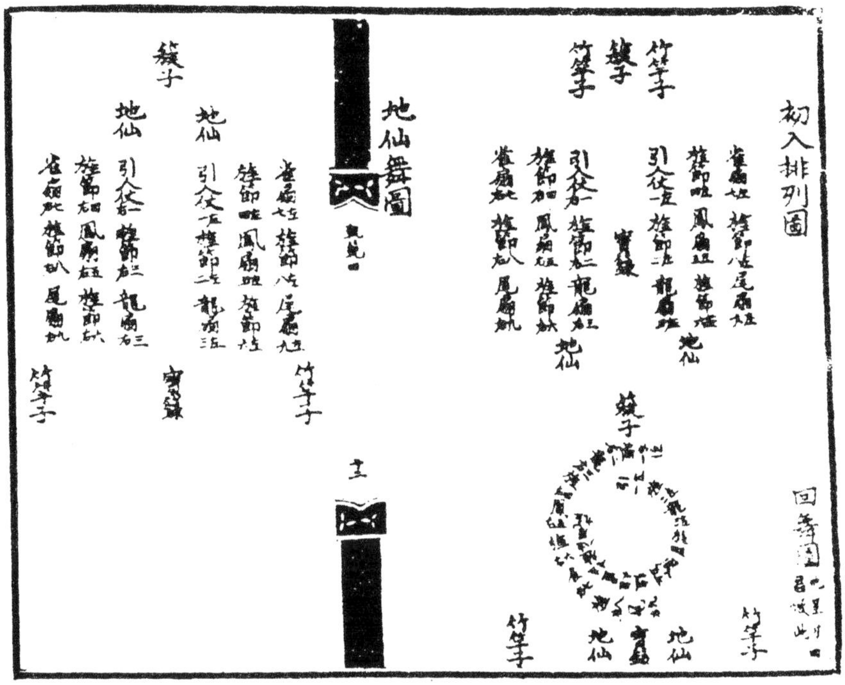

악학궤범

37) 태종실록, 권4, 2년7월 己巳條
38) 태종실록, 권5, 2년6월
39) 세종실록, 권3, 원년정월
40) 세종실록, 권6, 원년12월
41) 세종실록, 권40 10년5월, 丁丑條
42) 세종실록, 권116 29년, 6월, 乙丑條
43) 장사훈, 한국, 전통무용연구, 일지사, 1981, p. 132~208

○ 조선 초기에 당악정재 형식을 빌어 만든 춤…금척(金尺) 수보록(受寶籙) 근청정(覲天庭), 수명명(受明命), 하황은(荷皇恩), 하성명(賀聖明), 성택(聖澤)

○ 조선 초기에 만들어진 향악정재… 보태평(保太平), 정대업(定大業), 봉래의(鳳來儀), 향발무(響鈸舞), 학무(鶴舞), 학연화대 처용무 합설(鶴蓮花臺處容舞合設), 문덕곡(文德曲)

○ 고려때 부터 전래하는 당악정재…헌선도(献仙桃), 수연장(壽延長) 오양선(五羊仙), 포구락(抛毬樂), 연화대(蓮花臺)

○ 고려때 부터 전래된 향악정재…아박무(牙拍舞), 무고(舞鼓)

○ 조선 초에 재연된 당악정재…육화대(六花隊), 곡파(曲破)

조선의 무용은 성종 이후에 이르러 연산군과 광해군의 폭정, 임진왜란과 병자호란 등과 같은 전란을 격음으로서 선대의 왕들에 의해 새롭게 만들어진 춤들이 계승되지 못하고 말았다. 인종 이후에는 몇대에 걸친 왕들의 노력으로 무용이 새롭게 정리되었고, 창재 되기도 했다. 그러나 수많은 정재무용을 짧은시간 동안에 새롭게 만들어 궁중 정재무용을 부흥시킨 사람은 순조때의 효명세자 였다.

효명세자(익종)가 김창하와 더불어 새롭게 구성하고 재현시킨 무용으로는 가인전목단(佳人剪牧丹), 경풍도(慶豊圖), 고구려무(高句麗舞), 공막무(公莫舞), 만수무(萬壽舞), 망선문(望仙問), 무산향(舞山香), 박접무(撲蝶舞), 보상무(寶相舞), 사선무(四仙舞), 영지무(影池舞), 첩승무(疊勝舞), 연백복지무(演百福之舞), 최화무(催花舞), 춘광호(春光好), 심향춘(沈香春), 춘대옥촉(春臺玉燭), 춘앵전(春鶯囀), 향령무(響鈴舞), 헌천화(獻天花) 등이 있다. 이들 춤의 대체적인 내용, 방법, 의상 등은 정재홀기(呈才笏記), 진찬의궤(進饌儀軌), 진작 의궤(進爵儀軌), 진연의궤(進宴儀軌) 등에 기술되어 있으며 이 가운데 많은 춤이 현재까지 전하여 져서 연무되고 있다.

2) 의식무용

궁중의 각종의식인 제례, 사직, 선농, 선잠 등 에서는 의식무용인 일무가 반드시 춤추어 졌었다. 행사별로 사용되는 의식무를 들어보면 다음과 같다.

○ 종묘제례(宗廟祭禮)… 보태평과 정대업 등의 춤을 추는데 이 춤은

보상무 (진찬의궤)

시용무보(時用舞譜)에 동작이 상세히 기록되어 있고 보태평은 문무, 정대업은 무무에 속한다.

○ 문묘제례(文廟祭禮) …문묘제례에서는 문무와 무무를 갖춘다.

○사직, 선농, 선잠, 풍운, 뇌우, 우사, 문선왕의 석전… 이들 행사에는 아악과 일무를 사용하였다.

2. 민속무용

유교에 기초를 둔 조선 사회에서는 신분에 따라 행동이 엄격히 구분 되었다. 조선시대의 양반계급은 그들 스스로 춤을 추어 즐기는 일은 없었다. 다만 일반 농민들과 천민인 광대 재인, 무격(巫覡) 등에 의해 춤은 면면히 이어져 왔을 뿐이다.

일반 농민들은 고대 부족국가 시대 부터 전승되어 온 부락제나 집단 놀이의 형태로서 집단 무용을 풍부하게 경험했다.

춤, 극, 창, 재주 등을 행한 직업적인 예능인인 광대, 재인들은 18세기 중엽에 이미 그들의 판 놀음에 정재놀음(舞樂)과 가면희, 검무 등을 포함시키고 있었고 이들은 전국 방방곡곡을 떠돌아 다니며 연희를 했었다.[44)] 특히 이들의 연희내용 가운데 검무, 사자무는 조선 말에 궁중정재로서 채택되기에 이르렀다.

조선조 말에 연희되던 탈춤의 대표적인 것은 양주 별산대놀이, 봉산탈춤, 통영 오광대, 북청 사자놀음, 송파산대 등이 있다.

무속(巫俗) 무용은 고대로부터 전승되어 온 민간신앙인 굿의 절차 가운데 포함되어 존속 되어온 춤으로서 일반 백성들에 의해 조선조 말까지도 부락별로 또는 개인별로 널리 행해 졌었다.

무속 무용은 굿의 목적이나 굿을 행하는 지방에 따라 다소 방법이 다르나 굿의 종류를 크게 나누면 죽은 사람의 극락왕생을 비는 오구굿과 집안의 복을 비는 안택굿, 부락의 무병과 행복을 비는 별신굿으로 나눌 수 있다.

이외에도 강강술래, 농악, 동래야류 등과 같은 수 많은 민속무용이 있었다.

---

44) 이두현, 한국가면극, 문공부, 1969, P131

봉산탈춤

3. 무용수

조선조의 무용수(여기)

태조는 건국 초 부터 예조에 아악서(雅樂署)와 전악서(典樂署)를 두어 무용과 음악을 제도적으로 정비하려 하였다.

무용수들은 장악원(掌樂院)에 소속되어 있었고 건국 초에는 내외연 모두 여기(女妓)들에 의해 춤추어 졌으나 세종대왕 13년[45] 박년(朴堧)의 상소로 이 때부터 외연에서의 춤은 소년들에 의해 연주되게 되었는데 이를 무동(舞童)이라 한다. 이 이후 부터 조선조 말엽까지 계속해서 여자무용수의 존폐에 대한 논란이 거듭 되었다.

---

45) 世宗實録 권54 13년 12월 丙辰條

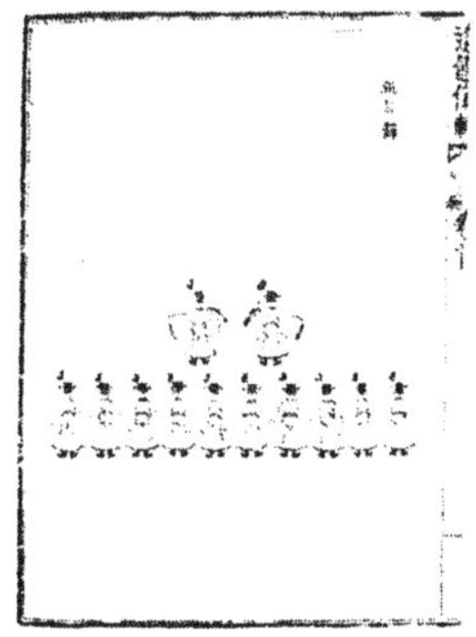

무애무 순조 을축

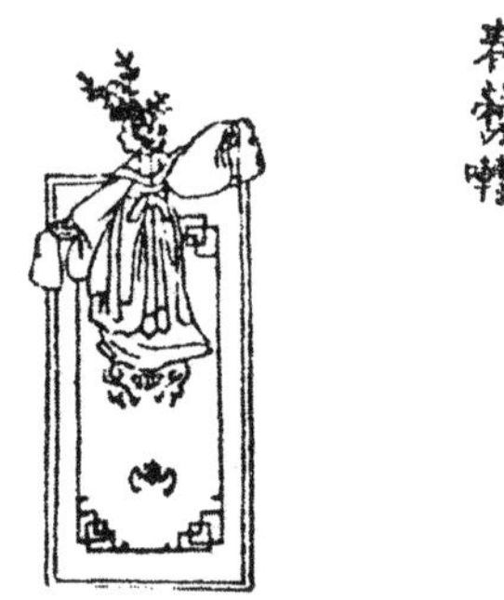

춘앵무 순조 무신

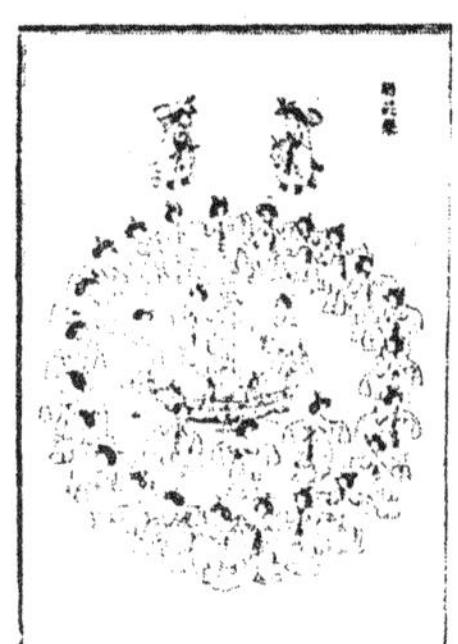

선유락 순조 을축

장생 보연지무 순조 무신

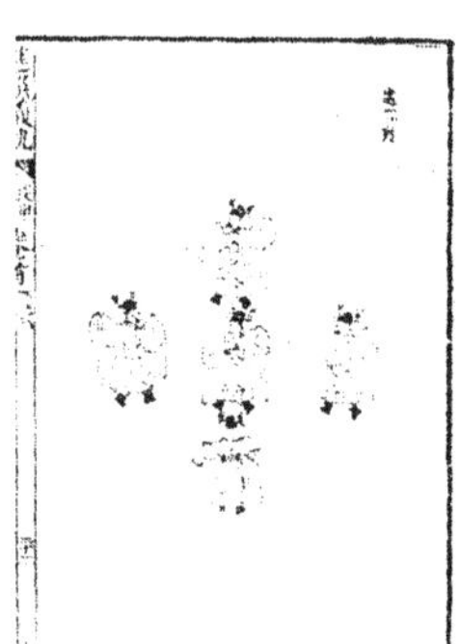

처용무 헌종 무신

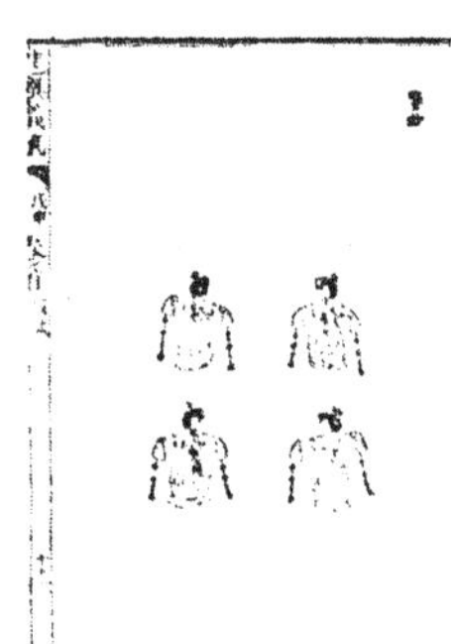

향령무 헌종 무신

조선조의 궁중정재(진찬의 궤)

五、갑오경장 이후의 무용

국세를 팽창하려는 서구열강들의 야욕에 쇄국정책으로 맞섰던 대원군은 민비와의 세력다툼으로 내정은 부패하고 국민은 혼란에 빠져 동학난과 같은 민중의 봉기가 일어나고 이로인해 청일 전쟁을 불러일으키기에 이르렀다. 그 결과 봉건제도가 붕괴되는 갑오경장(甲午更張)이라는 사회개혁 운동이 시작 되었다.

갑오경장 이후부터 우리나라에서도 신교육 운동이 일어나게 되었으며 도처에 학교가 설립되었고 현대식 극장인 원각사가 만들어 졌으며 후에는 여러가지 공연예술의 요람인 많은 극장들이 설립되었다.

1. 예술무용

원각사가 건축된 1905년에는 여기(女妓)들에 의해 조선조 말엽의 여러가지 궁중무용이 상연되었다. 이 이후 부터는 무대에서의 예술무용공연은 진부한 상태였으나 1926년 일본인 이시이(石井漠) 무용단의 현대무용 공연으로 외국무용이 우리나라에 최초로 소개되었다. 이때 감명을 받은 최승희, 조택원 등이 이시이의 문하에서 현대무용을 배우고 전통적인 우리나라의 무용을 현재와 같은 형식의 한국 신무용으로 안무를 발전시켜 우리나라 무대 무용의 기틀을 마련하게 되었다.

한국무용

1928년에는 일본인 후꾸다(藤田繁)와 사카이(堺千代子)가 청연각에서 발레를 처음으로 우리나라에 소개했다.

1931년 3월에는 러시아인 사카로후 부처가 公會堂에서 2일간의 무용공연을 하여 상당한 평판을 받았다. 이 이후 부터 잇단 외국 무용단의 공연과 우리나라 신인들의 등장으로 예술무용은 민중들에게 뿌리를 내리며 성장하고 있다.

2. 우리나라의 학교무용

조선조 말엽의 복잡한 국내외 정세는 우리나라에서도 현대식 교육을 필요로 하게 하였다. 이에 따라 1885년 2월 高宗은 教育立國詔書를 발표하고, 4월에는 각급 학교의 학제가 공포되었으며, 6월에는 우리나라 최초의 현대식 교육기관인 배재학당이 설립되었다.

1885년 7월에는 우리나라에서 처음으로 국민학교의 설치령이 공포되었다. 이 시기에 발표된 학제에는 체육(체조…당시의 체육명칭)을 학습하기 전에 유희를 적절하게 지도하도록 하고 있다.

1908년의 고등여학교와 1909년의 사범학교 교육내용에는 유희가 필수교재로 채택되었다. 이때의 유희 내용은 창가유희, 공의 유희, 경주유희가 주류를 이루었다. 이로서 우리나라 학교교육에 무용교육이 처음으로 필수교재로 인정을 받게 된 것이다.

1914년에는 학교 체조 교수요목(학교체육교육과정)이 개정 되었는데 이때에는 경쟁을 주로한 유희, 발표적 동작을 주로한 유희, 행진을 주로한 유희 등으로 유희 종목이 개정되었다. 무용에 해당하는 종목은 "발표적 동작을 주로한 유희"였으며 학습 내용은 동화, 노래 등을 주제로 하여 동요에 맞추어 만들어진 동작을 교사가 학생들에게 지도하고 학생들은 이를 그대로 모방하여 암기하는 것이었다. 교육과정에서는 년간 4종류를 지도하도록 하였으며 시간수는 교사의 임의대로 적절히 가감할 수 있게 되어 있었다.

1927년에는 제1차 세계 대전으로 강화되지 못했던 유희와 스포츠가 강조되면서 교육과정의 개정이 있었다. 이 교육과정에 의하면 창가유희의 지도종목은 5종목으로 증가하게 되었다. 그런데 10년 후인 1937년에 개정된 체육

교육과정에는 유희 종목이 많이 첨가되어 국민학교(보통학교)에서는 창가유희와 행진유희를 합쳐서 15종으로 했으며, 여자중학교에서는 행진유희를 합쳐 21종목을 지도하도록 규정하고 있다. 이 시기에는 국민학교 저학년부터 여자중학교의 고학년(현재의 여자고등학교)까지 무용이 체육 수업에서 필수로 지도되도록 배려되어 있으나 수업 내용이나 방법에는 과거에 커다란 변화가 없었다.

1941년 이후에는 제 2 차 세계대전이 막바지에 이르게 되어 국방력을 위주로한 신체단련이 체육수업내용의 주류를 이루었다.

이 시기까지 체조로 불리었던 체육과목 명칭이 体鍊科로 변경 되었다. 이에 따라 국민학교와 여자중학교의 무용도 명백만을 유지할 정도로 시간수가 줄어 들었고 전쟁준비를 위한 신체강화 훈련 종목은 강화되었다.

1945년 8 월 15일에 해방이 되면서 9 월에는 초·중학교가 개학을 하게 되었으나 1955년이 되기 까지는 정상적인 학교교육이 실시되지는 못하였다. 그러나 제도적인 면에서의 학교체육은 국민학교에서 고등학교 과정에 이르기까지 필수교과로 제정되어 있었으며 대학의 각 코오스에서도 교양과목으로 채택하게 되었다.

1955년에 개정된 교육과정중 국민학교에서는 노래 맞추기와 표현놀이로 무용교육이 이루어지게 되었고, 중고등학교에서는 체조, 스포오츠, 무용, 위생, 체육이론 등과 같은 5 개 단원으로 이루어 지는 체육과목 속에 처음으로 무용이라는 명칭으로 독립된 단원을 이루게 되었다.

1963년에는 해방 후 두번째의 교육과정 개편이 있었다. 이때의 교육과정 내용은 국민학교가 체조놀이, 놀이, 춤놀이, 보건위생 등과 같은 단원으로 구분되었고, 중고등학교에서는 레크레이션 단원이 첨가되어 중고등학교에서의 무용단원의 교육과정 내용은 몸익히기, 리듬훈련, 옮겨가기, 나타내기, 춤추기, 무용이론 등으로 세분화 하게 되었다.

이와 같은 무용단원의 교육과정내용은 1973년의 체육교육과정 개편시에도 큰 변화 없이 계속 사용되어 왔으며, 1981년의 교육과정 개편에서는 현재 사용되고 있는 바와같이 무용교육 내용이 민속무용과 창작무용으로 편성 되었다.

※ 본 단원은 羅絢成 교수님의 韓國學校 体育制度史에서 발췌 서술 하였음.

2부 예술무용사

김 영 아 편

一 초기의 발레

1. 르네쌍스의 태동과 무용의 역사적 상황

1300년부터 1600년까지의 시대를 일반적으로 르네쌍스시대라 부른다. 좁은 의미에서의 르네쌍스는 문자그대로 재생, 부활을 의미하며 그 목표는 원래 예술과 학문에 있어서 고전 고대를 부활시키는 것이었다. 그러나 실제로 그 목표를 실현해 가는 가운데서 르네쌍스라는 어휘는 더욱 중요하고 새로운 의미를 갖게 되었다. 즉 인간의 정신과 지성의 소생, 회복을 통하여 중세문화가 인정하지 않던 개성과 개인이 지닌 힘을 재발견하게 되었으며, 모든 인간 정신의 창조적 표현들이 더 이상 성직자들의 이상과 목적에 구애받지 않게 되었다.

이와같이 교회의 속박에서 벗어나 개인으로서의 개성적 감정을 표현할 수 있었던 르네쌍스시대는 인간의 역사가운데서 가장 빛나는 한 시대였고 예술적 업적에 있어서도 약 2000년 전의 아테네의 페리클레스시대 이래로 볼 수 없었던 시대였다. 그리고 이 시대에 생긴 이념의 일부는 오늘도 계속해서 우리들의 정신적, 예술적 생활을 지배하고 있다. 르네쌍스시대는 다른 여러 예술의 경우와 마찬가지로 무용에 있어서도 많은 결실의 시대였다. 특히 15C에는 이탈리아와 프랑스가 중세의 금지 조치들이 완화됨에 따라 학문, 문학, 무대예술 그리고 모든 인간정신의 창조적 표현의 부활에 관한 활동이 현저하였다. 고전적인 학문과 고대 그리스와 로마의 예술에 대한 부활은 神話學, 古代史 및 전세기의 영웅들에 대하여 새로운 관심을 가지게 하였다. 그리고 1450년경에 발명된 인쇄술은 역사적 사건 이외에도 중요한 변화를 일으켰다. 즉 인쇄술의 발명으로 서적이 출판됨으로써 그때까지 소수의 사람들에게만 가까워질 수 있었던 학문과 예술이 사회의 公器가 된 것이다.

따라서 무용음악을 널리 보급할 수 있게 되었고, 음악도 루트나 기타 그리고 다른 현악기와 건반악기를 위하여 발표된 곡이 홍수를 이루어 음악

자체의 성격이 갑자기 변하게 되었다. 호어스트는 그레고리성가를 예로들어 중세의 활기없고 엄격하며 운률이 불규칙 했던 음악이 리듬을 강조하여 보다 화려하고 경쾌하며 규칙적이고 강력한 곡조의 아름다운 선율로 변천하였다고 지적하고 있다.[1])

15~16세기 음악의 놀랄만한 발전은 르네쌍스의 정신적 문화적 업적의 일면이었으며 춤도 크게 변화하여 전 유럽의 왕실을 휩쓸었다. 왕실에서 추어졌던 춤의 형태를 두가지로 나누어 보면 첫째는 귀족적인 오락무용의 형태로 궁중신하들의 사회적인 품위와 예의를 교육시키기 위한 수단으로써 발생하여 귀족 자신들이 추는 새로운 왕실무용이고, 둘째는 후에 프랑스의 발레예술을 일으킨 많은 연예와 구경거리의 발전이었다. 그러나 호화로운 표현형태를 가진 왕실의 연예가 갑자기 생활화되지는 않았고 중세에 종교의 보호아래 행해졌던 페스티벌과 기적극 및 극장적인 많은 연기들이 르네쌍스시대 연기의 기틀이 되었다.

대귀족들의 가정에서 행하는 연회에서는 그 곳에 거주하는 음유시인이나 무용교사 그리고 왕실 자체내의 구성원들이 벌이는 연예가 점점 신뢰를 받기 시작하게 되었으며, 이 연예는 호화롭고 정교하게 꾸민 표현이 자주 사용되었다. 기사들의 馬上試合 역시 부와 의상의 흥분되고 원기왕성한 표현이었고 의식적인 격투였다. 그리고 중세후기에는 상업조합에서도 노래와 춤과 연기를 포함한 우화극을 상연하는 영업을 발전시켰다.

이와같이 중세에는 생활속에서 예술적인 연기에 대한 새로운 형태의 영감이 나타났다. 이태리와 프랑스 왕실에서는 결혼식 때라던가 왕실을 방문할 때, 또 신하로써의 경의를 표시할 때, 왕의 대관식 기념행사를 거행할 때에는 성대한 연회를 행하였던 것이다. 이런 연회에서는 현란한 의상을 입고 때로는 특별히 고안된 무대장치를 하였으며 노래와 춤과 연기로 장관을 이루었다. 연회들은 성안이나 연회장에서 거행되었으며 때로는 성문입구 혹은 도시로 가는 다리위에서도 거행되었다.

연회들의 주제는 그리스의 신화 또는 우화, 십자군의 이야기, 로마사에 나오는 설화, 그리스도교의 의식, 그리고 구약성서에서 나온 삽화극 등이었으며 연회 주제별로 몇가지 예를 들면 다음과 같다.

프랑스의 찰스 5 세는 1377년에 독일의 황제 찰스 6 세에게 훌륭한 구경

1) Louis Horst, pre-classic Dance Forms(New York:kamin Dance publishers, 1953), pp. 1-2.

거리를 제공하였는데 그것도 다른 연예들과 마찬가지로 십자군 원정에서 일어난 중요한 사건을 묘사하였다. 연회의 내용은 2대의 중무장 마차가 연회석상에 등장해서, 하나는 사라센인들이 차지하고 있던 예루살렘시를, 다른 하나는 부용(Bouillon)의 갇프레이의 군인들이 가지고 있던 갤리선을 나타내고서 길고도 양식화된 전투가 끝나자 십자군이 성공적으로 그 도시를 물밀듯이 쳐 들어가는 것이었다.

이와 비슷한 야외극이 1415년 헨리 5세가 아진코트싸움에서 승리하고 귀환했을 때와 헨리 6세와 그의 프랑스 출신 부인 캐더린이 1432년에 프랑스와 영국의 왕과 여왕으로써의 대관식을 마치고 돌아 왔을 때에 영국에서 거행되었다. 이것은 런던 브릿지 아래에서 거행되었었다.

1462년 프로방스의 레네왕은 성체축일 전날밤에 종교적이며 사회적인 연회를 거행하였다. 이것은 왕족에게 조공을 바치는 날에 일정한 테마나 줄거리가 없이 다음과 같이 각각 독립된 극적인 사건을 묘사하였다. 즉 로마의 신들인 군신과 미네르바(지혜와 기예의 여신), 판신(목양신), 플루토(희랍의 하계의 신)와 프로서피나(Jupiter와 Ceres사이에서 난 딸로써 플루토와 함께 지옥에 내려가 지옥의 여신이 됨), 요정들과 트라이톤신(반인반어의 해신), 악마에게 괴로움을 받은 헤롯왕, 골든카프 둘레에서 춤을 추는 유태인들, 그리스도와 12사자들, 낫을 든 사자 그리고 별 따라가는 동방박사 등이다.

또 1489년에 베르공치오 드 보타는 밀라노의 공작인 갈레아조가 아라공의 이사벨과 결혼한 것을 축하하기 위하여 아라공이 이태리의 토르토나시를 지나갈 때 향연을 벌였다 이 향연에는 거대한 연회를 구성하고 있는 음악, 춤, 시가와 판토마임을 포함하고 있었는데 이것은 야손(희랍신화에서 금의 양털을 획득한 영웅)과 아르고 놋트(아르고선의 일행중 한사람)에 대한 이야기를 나타내고 있다. 작품내용은 그리스와 로마의 신화에 나오는 다수의 신화와 민속적인 우화를 포함하고 있는 반면에 작품형식은 이전에 거행되었던 어느 연예보다도 통일되고 일관된 형식을 갖추었다

르네쌍스시대의 연예 주제중 가장 일반적으로 행해 진것은 영국의 전통적인 춤으로써 춤추는 사람들이 얼굴을 검게 칠하고 무어족과 사라센족 그리고 십자군들간의 전투를 묘사한 모레스카 혹은 모리스 였는데 이것은 대중적인 민속의식의 한 형태로써 뿐만 아니라 궁중의 연예를 위한 주제에도 모두 나타나 있었다. 동일 테마의 다른 연회는 기독교인들의 스페인 재점령과 십자군의 예루살렘 공격을 포함하고 있었다. 예를 들면 1493년에 그라

나다(스페인 남부의 도시로서 서사라센 왕국의 수도)정복을 축하하는 자리에서 개선문에 관한 판토마임적 야외극과 스페인왕족의 행렬, 무어족의 춤, 그리고 투우경기가 거행되었다. 대개 이러한 연예에서는 무어족들이 흉악한 사람으로 묘사되었는데 그것은 모레스카와 모리스 춤 사이에 어떤 관계가 있었음을 믿게 한다.

〈馬術舞踊〉

영국의 헨리 8 세는 1510년에 당시에 유행하던 로빈훗드에 대한 설화에 근거를 둔 정교한 가면극을 상연하였다. 그리고 1518년 바티칸에서도 르네쌍스의 위대한 화가 라파엘이 장식을 맡고 종교적으로 표현된 아리오스토의 "서포지티"가 연출되었다. 안드리아 델 싸르토와 레오나르도 다빈치와 같은 이태리의 예술가들도 다른 종교적인 장면에 장식을 하기 위하여 그림을 그렸다고 전해진다.

위와 같은 사실을 통하여 볼 때 춤은 행동을 무언극으로 나타내기 위한 수단으로 쓰여 졌으며 입장이나 중간극에서는 르네쌍스시대에 유행하던 춤들을 추었는데, 이것을 소위 왕실무용 또는 "전 고전적 춤"이라 하였다. 이 춤은 짝을 짓거나 작은 무리를 이루어 거행되었다. 또한 춤은 르네쌍스시대에 유럽의 모든 왕실과 귀족의 교육에 중요하게 여겨 졌는데 그 이유는 다음의 일화로도 알 수 있다. 영국의 여왕 엘리자베스는 크리스토퍼 해튼경을 대법관으로 임명하였는데 그것은 해튼경이 법률에 해박한 지식을 가졌기 때문이 아니라 "신발에 나비문장을 달고 파반느 무도곡을 완벽하게 추었기 때문"이었다고 전해지고 있다. 또 1528년에 출판된 16세기의 유명한 이태리 문학작품의 하나인 발다사레 카스틸리오네의 "廷臣論"에서 저자는 궁정사회의 귀인인 정신에게 어떠한 교양이 요구되었는가를 자세히 말하고 궁정의 생활과 예법에 대해서 매우 흥미있게 설명하고 있다. 이 책은 토마스 호버경에 의해서 1561년에 영역되었는데 이 영국 귀족의 번역에서 우리들의 문제에 관계있는 몇 절을 인용해 본다. 카스틸리오네는 숙녀의 교양에 관한 것을 열거하고 거기에서 무용에 대해 다음과 같이 말하고 있다.

「무용할 때에는 너무 빨리 추지 말것」

「춤출 때나 음악을 연주할 때에는 간곡히 요청된 것을 마지 못해 수락하는 척 행동할 것」

「너무 빠른 스텝이나 성급하게 기교를 사용하지 말고 솜씨있게 춤출것」

그리고 드미으는 궁정의 모든 신하들은 매일 춤교습을 받았다고 하고 있다. 스텝은 간단하면서도 복잡한 패턴을 이루고 정확한 동작을 취했으며 품위와 예의에 상당히 중점을 두었다. 그들의 동작연습은 엄격했고 궁중의 연회를 거행할 때는 즉흥적으로 하지 않았다.[2] 이렇게 중세동안의 춤은 전유럽의 왕실에 광범위하게 받아 들여 졌으며 귀족의 교육에 필수불가결하게 여겨 졌던 것이다.

---

2) Agnes de Mille, The book of dance(New York:Golden Books, 1963), p. 63.

2. 르네쌍스 시대의 왕실무용

왕실무용의 초기에는 발을 마루에서 떼지 않으며 추는 바스 당스(Basse dance)와 높이 뛰어 오르는 동작이 있는 아우트 당스(Haute dance)가 있었다. 바스 당스와 아우트 당스는 15세기에 프랑스, 이태리, 스페인, 독일의 왕실 귀족들이 춤을 추므로써 나타난 것으로 정확하게 디자인된 스탶이라던가 플로어 패턴은 없었고 단지 몸을 고정한채 양옆으로 발을 떼거나 몸을 흔드는 것으로 각 나라마다 다른 이름을 가지고 있었다. 예를 들면 초기의 춤중에서 가장 잘 알려 진 것은 살타레로(Saltarello)인데 스페인에서는 알타 탄자(Alta Danza)라 불렀고, 프랑스에서는 빠 드 브레방(Pas de Brebant)이라 하였다. 그 명칭이 의미하고 있는 바와 같이 높이 점핑을 한다거나 리핑스탶을 하지는 않았고 그 대신에 양 옆으로 호핑동작을 하면서 앞뒤로 재빨리 움직이는 스탶이 있었다.

그 당시의 다른 춤으로는 피바(Piva), 살타레로 테데스코(Saltarello Tedesco)와 칼라타(Calata)가 추어졌다. 그러나 이 춤들은 모두 정확하게 규정된 형태를 가지고 있지 않았으며, 그들이 추었던 춤에 대한 어떤 설명이라던가 음악조차 역사에 기록된 것이 없다.

그러나 16세기가 시작되면서 부터 왕실무용은 스탶과 패턴에 관한 규칙이 생기게 되었으며 각 춤의 특성에 알맞는 무용음악의 반주를 필요로 하게 되었다. 작곡가들은 이때 연주되던 곡을 특정한 순서에 의하여 한데 묶어 놓았는데 이것이 음악의 조곡을 탄생시켰고 나중에는 소나타 형식이 되었다.

그 당시의 가장 유명한 춤은 파반느, 갈리아드, 알레망드, 꾸랑뜨, 싸라방드, 지그 그리고 미뉴엣이었다.

각 춤의 특징을 살펴보면 다음과 같다.

1) 파반느(Pavane)

종교재판소가 있던 시절의 스페인의 왕실에서 생긴 $\frac{4}{4}$박자의 엄숙하고 웅대하며 장중한 춤으로 1530년경에서 1670년경까지 계속 유행되던 춤이었다.

종교적 행사에 사용된 파반느는 스페인 사람들에게 엄숙한 춤이었으며 한쌍 혹은 그 이상의 커플들이 단순한 워킹스탶으로 마치 공작같이 서로서로가 선회를 하거나 행렬을 꾸미며 움직이던 바스당스였다. 그리고 파반느는 거대한 축제 무도회에서 경쾌한 갈리아드 다음에 추어지는 오프닝 댄스였다.

2) 갈리아드(Galliad)

이태리에서 부터 시작된 $\frac{3}{4}$박자의 갈리아드는 16세기 말부터 17세기 중엽까지 가장 성행하던 춤으로 상당히 많은 리핑과 키킹 동작이 사용되는 경쾌하고 활발한 춤이었다. 아르보(Arbeau)는 갈리아드가 적어도 20개 이상의 변형을 가지고 있는 춤이라고 했다. 갈리아드의 변형중에는 어느 정도 제한된 형태의 투르디온(Tourdion)과 매우 명쾌한 춤인 볼테(Volte)가 있었는데 춤동작에 파트너가 여자들을 선회시키고 들어 올리는 동작이 있어 때로는 갈리아드가 점잖치 못한 춤이라고 간주되기도 했으며, 한 작가는 그 춤을 퇴폐적이고 외설적인 몸짓으로 가득찬 악마의 발상품이라고 묘사하기도 했다.

궁중 무도회에서는 관습적으로 경쾌한 갈리아드 다음에 파반느를 추었는데 이때부터 가장 첫번째의 조곡이 탄생하였고, 이러한 무용의 구조에 대조를 이룬 수많은 무용음악도 작곡되었다.

3) 알레망드(Allemande)

고대 독일에서 $\frac{4}{4}$박자의 느린 템포로 단순하고 장중하며 우아하게 추던 춤이다. 춤의 독특한 면은 자기 파트너와 무용이 끝날 때까지 계속 손을 잡고 다양한 형태로 선회하며 추는 것으로 1584년에 어느 작가는 갑옷을 입은 기사가 전쟁을 하는 것 같이 걷는 춤이라고 묘사하였다. 알레망드가 프랑스 궁중에 알려진 이후 춤은 보다 유동적이며 감상적인 특성을 가지게 되었고 결국에가서는 네 부분으로 이루어진 고전적 조곡의 첫 부분인 파반느로 되돌아 갔다.

알레망드를 추지 않게 되자 춤동작은 민속적이며 전원적인 춤으로 계속되었다. 오늘날의 스퀘어 댄스에서 파트너와 손을 잡고 돈다던가 코너를 도는 것은 알레망드 동작을 의미한다.

4) 꾸랑뜨(Courante)

네 부분으로 구성된 고전적 조곡중 두번째 무용인 꾸랑뜨는 이탈리아와 프랑스에서 발생되었다고 전해지고 있으며 두가지의 다른 형태를 가지고 있다.

첫째 형태는 이탈리아에서 발생되어 케더린느 드 메디치에 의해서 프랑스에 전래된 것으로 $\frac{3}{4}$박자에서 8박자로 바뀌며 빠르게 연주된 곡이다. 따라서 춤도 빠른 박자로 변하면서 추게 되었는데 이때 아주 빠르고 유연하게 움직이는 무릎동작은 마치 물고기가 물속에 날렵하게 뛰어 들었다가 갑자기 표면으로 솟아 오르는 것을 연상시킬 정도로 호화롭게 표현되었다고 한다.[3]

두번째 형태는 프랑스에서 발생된 판토마임 댄스로 꾸랑뜨보다 더 유행되었던 춤인데 아르보는 판토마임 댄스를 세쌍이 구애동작과 희롱을 하는 몸짓을 하며 추던 춤이라 기술하였다. 런닝과 그라이딩동작을 주로 사용했던 판토마임 댄스는 해가 감에 따라 점차적으로 동작이 장중해 지고 고귀해 졌다.

호어스트에 의하면 꾸랑뜨는 1550년부터 1750년까지 약 2세기 동안 대단히 성행하였다고 한다.

5) 싸라방드 (Sarabande)

네 부분의 조곡중 세번째 춤으로 결정된 이후 싸라방드는 파반느와 함께 스페인의 전통적인 춤이 되었으며, 종교적 행렬이나 미사에 많이 사용되었다. 싸라방드가 프랑스 궁중에 알려진 것은 1588년경이지만 스페인에서는 이미 12세기부터 시행되었던 것 같다.

싸라방드의 형태는 커플들이 다른 사람들의 열 사이를 지나며 행진을 하듯 앞뒤로 전진 후퇴를 하는 동작이 많고 장엄하였는데 이것은 마치 당당한 미뉴엣과도 같았으며 $\frac{3}{4}$박자와 슬로우 템포의 두 부분으로 연주되었다. 싸라방드에 대해 어떤이들이 말하기를 싸라방드는 스페인의 무어족에서 가장 먼저 발생된 것이고 춤을 출 때는 흔히 캐스터 넷츠를 가지고 추었다고 한다.

6) 지그 (Gigue)

고전적 조곡중 네번째 춤인 지그는 유럽의 여러 국가에서 발견된 다양한 형태의 활기있고 적극적인 춤으로 이탈리아 왕실무용의 초기 형태에 관한 기록을 보면 작은 현악기라는 뜻을 가진 지가(giga)에서 유래되었다고 한다. 호어스트는 독일에서는 바이올린의 명칭이 게이게(geige)였으며 전통

3) Horst, op. cit., p. 35.

적으로 지그곡은 $\frac{3}{8}$, $\frac{6}{8}$, $\frac{9}{8}$ 혹은 $\frac{12}{8}$ 박자로써 항상 활발한 바이올린 음악으로 연주되었다고 지적하고 있다. 지그는 포크댄스의 스텝 또는 뮤직홀의 회전동작의 일종으로서 수 세기동안 계속되었지만 특히 16세기와 17세기에 가장 성행하였다.

호어스트가 설명한 16세기와 17세기의 전 고전적시대에 시행된 다른 춤들은 가보트(Gavotte, 쾌활하고 경박한 농부의 춤), 부레(Bourree, 세속적이고 활력적인 농부의 춤), 리고동(Rigaudon, 런닝, 호핑 턴스텝이 있는 경쾌하고 유쾌한 춤)과 같은 미뉴엣으로 19세기까지 계속되었다.

왕실무용이 보다 복잡해지고 궁정의 신하들이 더욱 능숙하게 춤을 추게 되자 본래 파반느와 갈리아드로 구성되었던 조곡이 1620년에는 알레망드, 꾸랑뜨, 싸라방드 그리고 지그의 네 부분의 조곡으로 바뀌게 되었다. 즉 17, 18, 19세기 동안 푸르셀, 바하, 헨델, 꾸페린, 륄리 등의 위대한 작곡가들이 이러한 형태의 곡을 많이 썼던 것이다.

후기의 작곡가들 중에서 그들에게서 감명을 받은 사람은 싸띠, 라벨, 쉔베르그, 드뷔시, 프로코피예프 등이 있다. 비록 르네쌍스의 왕실무용이 발레는 아니었으나 프랑스와 이태리에서 대다수 초기 발레동작의 명칭을 제공하였다고 말해도 좋을 것 같다.

3. 발레의 시작

무용사가들이 일반적으로 발레가 처음 시작된 시기는 1581년이라고 하는데 그것은 이때에 프랑스의 폰텐느 불로에 있는 헨리3세의 왕실에서 왕후의 발레 꼬미끄가 만들어 졌기 때문이다. 발레 꼬미끄는 황태후인 캐더린느 드 메디치가 헨리2세에게 시집올 때 플로렌스에서 데려 온 일단의 고도로 훈련된 음악가와 무희들과 함께 3～5백만 프랑의 엄청난 비용과 정성을 들여 만든 것인데 작품안무는 캐더린느의 시종인 이태리인 발따싸르 드 보조외가 맡았으며, 작품내용은 구약의 우화와 그리스 로마의 신화를 혼합한 것으로 그리스의 魔女 써시[4]에 대한 것이었다. 발레·꼬미끄의 음악과 시가 및 노래는 왕실의 전문가들에 의해서 구성되었으며 액체저장 용기와 수중 기계를 포함한 정교한 무대장치와 도구가 상연에 곁들여 졌다. 그리고 저녁 10시부터 시작된 연기는 10000명이 넘는 관중들이 구경하는 가운데 아침 4시까지 계속 되었다고 한다. 이와같이 발레 꼬미끄는 이전에 왕실에서 제작되었던 어느 연회보다 연기의 질이나 장대함이 탁월했을 뿐만 아니라 극적인 테마를 시도했기 때문에 유럽에서 연기된 최초의 발레로 간주되었다.

이 시기 이후부터 프랑스가 발레 발전의 중심지로 생각되게 되었으며 반면에 이탈리아는 르네쌍스시대의 오페라 발전의 본고장으로써 기여하였던 것이다.

"발레"라는 용어는 "춤을 추다"라는 뜻의 이탈리아어 ballare에서 유래하였고 "ballare"는 무도장(ball room)에서 추는 춤에 관한 말 ballo에서 유래하였다. 발라테(Ballate)는 13세기와 14세기에 투스카니에서 춤과 함께 불려지던 노래였다. 추조이는 르네쌍스 후엽에 메디치의 제후들이 춤노래라고 하는 칸쏘네 아 발로(Canzone a ballo)를 썼다고 지적하고 있다.

balleti라는 단어는 ballo의 지소적 접미사이며, 발레라는 단어의 어원인데 초기에는 그것이 단지 패턴을 갖춘 춤을 추는 것을 의미하였을 뿐 특별한 극적 의미는 없었다. 발레 꼬미끄의 안무가였던 발따싸르 드 보조외는 발레를 "몇사람이 함께 춤추는 기하학적인 콤비네이션"이라고 정의하였다. 그러나 그 용어는 점차적으로 무용을 통하여 극적으로 스토리를 전달하는

---

4) Homer의 Odyssey에 나오는 마녀로서 Odyssey의 부하를 돼지로 만들었음.

형태를 의미하게 되었다. 1772년경 프랑스에서 발행된 디데롯의 " 백과사전"에는 "발레란 춤을 통하여 표현하는 행동이다.…… 특히 극적이며 장대하고, 볼 수 있도록 시행되는 ……"라고 쓰여 있다. 18세기의 다른 개념은 "무대란 안무가가 그의 생각을 실천하는 화폭이다. 음악을 고르고 장면과 의상의 색채를 맞춘다. 즉 안무가란 화가이다." 라고 하였다. 페루기니는 다음과 같이 상세하게 설명하고 있다.

> 발레란 음악과 무대장치와 같은 부속물을 수반하는 것으로 모방적인 행동으로써 나타내는 일련의 솔로댄스와 합주댄스이며, 작가나 안무가에 의해 제공된 모든 사상이나 감정의 표현과 극적 스토리인 것이다.[5)]

발레는 소위 황금시대라고 불리는 1830년대와 1840년대에 창조성과 대중적인 매력이 그 극에 달하면서 수세기를 거듭하여 개인적인 무희들과 안무가들 및 교사들의 공헌으로 발전하였다. 이 시대에는 유럽의 왕실들, 오페라하우스 및 아카데미 등에서 발레를 정확하게 가르치도록 한 교습제도가 생겼고 다른 춤과 구별되는 기본적인 폼과 스타일의 개념뿐만 아니라 복잡한 동작의 체계와 플로어 패턴까지도 개발되었다.

그러면 어떻게 하여 발레가 진보하게 되었는가?

1581년의 "발레 꼬미끄"에 이어서 뛰어난 왕실의 연예들이 나타났으며 그 영역이나 예술적인 탁월함은 이에 필적할만한 것이 없었다. 이중의 하나로 왕족의 결혼을 축하하기 위하여 1615년 프랑스의 쌀르 드 부르봉에서 상연된 것을 들수있는데 뷔이리예는 그 장면을 다음과 같이 묘사하고 있다.

> 30개의 수호신이 스페인의 여왕인 미네르바가 오는 것을 알리며 공중에 늘어서 있었다. 이 여신은 동료인 14명의 요정에 둘러 싸여 2명의 큐피드가 이끄는 거대한 금빛마차를 타고 나타났다. 한 무리의 아마존(희랍신화 중 여자로만 이루어진 부족)이 루트(14~17세기 현악기)로써 화음을 내면서 그 마차에 수행하였다. 40명의 사람들이 무대에 동시에 나타나고 30명이 공중 높이 있었으며 6명이 중간쯤 매달려 있었다. 이들은 모두 동시에 춤을 추고 노래를 불렀다.[6)]

프랑스의 헨리 4세의 궁정에서는 그의 통치기간인 1589년부터 1610년까지 80개가 넘는 발레 작품이 상연되었다. 그런데 이 작품들은 춤추는 사

---

5) Mark perugini, A Pageant of Dance and Ballet, quoted in Anatole chujoy, The dance Encyclopedia (New York: A. S. Barnes, & Co., Inc., 1949), p. 36.
6) Pere Menestrier, quoted in Gaston Vaillier, A History of dance (New York: O Appleton and Co., 1897), p. 90.

람 모두가 가면을 썼기 때문에 프랑스에서는 가면극으로 알려졌으며 이런 관습은 발레에서 1773년까지도 사라지지 않았다.

헨리 4세의 代를 이은 루이 13세는 1617년 라 델리바랑스 드 레놀뜨에서 主演을 맡을 정도로 발레의 열렬한 후원자였으며 그의 통치기간 동안에는 많은 발레가 상연되었다. 그리고 그는 다른 작품의 舞踊劇을 작곡하기도 하였다. 이 시대의 전형적인 작품은 마운틴 발레 였는데 그 장면에는 윈디, 리사운딩, 루미너스. 쉐도위, 및 알프스라고 불리우는 거대한 산이 있는 우화적인 작품이었다.

> 패임이 발레에 등장하여 그 주제를 설명하였다. 노파로 분장한 그녀는 나귀를 타고 나무로 만든 트럼펫을 들고 있다. 그후 산들이 측면에서 나타나고, 화사한 복장을 하고 손에는 풀무를 들었으며, 머리에 풍차를 쓴 무희들의 카드릴(Quadrill : 춤이름)이 나타난다. 이것은 바람을 나타냈다. 에코요정을 필두로 하여, 머리장식으로 종을 달고, 몸에는 더 작은 종을 달고 손에는 침침한 등불을 들고서 나무로 된 다리로 거짓으로 쩔룩거리며 앞으로……7)

전형적으로 이러한 작품들은 대개 일반적인 테마와 관련된 상황을 극화한 각각 다른 무리의 무희가 약 10~30명 정도로 배열된 일련의 춤으로 구성되어 있었다. 맨 마지막에는 일반적인 춤이 거행되었고 궁정의 모든 사람들은 그 극에서 연기를 했던 사람들을 뒤쫓아서 참여했던 것이다. 무용교사들, 음악가들, 및 작곡가로서 궁정에 예속되어 있던 몇몇 전문적인 사람들을 제외한 나머지는 모두가 아마츄어였다.

마틴이 지적하기를 루이 13세의 통치기간 중에는 하루밤에 단 한번의 공연으로서는 만족하지 못하는 경우가 종종 있었다 한다. 그래서 이러한 때에는 왕이 그를 따르는 사람들과 함께 춤추고 연기를 계속하면서 왕궁에서부터 귀족의 저택으로 무리를 지어 갔으며, 또 시민들이 구경을 하는 가운데 시청 앞에 세워진 플렛폼에서 마지막 연기를 하며 먼동이 트는 일도 있었다고 한다. 그리고 마지막 연기 때는 왕과 궁정신하들이 거리에 걸어 내려가 시민들의 부인이나 딸들과 함께 춤을 추었는데 그 이유는 王의 一团들은 모두 남성이었으며 당시 貴族의 여인들은 공식적인 宮中의 발레에서 관습적으로 춤을 추지 않았기 때문이었다. 따라서 소녀들과 여인들의 역할은 소년들과 날씬한 청년들이 정교한 假髮과 假面을 쓰고서 대신하였던 것이다.[8]

---

7) Vuillier, op. cit., p. 87

8) John Martin, John Martin's Book of the Dance(New York: Tudor Publishing Co., 1963), p. 29.

4. 루이 14세의 역할

루이14세의 통치기간 중에는 발레의 발전에 있어서 엄청난 진보가 있었다. 루이14세는 춤이 알려진 이래 가장 열정적으로 도움을 준 후원자로써 왕 자신이 뛰어나게 춤을 잘 추었을 뿐 아니라 그 자신이 춤추기를 좋아했다. 루이14세는 매일 자신의 무용교사인 피에르 보샹쁘에게 20년이 넘게 춤을 배웠으며 그가 우아하게 춤을 추기에는 너무 살이 쪘던 중년까지 계속하였다.

썬킹(Sun King)의 발레에 대한 큰 관심으로 인하여 다수의 뛰어난 음악가와 무용교사들을 고용하였는데 그 가운데는 이탈리아 태생의 음악가이며 무희인 장밥띠스뜨 륄리가 있었다. 륄리는 나중에 왕립 음악무용 학교의 교장이 되었다. 또 다른 중요한 인물로는 피에르 보쌍쁘를 들 수 있는데 그는 수 많은 초기 발레의 원리에 계통을 세웠으며 후에 로얄 아카데미의 발레 책임자가 된 뛰어난 댄서였다.

〈루이 14세의 de la Nuit 왕실발레 중에서〉

1651년 초에 13살이었던 루이 14세는 까쌍드라의 가면극에서 공공연히 춤을 추었으며 다수의 서정적인 비극과 코미디 발레는 물론 26명의 대 발레단에서 주연 연기자로서 1670년까지 계속하여 춤을 추었다. 그의 통치기간동안에는 뛰일레리에서 수 많은 발레극이 상연되었고 루브르, 베르사이유 및 퐁땐느 블로에서도 다른 춤들이 상연되었다. 1662년 뛰일레리 앞의 야외극장에서는 발레 뒤 까루셀 (Ballet du Carrousel)이라는 극이 상연되었다.

이 때까지의 춤은 아마츄어의 예술이었으며 대개 무도장에서 추었다. 공연시에는 왕과 그의 가족들이 무도장의 끝에 있는 상단에 앉았고 관중들은 무도장 양편마루의 가장자리에 있는 긴 회랑에 앉아 있었다. 무도장에는 무대가 없었으며 무희들과 관중들과의 거리는 무척 가까웠다. 무용동작은 전 고전적 궁중무에 근거를 두면서도 꽤 단조로웠으나 무희들은 150파운드나 되는 무거운 가발과 가면 및 의상으로 인하여 행동에 제약을 받았다. 아마츄어로서 궁중의 귀족들은 춤을 잘 추었고 모든 궁정신하들도 춤을 출 수 있었다.

드 미으는 그들의 스타일이 왕의 품행처럼 고귀하고 제약을 받았다고 언급하고 있다. 몸짓들은 균형이 잡히고 조화를 이루었으며 모든 동작은 중심축에서 시작하며 선회하는 다리 (turned-out leg)와 뽀르 드 브라 (port de bras)에 그 기본을 두고 있었던 것이다.

> 드 미으의 말에 의하면 귀족은 "그가 궁중에서 행동을 해 왔던 것 처럼 춤을 추었던 것이다: ……우아하고, 화려하며, 날쎄고, 위풍당당하고, 고도로 훈련된 것에 영향을 받아 거만한 확신으로 특징지어진 동작으로; 즉 꼿꼿이 선자세, 경쾌함, 힘, 화려함 및 고양이같이 가벼운 발걸음으로……[9]

그러나 썬·킹의 생각에는 이것이 만족치 못하였다. 기술적인 견지에서 발레가 더 한층 발전되어야 한다고 생각한 루이 14세는 1661년에 그의 발레 교사인 보샹쁘에게 발과 팔의 포지션과 알려져 있는 모든 동작의 패턴을 설명하는 발레의 규정을 확립하라고 명령하였다. 이에 의해 보샹쁘는 수세기를 통하여 발전하게 된 발레 기법의 기본원리를 확립시켰던 것이다. 1661년에도 왕이 왕립무용학교의 설립를 윤허하므로써 그곳은 무용예술을 전문적으로 교육하는 터전이 되었던 것이다. 아카데미의 설립를 허락한 문서에 의하면 발레란 다음과 같다.

---

9) De Mille, op, cit., p. 81

……… 이것은 신체 개발에 가장 적합하고 필요한 기예중의 하나로 원시적 이며 신체 단련을 위해 가장 자연 발생적인 연습법이다. 또한 무기의 사용에 관련된 것일 뿐만아니라 결과적으로 귀족들과 다른 사람들, 즉 전시의 군대에서 뿐만아니라 평화시의 발레에서 우리 앞에 나타나는 명예를 가진 사람들에게 가장 가치롭고 유용한 예술중의 하나인 것이다[10]

5. 발레의 전문화

1) 리쉴리외 극장의 역할

썬킹의 윤허로 설립되었던 왕립 무용 학교는 아마도 제기능을 10년도 발휘하지 못한 것 같다. 그러자 1671년에 륄리가 왕립 음악 학교의 설립을 허락받아 강력한 단체를 형성하기 위하여 왕립 무용 학교와 통합을 시켰다. 2년 안에 두 예술을 혼합시킨 새 아카데미는 약 30년 전에 추기경 리쉴리외가 건축한 로얄 궁의 사용을 허락 받았으며 유명한 극작가인 몰리에르와 그의 단원들이 륄리의 사망 전까지 계속 사용하였던 것이다. 이 웅장한 극장은 새로운 이탈리아 극장의식에 의해 개발된 것으로 당시에 최신식으로 건축된 것이었다. 즉 그 극장에는 홀 앞쪽의 아취밑에 극이 상연되는 높은 무대가 있어서 관중들은 종래에 무희들의 3면에 앉아있던 것과는 달리 정면에 앉아 관람하였다.

리쉴리외 극장의 사용은 현대의 전문적인 예술로써의 발레의 발전에 두 가지 중요한 영향을 미치게 되었다.

첫째로, 무희는 한 방향으로 보이기 위해 어떻게 해야하는가를 고려하게 되었고 발레는 정면에서 이목을 집중하는 관중에 대한 생각을 할 필요가 생겼다. 무대를 가로질러 좌우로 움직일 때에 관중을 마주하고 행하는 가장 좋은 방법은 엉덩이와 무릎을 밖으로 돌리는 것이었으며 따라서 발은 앞으로 쭉 펴는 대신에 옆으로 향하게 하였다. 점차적으로 그 동작은 더욱 더 뚜렸하게 되었으며 보샹쁘가 1700년 경에 기록하였던 고전 발레에서 그리고 오늘날 모든 발레 기법에 있어서도 매우 중요한 5가지 발 포지션의 기초가 되었다.

10) Ibid., p. 90.

둘째로 중요한 결과는 처음으로 연기자들이 관중과 분명하게 분리되었다는 것이다. 따라서 춤은 더이상 귀족들과 직업적인 댄서들이 자유롭게 뒤섞여서 추는 것을 의미하지는 않았다. 수십년이 지나자 연기는 로얄 아카데미에서 훈련을 받은 직업적인 무희들의 영역이 되었으며 그들은 점차 아마튜어 연기자인 귀족들로 부터 분리되어 고도의 기능을 개발시켰던 것이다. 그리고 '사랑의 승리'에서는 여인들이 처음으로 직업적 무대에서 연기를 하였다.

륄리는 황태자비와 여러명의 왕자들을 포함하여 궁정의 귀부인들을 전문적으로 춤을 추도록 설득시키는데에 성공하였다. 물론 가면 조차 쓰고서……….

그러나 발레는 점점더 전문화 되어갔다. 많은 무용의 기법이 앞에서 언급한 바와 같이 전 고전적 시대에 상연 되었던 궁중 무용에서 유래 되었으나 발레의 기법은 바쓰당스(basse dance)에서 립 동작과 앙뜨르샤와 같은 동작들을 가진 당스 아우뜨(danse haute)로 옮겨 갔던 것이다.

동작의 형태는 수평적이기 보다는 수직적으로 되어갔다. 다섯가지의 발의 기본적인 포지션과 보샹쁘가 고안해낸 12가지 팔의 포지션에 근거를 두고 다양한 스텝들이 개발되고 명명되었다. 이것들은 발레기법과 당스 데꼴 즉 발레 교육의 근본원리가 되었다.

2) 륄리와 보샹쁘

로얄궁에서 공연한 바 있는 새 발레단을 지휘한 륄리는 새 극장에서 공연을 관람하게 된 파리의 관객들이 무용과 노래가 혼합된 극들을 즐긴다고 생각하여 로얄 아카데미의 초창기에 발레단에서 서정극을 상연하게 하였다. 그러나 18세기 초기부터 중엽에 이르는 동안 오페라 발레가 시작하게 되었고 이 오페라 발레는 무용 음악과 오케스트라 음악을 둘 다 연주하고 있었다. 즉 단일 작품내에서 여러가지 주제들을 다루었으며 한 막의 내용이 다음 막의 내용과 관련이 없는 경우도 허다 하였다. 극적인 연기는 거의 사라지고 무대의 작품은 가수들과 무희들이 그들의 재능을 나타내는 매개체가 되었다. 플롯의 중요성이 점점 상실됨에 따라 본래의 스토리 전달보다도 무희들은 갈수록 장식적이고 추상적인 동작을 연기하는 경향을 나타내었다.

무용에 있어서 남녀의 역할에 대한 패턴이 발전한 것은 이 시기였으며 그로부터 남녀의 역할이 분리되는 일이 반복되곤 하였다. 무용의 지도적인 창시자인 교사들, 혁신자들, 안무가들 및 이론가들은 바로 륄리라던가 보샹쁘같은 사람들 이었다. 륄리는 음악가이자 무희였으며 궁중의 생활에도 현명하여 그 자신을 위하여 왕도 움직일 수 있는 정치가 이기도 하였다. 그리고 그는 많은 작품을 제작하였으며 오페라곡과 발레곡들도 작곡하였다. 그 반면에 보샹쁘는 많은 기법을 도입한 뛰어난 연기자로서 그가 도입한 발레기법으로는 엘리베이션〈elevation〉, 턴〈turns〉, 삐류에뜨〈pirouette〉 및 뚜르 앙 레르〈tours en l'air〉등이 있는 것으로 알려져 있다. 또한 보샹쁘는 무용 편찬의 지도적 역할을 하였으며 최초로 무용의 속기법, 혹은 표기법에 대한 체계를 세웠는데 이것은 발레 발전의 토대를 이루고 있는 발레 동작의 원칙을 분석한 것이었다.

6. 초기의 무용가

남성들이 발레의 구성원으로서의 모든 역할을 독점하고 있을때 주역에 대해 생각하기 시작하였다. 주역을 맡을 무희들이 이제는 귀족들 사이에서 탄생하지는 않았고 그대신 가난한 계층에서 나타나는 경향을 보였으며 또 아카데미에서 기예를 익히게 되었다. 무희들이 로얄궁 무대에서 공연 할때에는 돈많은 브르조아 계급의 사람들이 조금 섞여 있긴 하였으나 여전히 귀족들이 관객의 주류를 이루고 있었다. 재능있는 연기자들 가운데에는 까마르고, 샤레 및 쁘레 보스뜨가 있었다.

1) 까마르고〈Marie Anne de Camargo 1710~1770〉

마리 안느 드 까마르고는 18세기의 프랑스의 뛰어난 무희였다고 간주되고 있다. 그녀의 스타일은 명쾌하고 날렵 했으나 동작은 원기 왕성하며 생명력이 넘치는 극히 대조를 이루는 것이었다. 당시의 발레 기법은 상당히 제한되어 있었지만 까마르고는 발레를 자기 해석에 의한 연출로 표현을 풍부히 하였다.

그녀는 엘리베이션에 대한 특출한 능력을 가지고 있었으며 공중에서 발을 빠르게 교차 시키고 다시 한번 더 교차 시킬 수도 있었다. 이러한 능력이 까마르고로 하여금 전통적인 발레의상을 수정할 수 있는 용기를 가지게 하였다. 당시의 여인들은 무겁게 테를 두르고 정교하게 만들어진 마루바닥까지 끌리는 스티프후프 스커트를 입고 무거운 머리장식을 하였으며 가면을 착용하고 그 위에 겉옷을 걸치고 굽이 달린 신을 신었었다. 또 까마르고는 의상의 개혁뿐 아니라 발레화의 전신인 부드러운 실내화를 신었다.

2) 마리 샤레(Marie Salle 1707~1756)

18세기의 위대한 연기자 중 또 한 사람으로 마리 샤레를 들 수있다. 까마르고와는 달리 샤레의 스타일은 화려하지는 않았지만 그대신 발레의 극적 리얼리즘을 실현하였고 천부적으로 표현력 있는 동작을 나타내었다. 샤레도 역시 전통적인 발레 의상을 개혁하려 하였으며 그리스 조각양식에서 고안된 곱게 주름을 잡은 옷을 소개하였다. 특히 '피그말리온 (Pygmalion) 발레'에서는 새로운 의상을 착용하였는데 샤레가 그것을 런던에서 상연하였을때 파리에 있는 로얄 아카데미 지휘자들에게는 그녀의 생각이 너무 급진적인 것으로 받아 들여 졌다. 샤레는 발레의 일률적인 제복을 전적으로 피하려고 하였으며 각 인물의 특성에 따라 옷을 입는다거나 그 줄거리나 위에 맞는 옷을 입으려 하였던 것이다. 이것은 발레의 혁신가들에 의해서 거듭 제창되어온 개혁이었고 그 만큼 대단한 인기가 있었다.

뷔일리예는 샤레에 대하여 다음과 같이 기술하고 있다.

> 마리 샤레는 우상시 되었다. 극장의 문 주위에 모여든 수 많은 군중들이 샤레를 보기 위하여 아귀다툼을 벌였다. 열광적인 군중들은 자리를 얻기 위하여 엄청난 돈을 지불하였으며 서로 주먹질을 하며 앞으로 나아 갔던 것이다. 그녀가 런던의 자선 흥행 길에 나섰을 때 한 작품이 끝나자 돈과 보석이 가득담긴 지갑들이 무대위 샤레의 발아래에 수 없이 쏟아졌다. 그녀의 무용단에 속해 있는 사랑의 신들과 숲의신들은 이와같이 자발적인 찬사를 받자 더욱 흥을 돋구기 위해 음악에 장단을 맞추었다. 이 기념비적인 밤에 샤레양은 그 당시로선 엄청난 금액인 20만 프랑을 훨씬 넘는 돈을 받았던 것이다. [11]

3) 프랑솨즈 쁘레보스뜨 (Françoise Prévost)

이 시기에 뛰어난 연기자 중 또 한 사람은 프랑솨즈 쁘레보스뜨인데 그녀는 1700년대 초반에 무용을 하였다. 그녀는 극적 능력 뿐만 아니라 경쾌하고 정확한 동작으로 잘 알려져 있었다.

이외에도 수 많은 지도자급 남성 댄서들이 있었는 데 이중 루이 뻬꾸르 같은 이는 륄리와 보샹쁘의 발레극에서 여러번 주역을 맡았으며 로얄 궁을

11) Vuillier, op. cit., p. 142.

위하여 수 많은 작품을 안무했고 아카데미에서 무용을 가르쳤다. 그러나 열광적인 관객들을 가장 뜨겁게 매혹시킨 것은 바로 뛰어난 여성 스타들이었다. 빠리에서 교육을 받은 뛰어난 무희들이 점점 증가함에 따라 그들은 자신들의 발레 학교와 발레단을 조직하기 시작하였다. 그들은 연기를 하며 전 유럽의 궁정들을 돌아 다녔다. 이탈리아, 오스트리아, 러시아, 영국, 및 스칸디나비아에서 통치자들이 왕실의 오페라 하우스와 극장들을 설립한 것은 바로 이 때 였으며 그 곳에 발레단들이 급히 소속되었다. 드미으에 의하면 이것은 "발레단들이 영주 할 수 있도록 설립되었으며 발레를 계속 할 수 있고 보호 받을 수 있는 보장을 받았다"는 것을 의미 하였다. 오페라 하우스와 극장들은 국가의 장식품으로써 또 작품들과 기술적인 스타일의 보고로서의 역할을 하고 있다. 이 당시에 설립된 유명한 극장과 오페라 하우스들을 보면 다음과 같다.

◎ 더 킹스 씨어터 인 해이마킷, 런던 1705.
(The kings Theater, in Haymarket, London 1705)

◎ 더 로얄 대니쉬 발레 인 더 내쇼날 씨어터, 코펜하겐, 1726.
(The Royal Danish Ballet, in the National Theater Copenhagen 1726.)

◎ 더 로얄 오페라, 인 코벤트 가든, 런던, 1732.
(The Royal Opera, in Covent Garden, London 1732.)

◎ 이외에 나포리 (1737), 비엔나 (1748), 스투트 가르트 (1750), 뮨헨 (1752), 모스코바 (1776), 밀라노 (1778) 및 성·피터즈 버그에 수 많은 극장들과 오페라 하우스들이 있다.

이밖에도 발레는 왕실의 보조금과 보호아래 독립된 단체로써 설립되기도 하였고 한편으로는 오페라단의 귀중한 구성요소로써 간주되기도 하였다. 따라서 이것의 의미는 고도의 훈련과 연기가 지속될 수 있다는 것을 확신시켜 주는 것이었다. 발레는 이제 수 세기를 통하여 그 연속성을 보장 받을 수 있는 지위를 가지게 되었다.

그러나 어느 의미로 보면 이것은 계속되는 창조적 발전에 어떤 위협을 나타냈다. 국가기관에 부속되는 어떤 예술의 경우와 마찬가지로 18세기 중엽에는 발레의 양식은 고정되고 판에 박은 듯 진부하게 되었다. 1700년대의 초기와 중엽의 안무가들은 그때까지의 수 십년 동안 존재하던 오페라 발레의 고정된 틀을 개혁하려 하지 않았다. 모든 오페라의 순서는 서막에 빠세삐에 (passepieds), 제 1 막엔 뮈제트 (Musettes), 제 2 막엔 땅보렝 (Tambourins)으로 이어졌으며 그다음에는 샤꼰느(Chaconnes) 및 빠세삐예가 이어졌다. 이것들은 당시에 유행한 춤들을 의미하며, 어느 누구도 감히 이러한 형식을 깨뜨리려고 하지 못했다. 뷔일리예에 의하면 다음과 같다.

> ……모든 오페라에서 주연 배우는 그의 독특한 춤을 추어야만 했으며 가장 뛰어난 무희가 항상 끝을 장식 하였다. 춤을 지배한 것은 시적 장면이 아니라 바로 이러한 법칙에 의해서 였다. 그리고 불행을 격화시킨 것은 시인들, 음악인들, 의상가들 및 장식가들이 서로가 의견을 교환하지 않은데 있었다. 그들은 각자가 관례적인 관찰을 가지고 있었으며 서로가 같은 목표에 도달하던 말던 무관심 하게 자기자신의 낡은 방법으로 그것을 추구했던 것이다. 이것을 개혁하는 것은 매우 어려운 일이었으며 모든 것을 포기하기 전까지는 아무도 이러한 관례에서 벗어날 수는 없었던 것이다………[12]

이와같이 아무도 발레의 개혁을 시도하지 않았으며 다음과 같은 당시의 유명한 연기자들이나 안무가들은 그들의 신분에 만족하였다.

- 대발레단의 뛰어난 연기자였던 개따노 베스트리.
- 유명한 라 피으 말르 가르데(La Fille Mal Gardêe)를 작곡한 프랑스의 댄서이자 안무가인 쟝·도베르발.
- 18세기 말엽에 왕실에서 대단히 인기를 누렸던 지도적인 여성 댄서 마델레인 귀마르.
- 스웨덴과 빠리 오페라의 댄서이자 안무가인 샤를르 디델로 였다.

그러나 급진적인 방법으로 발레의 전면적인 개혁을 주장하여 종국에는 극장예술을 변화시킨 죠르쥬·노베르 같은 인물도 있었다.

4) 죠르쥬 노베르(Georger Noverre 1727~1810)

1727년 부터 1810년 까지 생존한 노베르는 16세에 오페라 꼬미끄에서 댄서로써 데뷔하여 4년후에 발레 교사로 임명되었으며 후에 그는 발레의 안무가, 비평가, 작곡가 및 개혁자가 되었다. 그는 제일 먼저 발레의 예술적 가능성을 제시하였으며 양식화된 동작이나 제스춰 및 무대의 관례를 없앴다. 1760년에 간행된 노베르의 책 '무용에 관한 편지'에서는 춤이란 신체적인 묘기로서 뿐만 아니라 극적인 표현과 전달을 의미해야 한다고 강조하였다. 그당시의 발레는 무심결에 쓰여진 음악을 끌어모아 맞춘 것 같은 경향을 띤 짧은 춤의 집합체가 되어갔는데 그이유는 오페라 공연만이 많은 관

12) Ibid., p. 153.

중을 얻을 수 있었고 주연 배우들은 오페라의 액션이나 주제에 상관없이 그들의 독특한 능력을 보이기만 하면 되었기 때문이었다. 뷔일리에는 다음과 같이 기술하고 있다.

> ……프랑스의 오페라계에는 베스트리, 가르델 및 도베르발과 같이 뛰어난 댄서들이 많이 있었다. 그러나 그들로서는 댄서들을 적당하게 연기하게 할 수는 없었다. ……연기자들은 수 많은 깃털로 장식된 커다란 모자를 쓰고 얼굴은 가면에 감추고서 무대에 나타났다. 그들은 상당히 효과적으로 동작을 나긋나긋하게 하면서 무대 뒷편에서 껑충껑충 뛰어서 무대 앞으로 나왔다. 그들중 어떤 연기자는 자기 자신이 특별히 자신이 있는 팔의 아름다움이라던가 다리의 탁월함 같은……부분을 조심스럽게 나타냈다. 그러나 이것은 진정한 의미로서 춤이라고 할 수는 없는 것이다.[13)]

노베르의 철학은－그가 이것을 너무 적극적으로 나타내어서 결국은 빠리에서 떠날 수 밖에 없었고 영국, 비엔나, 스투트가르트 어디에선가 직업을 구해야 했던－다음과 같은 사상을 함축하고 있다.

① 발레의 동작은 기술적으로 뛰어나야 할 뿐 아니라 발레의 극적 표현력으로 관중들을 감동시켜야 한다.

② 발레의 플롯은 중심 테마에 기여할 수 있는 논리적이며 이해할 수 있는 스토리로써 플롯에 관계가 없는 솔로댄스나 여타의 일련의 춤을 배제하므로써 그 구상에 있어서 단일화 되어야 한다.

③ 무대장치, 음악 및 플롯은 모두가 단일화 되어야 한다.

④ 춤의 테마에 적절하도록 의상의 개혁이 필요하며 음악은 춤에 잘 조화되도록 특별히 씌여져야 한다.

⑤ 점차적으로 양식화되었고 의미가 없는 무언극은 보다 간결하고 이해할 수 있도록 만들어져야만 한다.

이와같은 것 외에도 다른 제안들이 그의 저서인 발레닥숑 (ballet dáction)에 요약되어 있다. 즉 극적표현을 방해하는 의미없고 보이기 위한 묘기 대신에 춤이 실제로 극적 표현을 돋굴 수 있는 발레를 말한다.

노베르는 작품을 안무할때 음악가들과 긴밀하게 협력하였다. 그는 제일 먼저 적절한 주제를 찾은 다음 시와 가사를 구상하고, 시의 내용을 나타낼 수 있는 춤동작을 개발한 다음 작곡가에게 주제에 대해 설명하여 그 작품에 맞는 음악을 작곡해 주기를 요청하였던 것이다. 노베르는 다음과 같이 기술하였다.

---

13) Ibid. p. 160.

〈노베르를 위해 찰스 니콜라스 코힌이 디자인한 무대장식〉

> 안무가 잘된 발레는 지구상의 모든 나라의 정열과 예법, 습관, 행사 및 관습의 살아있는 그림이다……만일 발레에 감정이라던가 뛰어난 묘사 및 강렬한 장면이 결여되어 있다면 그것은 황량하고 지루한 구경거리가 된다……[14]

점차적으로 노베르의 사상은 영향력을 가지게 되었다. 그가 댄서들에게

---

14) Jean Georges Noverre, Letters on Dancing and Ballet, translated by Cyril Beaumont (Published originally in 1760, republished by Dance Horizons, Inc., New York, 1966), p. 16

"소름끼치는 가면과 우스꽝스런 가발을 벗어 버리고 형편없는 패니어(둥근 테를 넣어 넓게 펼쳐진 스커트 혹은 그 테)를 없애고 몹시 불편한 엉덩이에 대는 패드를 없애라……"고 촉구했을때에 그는 오래 전부터 의상이 바뀌어야된다고 생각해온 지도적인 연기자들에게 용기를 불어 넣어 주었다. 1772년 라묘가 만든 오페라 까스또르 앤드 뽈룩스(Castor and pollux)가 상연될 때에 개따노 베스뜨리가 전통적인 커다란 가발과 가면을 쓰고 가슴에 금도금을 한 커다란 구리태양을 달고서 아폴로신의 역할을 하기로 되어 있었다. 그러나 갑자기 베스뜨리가 출연을 할 수 없게 되자. 베스뜨리보다 태양신의 역할을 잘하고 있다는 것을 관중들에게 알려주기로 마음 먹은 막시밀리엥 가르델은 가발과 가면 및 구리로 만든 태양을 착용하기를 거절하고 그 역을 대신하였다. 그후부터 지도적인 댄서들은 마스크의 사용을 피하였으며 사람들은 그것을 인정하였다.

5) 도베르발과 디델로(Douberval and Didelot)

도베르발과 디델로를 포함한 다른 노베르의 제자들은 당시 유행하던 양식화된 手話보다는 발레 플롯의 개발과 의미있는 제스춰의 사용에 관한 노베르의 많은 개혁을 실제로 적용시켰다. 노베르는 발레를 오페라의 장식물이 아닌 완전히 독립된 극장 예술로 만들려고 하였지만 완전히 성공하지 못하였다. 그럼에도 불구하고 노베르는 1세기가 지나서 미쉘 포킨느가 러시아를 떠나 빠리에 올때까지 이루지 못하였던 발레에 새 생명을 불어 넣기 위한 힘을 표현하였다.

그다음으로 발레에 주요한 영향을 미치고 수정하게한 것은 프랑스 혁명이었다.

7. 프랑스 혁명

프랑스 왕정에 대한 프랑스 혁명의 즉각적인 효과는 귀족적 예술인 연예의 한 형태로서, 또 전국을 공포의 분위기로 몰아 넣었던 단두대에 처형된 바로 그 왕족들의 여흥거리로서의 발레의 위치에 대한 것이었다. 그러나 언제나 그렇듯이 댄서들은 적응할 수가 있었고 오래지 않아 빠리 오페라는 공화국의 수많은 축제에 중심 역할을 하였다. 즉 연기자들은 애국가와 칸

타타를 부르는 거대한 성가단의 도움을 받으며 연기를 한 애국적인 작품들이 있었다. 그러한 축제중에서 마르세일래즈는 위대한 공적인 작품에 대한 춤을 추었다. 한편 혁명 제2차년도에는 '슈프림 빙'의 축제에서 혁명의 테마를 취급하였다. 그것은 다빗에 의해 계획되고 로베스삐에르가 지휘하였으며 국립의회의 포고령에 의해 상연되었다. 혁명이 일시적으로 몇가지 형태의 춤을 중지시키는 원인이 되었으나 사회적 예술로서의 발레에 대한 프랑스인의 정열을 억누르진 못하였다. 뷔일리에에 의하면 수 많은 빠리장의 무자비한 처형이 종식되자 마자 매일 저녁 빠리에서는 23개의 극장과 1800개의 춤 교습소가 문을 열었다고 한다. 당시의 작가인 메르씨에는 그 상황에 대하여 다음과 같이 기술하고 있다.

> ……춤이란 전 우주의 어느 누구에게나 공통적일 것이다. 그들은 대학살의 와중에서도 까르멜리뗴에서나 예수회 신학교에서 또는 성 쉴빼스의 신학교에서 춤을 추었다. 또 성모 마리아상 앞에서나 나의 관할 구역에 있는 세개의 낡은 교회에서 춤을 추고 부서지지 않은 모든 무덤의 제단위에서 춤을 춘다. 그들은 샹·엘리제의 불레바르에 있는 모든 선술집에서 춤을 추며 선창가에서 춤을 춘다. 그들은 뤼기에리, 뤼꺼에, 웽젤 몽따 우지우에의 집에서 춤을 춘다. 각계각층의 모든 사람들을 위한 무도장이 있다. 아마도 춤은 망각의 수단인 것 같다……[15]

혁명후의 빠리장들은 많은 것을 망각해야만 했다. 이상하게도 혁명기간 동안에 종교 박해의 일부로써 죽음을 당한 가족들만의 가입이 허용된 소위 '피해자 무도회'라고 하는 한 축제가 제정되기도 했었다. 혁명이 종식되자 앞에서 언급한 바와 같은 일종의 애국적인 작품을 제외하고 그동안 중지되었던 발레는 다시 시행되게 되었다. 그러나 당시 공화정하에서의 발레의 테마는 아주 다른 것이었다. 몇몇 작품들은 미국혁명을 기념하는 것이었고 어떤 발레들은 종교와 카톨릭 교회를 비판하는 내용으로 안무되었다. 즉 이것은 새 정부의 정책을 반영하고 당시 현존하던 정권에 적응하면서 새로운 사상을 이르키는 첫번째 조짐이었다. 정치적 사회적 민주주의, 그것은 당시의 사상과 밀접과 관련을 가지는 것이었으며 다른 종류의 혁명을 제일 먼저 고무시킨 것이었다. 즉 이것은 낭만주의 운동이었다.

시가, 음악, 미술 및 문학과 함께 발레는 이 새로운 예술 활동에 대한 활력적인 일부분이 되었다. 이런 상태에서 발레는 새롭게 굉장한 유행을 누리게 되었고 창조적 발전을 이룩하였다.

15) Vuiller, op. cit., p. 196.

二、발레의 황금시대

1. 낭만주의의 발레

프랑스 혁명이 끝난 후 수 십년 동안 발레의 미적내용과 체제및 기술적인 양식과 용어등이 계속하여 급속히 변화해 갔다. 이러한 발레의 발전을 이루기 위해 공헌한 사람으로는 살바또르·비가노, 까를로·블라시스, 떼오필·고띠에와 같은 세명의 주요인물이 있었다.

1) 살바또르·비가노 (Salvatore vigano: 1769~1821)

비가노는 노베르의 제자였고 유명한 발레 지휘자인 도베르발의 제자이기도 하였다. 그는 발레의 형태와 극적 표현을 통합시키려는 노베르의 이론을 실천 했으며, 또 발레의 플롯 전개를 위해 전부터 사용되었던 관습화된 제스추어를 보충시켜 무언극의 발전에도 많은 공헌을 하였다. 그리고 자신이 만든 꼬레오드람(choreodrame)을 발전시키기 위해서도 노력하였다. 라스카라, 비엔나, 베니스등 유럽의 여러도시에 있는 오페라 하우스의 발레 지휘자로 활약하던 비가노는 생존시에 여러 가지 탁월한 발레를 많이 구성하였다.

2) 까를로 블라시스 (Carlo Blasis: 1787~1878)

프랑스와 영국에서 춤을 추고 발레를 구상하다 뛰어난 지휘자가 된 블라시스는 그후 그의 고향 이탈리아의 밀라노에 있는 라스카라에 되돌아와 댄서겸 안무가와 교사로서 일하였다. 노베르와 비가노의 영향을 많이 받은 블라시스는 평형과 밸런스의 법칙을 포함한 주요 이론을 개발 했으며 발레 연습에서 신체의 동작을 지배하는 기하학적인 도식도 개발하였다. 1803년 블라시스는 유명한 '무도규범(Coda of Terpsichore)'을 간행 했는데 이 책에서는 모든 발레학교에서 지도하여 온 발레 교육의 기본적인 체계를 담고 있었으며 그의 교육방법은 오늘날까지도 상당히 영향을 미치고 있다. 1837년에 밀라노의 왕립 무용 무언극학회에 지휘자가 된 블라시스는 학회에 가입할 수 있는 자격을 8세 이전이나 12세 이후는 가입할 수 없으며(소년은 14세)의학적으로 건강하며 훌륭한 재목이 될수 있는 학생 이어야 한다고 제정하였다. 학생들의 훈련은 계획적으로 이루어 졌고 하루에 3시간을 연습하는데 그중 1시간은 마임을 하였다. 그들의 수업연한은 8년 이었지만 그후에도 연기자로서의 경력이 보충될 때까지는 학교에 소속되어 있었다.[16] 블라시스는 조각과 해부학에 재능을 가지고 있는 연구가 이며 뛰어난 문장력의 소유자 였으므로 그의 저서에서 발레기법의 기계적인 원리를 완전히 서술할 수 있었다.

블라시스는 그가 개발한 바 웍(bar work)과 그밖의 연습방법 외에도 자기의 학생들에게 성격무용과 무언극 및 아다지오를 연구 하도록 하였다. 그의 저서는 수 많은 민속무용과 민족무용들간의 상이점과 음악회와 조각과 관련된 춤동작을 분석 했으며 그 당시의 예술무용을 이해하기 쉬운 그림으로 해설해 주고 있다.

확실히 블라시스는 19세기 초의 학교무용(danse d' ecole) 발전에 중요한 인물이었다.

3) 떼오필 고띠에

고띠에는 발레에 대해 대단히 정열을 가진 프랑스 낭만주의 시대의 시인 이었으며, 져널리스트였던 극 비평가였다. 그는 소위 발레의 황금시대라고 하는 시기에 발레의 발전에 적극적으로 참가하였으며, 지젤에서 연기를 한 파니·엘슬레, 마리·따글리오니 및 까르로따·그리씨 같은 연기자들을 위해 대본을 쓰는 등 많은 후원을 하였다. 또 그는 대단히 영향력이 있는 비평가로써 사람들의 취향과 열정을 형성할 수 있도록 하였으며 낭만주의 시대의 발레의 전 부문에 영향을 미쳤다.

---

16) Arnold Haskell, Ballet (Middlesex, England: Penguin Books, 1951), p 26.

〈낭만주의 시대의 발레〉

4) 낭만주의

정확하게 무엇이 낭만주의 였는가?

예술에서의 낭만주의란 18세기에 전통을 중시하는 학교에 의해 확립되었던 융통성 없고 엄격한 예술을 타도 하려는 운동이었다. 그러나 본래의 낭만주의는 문학운동이었는데 예술이 빅토르·위고의 시나 극과 같은 문학작품의 영향을 받은 것이였다.

낭만주의 시인들 예술가들 작곡가들은 불가사의하고 초자연적인 것에 관심을 가졌다. 그들은 이룰 수 없는 것에 대한 인간의 추구를 묘사하였으며 천상의 사람들에 대한 인간의 희망이 없는 사랑을 예증하였다. 이보르·게스뜨는 다음과 같이 기술하고 있다.

> ……〔18세기〕는 "합리주의"시대였다. 그때의 예술가들은 외관에 치우치는 경향이 있었으며 그들의 작품에서 흔히 감정과 의미를 희생시켜 가면서도 고전적 완성을 이루려고 온 힘을 기울였다. 그러나 낭만주의 외침은 해방이었다. 고전

적 제한의 굴레로 부터……반란의 폭발 속에서, 전쟁과 혁명으로 불안정한 속에서 성장한 새 세대의 예술가들은……자신들의 내면의 세계로 방향을 바꾸었다; 그들은 보다 인간적인 표현의 수단을 추구하였고 그들의 상상력과 영감은 지고한 서정시의 세계로 자유롭게 나래를 폈다……17)

1815년 나폴레옹 시대가 끝난 이후부터 20여년간 프랑스의 모든 예술에 낭만주의가 지배하였고, 이것은 곧 전 유럽에 퍼졌다. 이전의 계열들은 무시 되었고 신작품들은 새로운 청중과 독자들에게 호소하는 의미가 있고 감정적인 내용을 담고 제작되었다. 어느 의미에서는 낭만주의는 과거의 현실주의로 부터 탈피하기 위한 시도를 하는 것이었다. 사람들은 10여년 동안 전쟁으로 인하여 몹시 고통을 받았다. 광산과 공장에서의 산업혁명의 발전은 전 유럽에서 혜택을 받지 못한 수 백만명의 사람들에게 새로운 고통과 비참한 생활을 가져다 주었다. 따라서 색채, 환상, 우화 및 전설, 낭만적인 사랑과 아름다운 꿈을 나타낸 낭만주의 운동은 현실의 지저분한 생활에 대한 반항을 표현하였다.

고통스런 현실과 환상적 가능성에 대한 동경 사이의 대조를 표현하기 위해 발레에서도 새로운 주제를 사용하였다. 예를들면 초자연적 존재가 사람과 사랑에 빠졌다던가, 또는 죽은 처녀가 부정한 연인을 괴롭히기 위하여 무덤속에서 튀어나왔다던가, 세속적이고 관능적인 존재에 대하여 정신적이며 영적인 존재가 승리를 거두었다등과 같은 것이 있었다. 18)

낭만주의의 대표적인 발레로는 라·실피드(La Sylpide)를 들 수 있다. 라·실피드는 이 시기에 가장 뛰어난 발레리나인 마리·따글리오니를 위하여 그녀의 아버지 필리쁘·따그리오니가 안무한 것으로 스코틀랜드 사람과 사랑에 빠진 숲속의 요정을 묘사한 것이다. 이 작품의 발레리나를 위해서 새로운 의상이 고안되었다. 발목에 반쯤 닿는 풍만하고 엷은 흰 스커트를 입은 댄서들이 무대를 가득히 메웠는데 그들이 창조해 내는 하얀 색의 효과때문에 이러한 형태의 발레를 발레 블랑(white Ballet)이라고 불렀다.

---

17) Ivor Guest, The Romantic Ballet in Paris (Middletown, Connecticut : Wesleyan University press 1966), p 2.
18) John Martin, John Martin's Book of the Dance (New York : Tudor Publishing co, 1963), p. 34.

〈라 · 실피드〉

실현할 수 없는 것에 대한 동경의 일환으로서 춤은 점차적으로 향상되어 갔다. 더욱 더 공중에 솟아오르며 지구중력에 도전하고 발 끝으로 (Sur les pointes) 서서 춤을 추었다. 어떤 발레에서는 여성 댄서들이 실제로 줄에 매달려서 무대위를 날았으며 무용수들은 머리위로 활주할 수가 있었다. 이런 장치들은 그들이 연기한 천상의 사람에 대한 역할 뿐만 아니라 낭만적인 발레가 여인들에게 주는 영적이며 고상한 역할에 대한 상징으로서도 유용하였던 것이다. 따라서 발레리나는 새로운 경지의 매력과 인기를 불러 일으켰다. 반면에 남성댄서들의 역할은 여성들의 우아한 솔로 연기에 보조나 할 정도로 점점 감소되어 갔다.

커스타인은 1840년대의 남성댄서들은 베스뜨리, 도베르발 및 가르델이 춤추던 시기에 비교하여 볼때에 형편없는 지위를 차지하였다고 서술하고 있다. 즉 모든 솔로는 발레리나에게 주어졌고 남성댄서들은 파트너로서의

역할 조차 감소되어 여성댄서들의 보조나 배경으로서의 역할을 할 정도로 형편없는 지위가 되었다.[19]

2. 여성 발레 시대

발레에서 주류를 이루고 있는 것은 여성들이었고 비평가들은 댄서로써 연기를 하는 남성들을 조롱하였다. 작가 쉴레 쟈넹은 그의 동료들의 견해를 다음과 같이 약술하고 있다.

> 당신들은 우리가 소위 위대한 댄서들의 지지자가 좀처럼 될 수가 없다는 사실을 알 것이다. 위대한 댄서는 우리 앞에 너무 육중하게 나타난다!…… 그는 아무것도 대답하지 않으며 아무것도 나타내지 않고 아무것도 아니다. 용모의 아름다운 매력과 동작의 우아함을 과시하며 아름답게 춤추는 소녀에 대해서 우리에게 말하라……아아! 고마워라, 나는 그것을 완전히 이해할 수 있어……그러나 당신들과 나처럼 못생긴 꼴보기 싫은 남자는, 이유를 모르고 이리저리 날뛰는 비참한 친구는, 소총이나 검을 들고 제복을 입어야 한단말야. 이런 친구가 여성처럼 춤을 추어야 한다니 그것은 불가능하다구.[20]

남성댄서들을 공격하는데 있어서 고띠에는 잔인하기조차 했다. 그는 발레리나를 찬양하는 만큼이나 남성댄서를 경멸하였다. 고띠에에 의하면 남성이 없는 발레는 꽤나 멋이 있다고 한다. "빨간 목, 육중한 근육이 있는 팔 교회의 하급관리같이 황소같은 다리, 우람한 몸으로 립 동작과 발끝으로 돌면서 떠는 모습을 보이는 남성이 있는 것 보다는 없는 편이 훨씬 덜 메스꺼운 일이다." 비평은 가끔 모순이 있었다. 고띠에는 남성이 가지는 어색함에 대하여 비난하였고, 그들이 몹시 우아할 때에도 역시 공격을 하였다.

오페라 댄서들은 발레에 있어서는 오직 여인들만이 해야할 것 이라는 의견을 조장하였다.

1840년대 중반에는 남성댄서들에 대한 반발이 하도 드세어서 이유만 있으면 언제나 남성들이 발레단에 가입하지 못하게 하였다. 여성댄서들에게

---

19) Lincoln Kirstein, Dance: A Short History of Classic Theatrical Dancing (New York; G. P. Putnam's Sons, 1935), p. 253
20) Ibid., p. 41

남자의상을 입혀 남자역을 대신하도록 하는 방법을 궁리하기에 이르렀고 여성들이 경마병이라던가 선원 등 관습적으로 남성들이 하는 역할을 하기 시작하였다. 많은 재능이 있는 댄서들이 파리에 나타났지만 그들의 연기 수준은 점차 낮아졌다. 따라서 발레는 남성들에게 점점 매력 없는 직업이 되었으며 빠리 오페라의 무용학교에 입학하려는 어린소년들의 수도 점점 줄어져 갔다.

3. 황금기(黃金期)의 발레리나

당시의 유명한 스타로서 5명의 발레리나가 있었다. 그들은 1830년대와 1840년대의 발레의 황금시대에 활약한 사람들이었다. 그 시기에 발레는 예

〈마리 따그리오니, 까를로따그리씨, 파니 쎄리또, 루씰드그랑의 四人舞〉

술적 영감과 테크니크의 발전 및 화려한 안무에 있어서 창조의 극치를 이루었다. 스타들은 마리 · 따글리오니, 파니 · 엘슬레, 까르로따 그리씨, 파니 · 쎄리또 및 루씰르 · 그랑 등이 있었다.

1)마리 · 따글리오니 (Marie Taglioni : 1804~1884)

1804년 스톡홀름에서 태어난 마리 · 따글리오니는 어려서부터 무용을 가르쳐준 아버지와 함께 비엔나, 이탈리아, 독일, 프랑스등 유럽에서 춤을 추었으며 말년에는 성 피터스버그, 임피어리얼 씨어터의 스타가 되었다. 그녀의 탁월한 작품은 낭만주의 발레중 가장 위대했던 라 · 실피드로 온 유럽에 센세이션을 일으켰다.

따글리오니는 토우댄싱 (Toe dancing)의 기법을 개발시킨 첫번째의 발레리나 였으며, 전통적인 의상을 그녀의 스타일에 맞는 가볍고 엷은 스커트로 개조 하기도 하였다. 따글리오니의 테크닉은 연약하고 정교 하면서도 우수하였다.

2) 파니 · 엘슬레 (Fanny Elssler : 1810~1884)

따글리오니의 가장 큰 라이벌은 파니 · 엘슬레 였는데, 그녀는 비엔나의 댄서로서 낭만주의의 세속적인 면을 상징화 하였으며 "우상 숭배자" 댄서로서 여겨졌다. 그리고 엘슬레는 온몸으로 춤을 추는 높은 표현능력을 가진 뛰어난 기교가로써 그녀가 전달한 무대의 이미지는 영적이기 보다는 정열적이었다. 엘슬레의 동작은 따글리오니에 비해서 地上에 가까웠지만 큰 동작과 정확함을 지니고 있었고 항가리, 폴란드 및 스페인 같은 나라의 "성격 무용"을 완성 하였다.

그녀가 1840년에 미국을 순방했을 때에는 엄청난 센세이션을 일으켰다.

3) 파니 · 쎄리또 (Fanny Cerritto : 1821~1899)

파니 · 쎄리또는 낭만주의 시대의 이탈리아 출신의 발레리나겸 안무가로 나포리, 비엔나, 런던 및 파리에서 춤을 추었다. 세리또는 활발하며 아름다운 댄서였고 테크닉은 대단하였으며 인기는 따글리오니와 엘슬레에 필적할 만 하였다.

4)루씰르 · 그랑 (Lucile Grahn : 1821~1907)

코펜하겐에서 수업을 쌓은 루씰르·그랑은 파리 오페라의 작품 라·실피드에서 따글리오니와 같이 연기한 유명한 네덜란드의 발레리나였다. 그랑은 그 시대의 가장 위대한 고전적인 전문가로 간주되었으며 환상적인 아름다움과 자유분방한 특성을 갖고 있던 것으로 유명하다. 그랑의 선생이자 안무가는 유명한 귀스트 브르농 비으였고 지젤과 라·실피드는 그녀가 역한 대작중의 하나였다.

5)까르로따 · 그리씨 (Carlotta Grisi: 1821~1899)

이탈리아 출신으로 낭만주의 시대의 뛰어난 발레리나 였던 그리씨는 지젤 역을 창조했고 떼오필르·고띠에의 보호를 받았다. 그녀의 남편은 프랑스인 댄서이자 안무가인 쥘레·뻬로였다. 파리에서 수 많은 작품에 주연을 한것 외에도 그리씨는 성·피터스버그와 런던에서 인기가 높았고, 그곳에서 뻬로의 빠·드·까뜨르(Pas de Quatre)를 따글리오니, 그랑 및 쎄리또와 공연하였다.

4. 발레의 쇠퇴

발레가 1830년대와 1840년대에 그 절정을 이루게 했던 창조적인 영감은 점점 쇠퇴해 갔다. 혁신은 관습으로서 영구화되고 이미 개발된 많은 다양한 새로운 기법들은 주로 곡예사와 같이 재주를 과시하는 수단으로 사용되었다. 위대한 남성댄서들은 하나도 없었고 영적감흥이나 자극의 원천도 사라졌다. 당시의 유명한 발레리나들이 퇴조하므로서 이태리, 프랑스 및 영국에서는 발레 그 자체에 대한 관심이 사라졌다. 뿐만 아니라 발레의 형태 자체도 고정되어 갔으며 단조롭게 되풀이 되었다.

19세기 중엽과 말엽의 전형적인 발레는 고대의 로망스나 우화에 대한 것이었다. 연기는 3 막 내지 4 막으로 구성되고 막간극까지 있어 밤 새도록 계속되었으며 막간극은 45분 씩이나 되는 일이 허다하여 관객들은 휴게실을 거닐 수도 있었다. 그 줄거리는 지화로 전달했기 때문에 관객들에게 분명하게 전달되지 못하는 일이 자주 있었다.

또 극과는 별로 관계가 없는 많은 춤들이 발레를 중단 시키기도 했다. 발레리나와 그녀의 파트너가 벌이는 거창한 빠·드·되 (Pas de deux)를 중심으로 이루어지는 극의 내용은 똑 같았으며 스테프인 작곡가들과 예술

〈19C 중엽 파리 舞蹈場의 춤〉

가 들은 상투적인 방법으로 지루한 음악을 만들어냈다. 이 시대의 극 연기의 주안점은 발레리나의 기능과 미를 과시하는 것이었다.[21]

그러므로 대중들의 관심이 퇴조하고 관객들이 냉담해진 것은 놀라운 일이 아니었다. 하스켈은 다음과 같이 논평하고 있다. "아카데미 설립 후 200년이 지난 지금 발레가 탄생한 본 고장에서 발레는 예술적으로 쇠퇴하였다‥‥‥단지 유희의 전주곡에 불과하고‥‥‥"[22]

영국에서는 발레를 지원하기 위한 왕실의 발레와 그밖의 국가기관들이 존재하지 않았던 관계로 문제가 더욱 심각했다. 발레는 형편없는 음악과 무대장치 및 안무로써 음악홀의 프로그램에 의례적인 순서가 되었고 파리에서는 오페라 극의 일부분으로 명맥을 유지했을 뿐이다.

숀에 의하면.

21) Martin, op. cit., pp. 38~39.
22) Haskell, op. cit., p. 30.

……발레의 '황금시대'는 댄서들이 무대의 최고의 스타였던 시대였다. 그리고 오페라의 노래가 진행되고 있을 때에는 이에 싫증난 대중들이 휴게실로 걸어나갔다.

……20세기의 초에 발레는 매우 쇠퇴하였다. 멋 없고 인공적이며 연기나 아이디어가 뛰어나지도 못하고 오페라 작곡가에 의해 쓰여진 발레를 하는 동안에 관객들은 기계적이며 생명력이 없는 연기를 보느니 휴게실로 걸어나가는쪽을 택하게 되었다. ……[23]

5. 러시아 발레

1) 러시아 발레의 발전

발레가 진부하게 되어가고 있던 이 시기에도 오직 한 나라에서만이 발레의 인기와 명성을 유지하고 있었는데 그곳은 바로 제정 러시아였다. 이 나라에서는 발레가 귀족정체의 영원한 장식품으로서 굳게 확립되었으며, 그 정체에 충성을 다하는 광범위한 관객을 가지고 있었다.

러시아에 있어서 발레는 상당히 존중받는 전통을 가지고 있다.

루이 14세 시대에 프랑스에 여행중이던 러시아 사람들은 왕실의 발레를 참관하기 위하여 루이14세를 방문하였다. 피터대제시대 (1672~1725)에는 수 세기 동안 유럽 제국들로부터 봉쇄 당했던 당시의 제정 러시아를 서구화시키기 위한 정책을 펴게 되었으며 러시아에 계속하여 존속하고 있는 시대에 뒤 떨어진 사회의 관습을 타파할 결심을 하였다. 그리하여 피터대제는 다음과 같은 포고령을 발표하였다.

부유한 대지주들은 수염을 깎아야 하며 "위엄이 있고 거추장스런 옷"을 벗어야 한다. 그리고 여성들은 사교춤에서 남성들과 어울려도 좋으며 지금까지는 잘 알려지지 않은 회합에 참석할 수도 있다.

프랑스나 이태리에서와 마찬가지로 무대예술로서의 발레에 대한 관심은 왕실에 사교춤이 유입되자 마자 곧 일어났다. 그 시초부터 발레는 뛰어난 외국의 선생들과 안무가들 및 고도로 숙련된 유급 연기자들을 초청해 오므로써 전문적인 예술이 되었다.

하스켈은 다음과 같이 기술하고 있다.

23) Ted shawn, Dance We Must (London: Denis Dobson, Ltd., 1946), pp. 21-22

> 안나 여왕 (1693~1740) 은 아카데미를 설립하였으며 프랑스인 랑데를 초청하여 아카데미를 지휘하게 하였고 사관생도들의 교과 과정에 포함시킬 만큼 그 중요성을 충분히 생각하였다. 가장 커다란 발전은 캐더린 대제 (1762~1796) 에 의해서 이룩되었는데 그녀는 프랑스인 르 · 피끄와 위대한 이태리인 안지오리나를 궁전으로 초빙하였다 ·····24)

특히 광대한 토지가 있던 러시아에 있어서는 궁정 신하들은 자신들의 오락과 문화적 행사를 스스로 제공하여야만 했다. 따라서 캐더린 대제가 발레를 좋아하자 귀족들은 각자의 발레단을 창설하고 발레에 대해 관심을 가지도록 보급하게 되었으며 점차로 분리된 단체들이 성 · 피터스버그와 모스크바에서 2개의 대 발레 기구로 통합되었다. 이 단체에 가입한 댄서들은 대부분이 농노였다가 오래전에 자유를 얻었던 것이다. 각단체의 중심지에서는 우수한 발레학회들이 밀라노의 블라시스에 의하여 규정된 엄격한 규준에 의하여 시작되었다. 하스켈은 논평하기를 발레는 러시아 황제들의 가장 소중한 소유물이었고 발레의 상연을 지원하기 위하여 막대한 돈을 지출하고, 외국의 댄서들, 안무가들 및 선생들을 초빙하였다. 러시아에 초빙된 무용가는 다음과 같다.

2) 러시아 발레 발전에 영향을 미친 외국무용가

①샤를르 · 루이 · 디델로 (Charles Louis Didelot 1767~1837)

프랑스의 댄서겸 안무가이며 선생이었던 디델로는 위대한 무용가중의 하나였다. 스톡홀름에서 태어나 빠리 오페라와 런던에서 상당한 경력을 쌓았으며 거기에서 수 많은 주요작품들을 안무한 디델로는 파울 황제에 의해 임피어리얼 · 써어터의 발레 마스터로써 성 · 피터스버그에 초빙되어 발레 마스터의 자리를 알렉산더 1세 시기의 1801년 부터 1811년 까지 계속해서 지켰다. 1816년이후부터는 다시 성 · 피터스버그에 남아 있었고 그 곳에서 50종이 넘는 발레를 안무하였다. 디델로가 안무한 작품들의 특징은 낭만주의적 이었으며 재미있는 플롯과 표현력이 풍부한 무언극이었다.

디델로는 뛰어난 선생이었으며 그가 성 · 피터스버그의 발레학교에 재임하는 동안 수 많은 탁월한 댄서들을 육성하였다.

19세기의 러시아의 발레에 영향을 미쳤던 그밖의 외국 연기자들로써는

---

24) Haskel, op. cit., p. 32.

마리 · 따글리오니, 쥘레 · 빼로, 그리스천 · 요한슨, 샤를르 · 생 · 레옹, 엔리코 · 체코쉐티 및 마리우스 · 쁘띠빠등이 포함된다.

②마리 · 따글리오니 (Marie Taglion:1804~1884)

파니 · 엘슬레가 빠리 오페라에 데뷔한 이후 따글리오니는 성 · 피터스버그, 임피어리얼 · 씨어터에 1837년 부터 1839년까지 3년간의 계약을 맺고 프랑스를 떠났다. 그녀는 그 곳에서 활약하면서 당시 서구 유럽에서 시행되고 있던 발레의 대작들을 연기하여 러시아의 관객들에게 서구유럽의 발레 대작들을 소개시켰다.

③쥘레 · 빼로 (Jules Perrot : 1810 ~ 1892)

빠리 오페라에서 낭만주의의 위대한 발레리나로써 탁월한 무용 경력을 가지고 있었던 빼로는 1848년에 성·피터스버그에 갔다. 빼로는 그 곳에서도 1859년까지 지도적인 댄서겸 안무가로 활약하며 거의 20편에 달하는 발레를 만들었는데 이 중의 다수가 강한 극적 플롯을 가진 사실주의적 테마에 기초를 두고 있었다.

④ 크리스천 · 요한슨 (Christion Johannsen : 1817 ~ 1903)

요한슨은 코펜하겐에서 부르농비으의 밑에서 수업을 쌓은 스웨덴 출신의 댄서이자 선생이었다. 그는 1841년에 성 · 피터스버그에서 연기를 하기 위하여 러시아로 떠났으며 그곳에서 지도적 남성 댄서가 되어 1869년까지 제일의 댄서로 활약하였다. 요한슨은 그후 발레학교에서 발레를 헌신적으로 가르쳤으며 이 시기이후 수 십년간 나타난 러시아의 위대한 댄서들은 모두 그의 제자이었다.

⑤샤를르 · 쌩 · 레옹 (Charles Saint- Le'on : 1815 ~ 1870)

레옹은 지도적인 프랑스의 안무가이자 댄서이며 음악가로 1859년에 성 피터스버그의 임피어리얼 발레의 발레 마스터가 되었다. 그는 1867년에 러시아를 떠나 빠리 오페라의 발레 마스터 자리로 되돌아 갔다.

⑥엔리코 · 치켈 (Enrico Ceechtti : 1850 ~ 1929)

이탈리아출신의 댄서이자 발레 마스터였고, 밀라노와 런던의 라 · 스카라에서 주역을 맡았던 치켈은 이태리의 가장 큰 발레단과 함께 미국을 여행하였다.

1887년에 러시아의 성 · 피터스버그에 있는 마린 · 스키극장에서 데뷔를 하였고 이어서 곧 임피어리얼극장의 제 2 발레 마스터가 된 치켈은 그후 임피어리얼학교의 교사가 되었다. 치켈은 이탈리아와 폴란드에서 잠깐 일한 것을 제외하고는 1909년까지 계속해서 러시아에서 체재하면서 러시아 발레계의 대 스타들을 많이 키웠으며 안나 · 파브로바의 개인 교수와 디아길레프발레단의 공식적인 선생으로서 20세기의 탁월한 연기자들을 가르쳤다.

이러한 외국인들의 공헌과 러시아인들의 아낌없는 지원을 받은 러시아의 발레는 점차 세계적인 명성을 얻기 시작하였다.

여러나라들은 그나라 나름대로 제각기 장점과 단점이 있었다. 그러나 러시아인들은 각 나라들의 장점을 통합하여 하나의 생명력이 넘치고 광범위한 기법을 가진 확고한 발레 체제를 확립하게 되었다.

러시아의 발레사에서 지도적인 댄서라 할 수 있는 니콜라스·레갈[25]은 다음과 같이 기술하였다.

러시아 무용의 발전은 우리가 모든 사람들에게서 춤을 배웠고 그것을 우리 자신들에게 알맞게 응용하였다는 사실에 있는 것이다. 우리는 우리에게 영적감흥을 준 모든 자료를 모방하고 그대로 본 받았다. 그리고나서 이미 얻은 지식으로 작업을 계속해 나가며 러시아인의 국가적인 기질에 알맞게 수정하면서 러시아의 발레를 형성하였던 것이다.

러시아에 온 외국의 예술가들 중에서 가장 영향을 미친 사람은 말할 필요도 없이 마리우스 · 쁘띠빠였다.

3)마리우스 · 쁘띠빠 (Marious Petipa : 1822 ~ 1910)

성 · 피터스버그에 있는 임피어리얼 발레의 안무가로써 가장 잘 알려진 쁘띠빠는 "고전발레의 아버지"로 불리웠다.

그는 프랑스에서 수업을 쌓고 1841년에 파니·엘슬레의 파트너로써 빠리 오페라에서 데뷔하였으나 그가 잘 알려진 것은 성 · 피터스버그발레에서

25) Nicholas Legat, quoted in Anatole chujoy. The Dance Encyclopedia (New York: A. S. Barnes & co., Inc 1949) p. 411.

의 안무능력과 지휘능력 때문이었다.

쁘띠빠는 1847년 임피어리얼 발레에 합류한 이후 50여년간 적극적인 활동을 하였으며 이 기간동안에 러시아 발레에서는 지배적인 영향력을 가지게 되었다. 그는 60개가 넘는 발레 대작을 안무하였으며 그외에도 수 많은 소품과 '디베르띠스망(divertissements : 막간의 여흥 혹은 짤막한 발레)'을 안무하였다.

그의 작품 가운데 가장 잘 알려진 것으로는 '동키호테', '라 · 바야데르' '잠자는 미녀', '푸른 수염' 등이 있다. 그는 또한 '백조의 호수'와 '라 · 실피드'의 역도 해내면서 '지젤', '코펠리아'를 포함한 세계 도처에서 흔히 상연되었던 위대한 발레작품을 다시 무대에 올리기도 하였다.

〈쁘띠빠의 작품 라마야 데르중에서〉

안무에 대한 재질 외에도 쁘띠빠는 자신이 만든 모든 발레에 대하여 꼼꼼히 연구하며 계획을 세우는 것으로도 유명했으며 임피어리얼 씨어터에 소속되어 있던 작곡가와 무대장치 디자이너들과도 함께 집중적으로 작업을 하였다.

그러나 그는 발레에 부속된 모든 예술중에서 안무를 최우선으로 두었다. 따라서 그는 챠이코프스키와 같은 재능이 있는 작곡가와 같이 작업을 할 때에도 자기가 원했던 음악—그 스타일이라던가 분위기, 길이, 박자, 템포 및 힘—을 작곡하도록 엄격하게 지시하였다.

쁘띠빠는 그의 일생동안 적용하였던 완전한 형태의 발레의 체제를 발전시켰다. 이 양식은 항상 연속된 일련의 장면을 완성하기 위하여 같은 동작을 세번 반복하고 네번째에는 변형을 넣는 방법을 포함하고 있다. 그리고 그는 빠·드·되·의 일정한 패턴을 확립하였을 뿐만아니라 여성 솔로와 남성 솔로 및 시퀀스를 완성하기 위한 화려하고 빠른 2인조 패턴을 완성하기도 하였다.

19C말의 러시아에서는 쁘띠빠에 대한 영향력이 대단하여서 지도적인 댄서들이 쁘띠빠에게 공부를 하고 쁘띠빠와 함께 춤을 추었다. 발레의 고전적 양식과 구조가 확고하게 고정된 것은 바로 그가 발레계에 군림하던 시기였으며 그의 작품중 다수가 오늘날에도 여전히 러시아 발레단의 공연 종목 가운데 일부분으로 상연되고 있다.

이 시기에는 "발레토매인 (balletomanes : 발레 광)" 이라 일컬어지는 관중층이 생겨난 시기이기도 하였다. 발레토매인이란 성·피터스 버그에 있는 볼쇼이 극장과 마린스키임피어리얼 씨어터 및 모스크바에 있는 그밖의 발레 하우스 그리고 러시아에 있는 모든 극장을 메웠던 열광적이고 지식이 풍부한 관객들을 말한다. 발레는 지식인, 학생, 젊은 장교 및 극장에 들어갈수 있는 모든 사람들뿐만 아니라 권력이 있고 부유한 사람들에게도 사랑을 받았다. 츄조이는 러시아의 임피어리얼 씨어터의 대부분의 발레공연이 예약을 받았다고 말하고 있다. 즉 왕족들과 고위관료들을 위해 배정된 좌석외의 상등석의 모든 좌석과 발코니에 있는 좌석들 뿐 아니라 특등석들도 예매되었다.

입장권은 때때로 대단히 높은 가격으로 팔리기도 했다. 발레의 관중들은 발레의 생리와 인습을 철저하게 아는 "상류계층"을 형성하였으며 이들은 근본적으로 변화를 받아들이지 않는 극도로 보수적인 사람들이었다.

다음에 두번째 부류의 관객들로는 발코니나 회랑의 꼭대기 층에 앉은 학생들, 젊은 장교들, 하급관리 및 서기들로 구성된 발레 광들이었는데 이들은 러시아의 혹독한 겨울 날씨에도 불구하고 표를 사기위해 전날 밤부터 줄을서서 기다렸으며 발레에 대한 견해도 덜 보수적이었다.

1880년대와 1890년대를 통하여 러시아의 발레는 점점 답답해지고 진부해졌는 데 이것은 과거 30년 동안 교실에서의 테크닉이 그대로 무대로 옮겨져 극적 동작에 주는 효과가 적었기 때문이었다.

관객은 물론 댄서들 조차 이해하기 어려운 무언극적인 손짓이 발레의 테마와는 전혀 관계가 없이 순전히 장식적인 막간극을 춤추는데 사용되었으며 의상, 음악, 무대장치들도 활력이나 창의력과는 거리가 먼 상투적인 방법으로 구성되었다.

그러나 쁘띠빠의 군림 하에서는 개혁이란 환영받지 못했으며 가능하지 조차 않았다. 따라서 러시아의 두 거성인 디아길레프와 포킨이 과거의 형편없는 인습을 깨뜨린 것은 20세기 초였으며 그것도 성피터스 버그라던지 모스크바가 아니라 파리에서 였다.

〈쁘띠빠의 잠자는 숲속의 미녀 중에서〉

三、초기의 현대무용

1. 현대무용의 기초

20세기에 미국에서 나타나게 되었으며 무용교육에 심오한 영향을 미치게 되었던 미국무용의 독특한 형태는 현대 무용이었다.

현대무용의 기초는 고전발레를 탈피하여 개인적 표현의 강력한 매개체로서 새롭게 사용할 것을 촉구한 이사도라 던칸을 필두로 하여 생기게 되었다

루스 세인트 데니스와 테드 숀은 미국인들에게 흥미로운 극장 예술로써의 무용을 처음 소개하여 던칸의 뒤를 이었다.

그러나 현대 댄서의 시조라 일컬을 수 있는 이는 1920년대 말과 1930년대 초기에 무대에 등장한 소규모 그룹의 댄서들과 안무가들이었다. 마샤 그래햄, 도리스 험프리, 찰스 위드만, 헬렌 타미리스 및 독일 무용의 개척자 마리 비그만 등이 초기의 위대한 인물이었다. 이 들은 현대무용의 선구자이었으며 이들의 노력 덕택에 현대무용이 독특하고 강력한 예술형태로 나타나게 되었다.

현대무용은 어떻게 정의되어야 할까?

초기에는 많은 사람들이 현대무용을 주로 형식주의나 데카당스, 진부한 안무, 그리고 고전발레에 대한 반대의 것이라고 생각하였다.

이들은 발레 동작의 판에 박힌 용어와 전통적인 형태나 테마에 부과된 인공적인 것을 거부하므로서 현대무용을 당대의 진정한 개념으로 여겼으며 자연적이고 표현적이며 기초적인 동작에 근거하여 고전발레보다 광범위한 영역의 감정을 표현할 수 있었다.

존 마틴은 다음과 같이 기술하였다.

> 현대무용의 최고의 목적은 장황스런 광경에 관심이 있는 것이 아니라 감정과 경험의 전달에 관심이 있다. 즉 직관적인 인지나 알기 어려운 진실은 이상적

인 용어로써는 전달 불가능하며 또한 사실의 단순한 진실로써도 표현될 수 없다.26)

순수하고 단순한 의상과 간단하고 조각적인 무대장식 및 당대의 지도자급 작곡가들이 만든 음악을 통하여 무대위에서 공연된 현대무용 작품들로는 '파업', '이교도', '전통', '증권거래소', ' 린치 타운', 일과놀이' 및 '미국의 지방민들' 등이 있었다.

〈도리스험프리와 찰스 위드만의 스퀘어 댄스〉

26) John Martin, Book of the Dance (New York : Tudor Publishing co., 1963), p. 138.

그러나 현대 예술과 같이 현대무용에 있어서도 이러한 선입감은 주기적이었다. 왜냐하면 현대무용 작품의 테마에는 그리스신화, 고대나 현대의 시 또는 문학작품들, 미국의 민속과 전설, 주요한 사회적 문제들, 정신분석적으로 접근한 개개인 상호관계, 역사적인 사건, 또는 테마나 스토리를 전혀 갖지않은 단순히 추상적이며 서정적인 작품들과 같은 것도 포함되었기 때문이었다.

또 현대무용의 접근방법에는 교육에의 전통이나 테크니크의 전반적인 시스템이 하나도 없었기 때문에 여러가지 접근법이 있었다. 일반적으로 현대무용의 동작은 침착한 태도와 우아한 모습으로 극히 어려운 재주를 보이는 것을 강조한다거나 발레의 특이한 기능을 보이는 것은 거부되었고 대신에 연기자를 가리우기 보다는 오히려 드러내 보이는 경향이 많았다. 따라서 원시적이며 거칠고 강력한 충격적인 동작들이 집중적으로 개발되었고 동체와 사족은 융통성있게 어떤 자세로나 취할 수 있고 춤의 목적에 적합하도록 흔들거리거나 흩어지고 비비꼬았다. 또 무희는 무대 주위를 질질 끌려다니거나 바닥에 구르기도 하고 나사모양으로 몸을 꼬는 몸짓도 할 수 있었다.

따라서 현대무용의 무희들은 그들의 역할에서 거의 동질성을 잃게 되었으며 그룹 자체가 유동적이며 조각적인 전체로서 여겨졌다 현대무용은 과거나 현재에 있어서도 너무 취사 선택적이며 여러가지 자료나 주제에서 뽑아 여러가지 영향을 일으키므로 그 형성기나 오늘날에 있어서도 더 이상 정의하기는 어렵고 차라리 댄서들과 그들의 작품 그리고 콘서트에 가는 미국 대중에 끼치는 영향등을 기술하는 것이 이해하기 쉬울것 같다. 그러나 마지막의 이 요인은 강조될 수 있는 것이다. 즉 현대무용을 특징지우는 "자유"인 것이다. 항상 그 중요한 가치는 개개인 안무가들이 자신의 예술을 기존 형태나 전통에 의존하지 않고 개발하여 표현할 수 있게 한다는 데 있다. 이것은 몇몇사람이 결론지었듯이 현대무용이 규율이 없음을 뜻하는 것은 아니다. 머스 커닝햄은 현대무용의 진가에 관해 다음과 같이 기술하였다.

> 가장 강한 동시에 가장 깨지지 쉬운 도구인 몸으로 일하기 때문에 그 움직이는 방법을 조직하고 이해해야 한다는 것이 무희에게 가장 시급한 문제이다. 기술이란 원하는 순간에 최상의 육체적, 정신적 형태로 나타나도록 육체의 행동을 통하여 그 에너지를 단련시키는 일이다 왜냐하면 댄서의 단련된 에너지란 아무리 작은 시간에서도 확대되고 집중될 수 있는 생명 에너지이기 때문이다……… 댄스훈련 중 가장 근본적인 것은 수업을 정신적이거나, 매일매일의 고된 일과가 아니라 댄싱의 시간이 되도록 하는데 전념해야 한다는 것이

다.[27]

따라서 최초에는 현대무용이 내츄럴댄스와 1920년대에 번성한 해석적 댄스 (Interpretive dance)와 혼동되었으나 곧 훈련이 잘되고 바람직한 형태의 무용이 되었다. 또한 현대무용이 초기의 특징이었던 발레에 대한 전격적인 거부에서 발레가 무용을 위한 신체를 훈련하고 개발해주는 최상의 수단이라는 견해를 받아 들이게끔 하였다.

그러면 시초에는 무슨일이 일어났는가?

보통 이사도라 던칸은 현대 무용을 표현한 자유정신의 기수로 언급된다. 실질적으로 그녀의 이전에도 숱한 반항자와 선구자들이 있어 장차 다가올 무용형태를 확립하는데 기여하였다. 이들 중에는 에밀 쟈크 달크로즈, 프랑소아 델싸르트 및 로이 푸우러가 있었다.

2. 현대무용의 태동에 영향을 미친 선구자

1) 프랑소아 델사르트 (Fransois Delsarte; 1811~1871)

프랑스에서 태어나 음악과 연극 선생이었던 델사르트는 그가 가르치던 때 뿐만 아니라 루쓰 세인트 데니스, 테드 숀 및 20세기 독일과 중부유럽의 무희들에게도 커다란 영향을 미쳤다. 델사르트는 표현적 동작과 제스츄어에 대한 논리적 체계를 개발하려고 애썼고 그의 일생을 다양한 환경속에 사는 사람들을 관찰하는데 소비하였으며 특히 압박받는 사람들에게 주목하였다.

> 그는 한 폭발 사건 후에 공사장과 광산을 방문하여 유가족들이 그들의 슬픔을 어떻게 표출하는지 보았다. 그리고 공원 숲속에서 노는 어린아이를 관찰했으며 어린아이를 사랑하는 사람과 그렇지 못한 사람과의 행동의 차이를 분석했다………… 감정을 무의식적으로 기록하는 휴매니티에 냉철한 과학적 공평성을 보내었고 풍부한 기록을 하였다. ………[28]

델사르트시대에 위대한 연기자 몇몇은 그의 제자들이었다. 그는 신체의 세 부분과 인간의 표현에 입각한 복잡한 체계의 제스츄어를 개발하였는데 그 세가지란 다음과 같다: ①정신적 혹은 지적인 것〈머리와 목〉, ② 감정적

---

27) Merce Cunningham, "The Function of a Technigue for Dance, "in The Dance Has Many Faces, Walter Sorell, ed. (New York; World Publishing co., 1951), pp. 250-51

28) Margaret Lloyd, The Borzoi Book of Mordern Dance (New York: Alfred A Knopf, Inc., 1949), p. 29

및 영적인 것, ③ 육체적인 것 〈하반신과 다리〉. 이어서 각 부위는 기능에 따라 3개의 영역으로 나눈다. 델사르트식 방법은 9가지 기본동작과 법칙이 있는데 신체 각부분의 자유와 이완을 개발하는 동작과 제스츄어와 판토마임을 위한 훈련으로 쓰일 연습동작에 입각하는 것이었다.

델사르뜨는 또 동작을 세개의 순서나 타입으로 나누는 시스템을 개발하였다. 이것은 "반대" "평형" 및 "연속"들 로서 델사르뜨의 한 학생과 함께 공부한 루돌프 본 라반에 의해 독일의 현대 댄서들에게 전해져 수 십년 후에 무용용어로 널리 쓰여졌다. 그리고 루쓰 세인트 데니스와 테드 숀은 그들의 학교에서 델사르뜨 제자중의 한 사람이 가르치게 하여 델사르뜨식 시스템을 이용하였다. 델사르뜨의 영향은 19세기 후반에 미국내의 학교에서도 널리 사용되었는데 이것은 미적무용 영역에서 델사르뜨의 이론과 제스츄어 언어를 광범위하게 사용하여 일종의 변형 발레 형식에 입각하여 체육의 일부분으로 가르쳐졌다.

현대 댄서들이 부르는 "긴장과 이완" 혹은 "제약과 해방"을 보여준 처음 인물은 바로 델사르뜨였다[29]

2) 에밀 쟈끄 — 달크로즈 (Emile Jacques- Dalcroze 1865~)

달크로즈는 스위스의 음악선생이자 작곡가로서 19C말 부터 20C까지 음악과 무용교수법에 중요한 영향을 미쳤다.

제노바에서 하모니의 교수였고 많은 음악 생도들이 표현력이 부족한 것에 대해 관심을 보인 달크로즈는 신체의 움직임을 이용하여 리듬을 인식하고 음악적 창조성을 강조하기로 결심하였다. 또 그는 극장계를 위할 목적은 없었으나 수 많은 무희들과 안무가들에게 강한 영향을 미친 몸의 운동과 음악과 동작의 접근법을 통한 한 체계를 창조하였다[30]

1910년 달크로즈의 방법을 교수하기 위한 단과대학이 독일의 헬레로에 세워졌다. 달크로즈의 영향을 받은 디아길레프는 달크로즈의 제자 미리암 람바하에게 자신의 발레단을 가르치도록 위임하였다. 특히 바사라브 니진스키는 영향을 받은 흔적을 보여주었다.

그외에도 유럽과 동부의 다수의 무희들이 달크로즈의 제자였으며 그는 수년동안 오스트리아에서도 교수하였다. 달크로즈가 졸업시킨 300명의 제자

---

29) Ted Shawn, Dance we Must (London: Dennis Dobson, Ltd., 1946)pp.48~49.

30) Lincoln Kirstein, Dance: A Short History of Classic Theatrical Dancing. (New York: G. P. Putnam's Sons, 1935), p. 286.

중 많은 사람이 세계에 퍼져 미국, 영국, 프랑스, 스웨덴과 그 밖의 다른 나라에서 "리듬체조"라는 이름하에 달크로즈의 방식을 가르쳤다. 간단히 말하면 그의 기술은 "음악적 시각 굴절" 및 "운동의 점진적 시스템"을 통하여 무희나 음악가의 리듬과 하모니에 대한 구조감각을 강화하는데 기초를 제공한 것이다.

달크로즈의 다른 영향력있는 제자로서는 하냐 홀름, 쿠르트작스, 루쓰 세인트 데니스 및 마리 비그만 등이 있는데, 이들은 직접 또는 그의 제자나 서적을 통해서 배웠다. 발레의 주류에 끼이지 않았던 이사도라 던칸에 앞서 나타난 많은 댄서들 중 가장 독특한 이는 미국의 연기인인 로이 푸우러였다.

3)로이 푸우러 (Loie · Fuller 1862~1928)

푸우러는 주로 유럽에서 자신의 관객들을 얻어 대단한 인기를 누린 독립적인 연기자로서 이사도라 던칸에게 영향을 주었다.

그러나 푸우러의 댄스의 본질은 던칸의 그 것과는 판이하게 달랐다

이 시기에는 스커트 댄서로 알려진 유명한 댄서들이 많이 있었는데 그들은 여러 공연이 행해지던 미국과 영국의 음악 홀에서 공연을 했다. 스커트 댄싱은 우아하고 다소는 발레적인 스텝으로 이루어져 있지만 토 댄싱이나 리프트는 없고 연기자들이 아주 긴 스커트를 흔들어대는 것이다. 초기에 로이 푸우러의 공헌은 수 야드의 반짝이는 베일로 몸을 감고는 점점 펼쳐 나가서 채광 아래에서 나무로 조작하는 100야드 이상의 투명한 천을 가지고 춤을 추어갔다는 것이다. 당시에 푸우러는 경력을 착실하게 쌓았으며 전기불이 발명된 그 시기에 그녀는 움직이는 색전등을 사용하여 광범위하게 실험을 하였다. 비록 푸우러가 생애에 6번도 못되는 무용수업을 받은 평범한 댄서로 일컬어졌을지라도 그녀가 창조한 효과는 장관이었다. 당대의 한 필자의 기술에 의하면;

> ······ 어둑한 무대 뒤쪽, 현란한 휘장에 싸인 한 여인의 불분명한 모습, 갑자기 한 줄기 빛이 그 여자로 부터 뚜렷이 솟아나온다. 반면 그녀의 주변은 인광의 물결속에 가아제 천이 오르락 내리락하는데 그 것은 알 수 없는 미묘한 물질로서 황금컵이나 장엄한 백합, 혹은 거대하게 빛나는 나방의 모습을 연상시켰다 · · · · 31)

31) Clare de Morinni, "Loie Fuller, The Fairy of Light" in Chronicles of the American Dance, Paul Magriel, ed. (New York: Henry Holt and company, 1948), p. 209

이사도라 던칸은 베를린에서 푸우러를 직접 만났으며, 채광, 발 밑의 유리거울, 빛나는 천 및 숙련된 전기 기술자의 도움등으로 이룩된 마술에 대단히 감명을 받았다.

> 우리의 바로 눈 앞에서 그녀는 숱한 색의 빛나는 난초로 물결치며 흐르는 바다 꽃으로, 마침내는 나선형의 백합으로 변했다. 그 것은 베를린의 모든 마술, 빛과 색이 흐르는 형태의 마술이었다. 얼마나 대단한 천재인가! 32)

푸우러가 준 교훈은 무대위의 독무가 많은 관객을 사로잡고 감동시킬 수 있다는 것과 당시 대중의 찬탄을 받던 스타급 발레리나들의 무기였던 전통적인 고전무용 기법을 사용하지 않고서도 가능하다는 것이었다 이사도라 던칸도 같은 효과를 나타내었다. 그러나 던칸은 푸우러가 사용한 찬란한 무대효과를 사용하지 않고 그녀의 표현적 개성의 힘만으로도 그 것을 해냈다.

3. 현대무용의 기수

1)이사도라 던칸(Isadora Duncan, 1878~1927)

던칸은 캘리포니아 주 샌프란시스코에서 태어났다. 그녀의 가정은 예술가정이었으며 어머니는 음악을 가르쳤다. 던칸은 어릴때 발레공부를 했으나 이내 그녀의 정신에 어울리지 않는 고전 발레 형태로 부터 이탈하였다. 수 년후 던칸은 발레의 인공적인 특질에 대하여 이렇게 기술했다;

> 발레 훈련의 전반적인 경향은 신체의 동작을 마음으로 부터 완전히 분리시키는 것 같다. 마음은 이 엄격한 신체훈련으로부터 떨어짐으로써만 견딜 수 있으며 이것은 내가 학교에서 습득한 모든 이론에 위배되는 것이다 즉 그 이론이란 "신체가 명백해지며 신체는 마음과 영혼의 매개체이다" 라는 것이다.33)

젊은 나이에 던칸은 무용을 가르치기 시작했으며 18세에는 뉴욕의 카네기 홀 스튜디오에서 콘서트를 가졌다. 1899년에는 런던과 파리에서 무용을 하였고 그리스의 화병과 조각에 관심을 보이기 시작한 그녀의 명성은 퍼져 나갔다. 던칸은 부다페스트, 베를린, 이태리, 그리스에서 무용을 한 후 러시아에 건너 갔는데 그곳에서 디아길레프와 스타니슬라브스키를 만났으며 왕립 발레학교를 방문하였다. 1905년 던칸이 러시아에 첫 선을 보이자 전통적

32) Isadora Duncan, quoted in kirstein, op. cit., p. 268.
33) Ibid., p.271.

발레광들과 비평가들 및 발레의 혁신을 주장하던 사람들 사이에 논쟁이 일어났다.

특히 이사도라에 의해 감명을 받은 사람들로는 극작가, 감독, 화가, 작곡가들이었으며 이들 모두가 그들 자신의 실험에 강한 영향을 받은 것으로 일컬어진다. 던칸은 특히 포킨느에게 강한 영향을 미쳤던 것 같다.
던칸의 연기에는 성격묘사나 스토리의 전달 또는 멋진 무용기법을 보인다거나 하는 극적 요소는 없었고 대신에 개성표현의 예술로서 전통적인 콜세트와 발레화 그리고 당시의 발레복을 벗어버리고 맨발과 맨 다리로 얇고 짧은 그리스 가운같은 겉옷을 입고 춤을 추었다. 던칸은 부드러운 리프트 동작과 립 동작을 취했으며 달리고 스킵을 하였다. 그리고 팔은 자주 솟아오르는 듯한 동작을 하며 펼쳐졌고, 고정되거나 형식화된 방법으로는 하지않았다.

던칸의 목과 얼굴은 움직이고 있었고 표현적이었으며 전반적으로 그녀의 동작은 단순하며 영웅적이었다;

> 던칸은 넘어지기보다는 기우렸으며, 무릎을 굽혔다가는 다시 일어났다. 그녀의 동작은 주로 위로 뛰어올랐으며, 춤에 새로운 비중과 힘을 부과해 생동감있게 추었다. 그러나 오늘날처럼 다이나믹한 율동이나 액센트는 없었고 그것은 좀 더 조화로운 유연성과 진동, 흔들림 및 흐르는듯한 리듬으로 눈에 띠는 불협화음이나 선동하는 동작은 거의 없었으며 · · · 34)

이사도라 무용의 특질은 그녀 자신이 기술한 것에 잘 나타나있다. 그녀는 미국 무용에 관하여 개인적 관점을 가지고 있었는데 그녀는 그 속에서 다음과 같은 것을 보았던 것이다.

> ……커다란 도약, 뛰어오르기, 들어올린 이마와 재킨 팔, 우리 선구자들의 언어에 대하여 춤추기, 우리들의 영웅의 꿋꿋함, 정의, 친절, 우리 여성들의 순수성과 그를 통한 모든 사랑, 우리 어머니들의 부드러움, 이런것들이 미국의 무용이리라…… 35)

던칸은 25년이 넘도록 야상곡, 발라드, 월츠, 폴로네이즈 및 그뤼크의 오페라등 당대나 그 이전의 위대한 음악작품에 맞추어 춤을 추었다. 1904년에는 베이루스에서 바그너의 탄호이저, 바하날을 춤 추었으며 후에 던칸은 바그너의 '숲속의 속삭임', '장례 행진곡', '발키리의 승마'와 같은 힘 있

---

34) Lloyd, op. cit., p. 4
35) Isadora Duncan, quoted in Walter Terry, The Dance in America (New York: Harper and Row, Publishers, 1956), p. 40.

는 작품을 연기하였다. 그녀는 베에토벤의 교향곡 제7번 3악장에 맞추어 무용을 하였고, 나중에는 베를리오즈, 바하, 모짜르트, 스크리아빈, 리흐마니노프, 슈베르트 및 차이코프스키 등의 대작에 맞추어 춤을 추었다. 던칸은 같은 작품을 똑 같이 반복하지 않았는데, 일차 세계대전시의 '마취슬레이브(March slave)'나 '마르세일레즈(Marseillaise)'같은 유명한 작품에서 처럼 자주 무대위에서 즉흥적으로 연기하였다. 던칸은 이와같이 체계라는 것이 없었고 그녀가 수업시 가르친 스텝도 없었다. 근본적으로 던칸은 학교를 신봉하지도 않았고 학생들이 그녀의 무용을 흉내 내도록 하지도 않았다. 대신 그녀는 그들 자신의 것이 될 수있는 동작을 개발하도록 도왔다.

이사도라는 1920년대 부터 1927년 니스에서 비극적 교통사고로 죽을 때

〈이사도라 던컨〉

까지 북 남미와 유럽에서 계속해서 춤을 추었다. 그녀의 생애는 숱한 비극과 불행한 로망스로 대표된다. 실제로 던칸은 당시의 일반적인 도덕을 거부하였고 비극적이며 이단적인 삶을 영위하였다.

그렇다면 이사도라가 무용에 공헌한 것은 무엇이었는가? 분명히 그것은 무용의 기교나 의식적 체계에 관한 것은 아니였다. 던칸의 사후 수십년간 그녀의 그룹에서 같이 공연했거나 함께 공부한 사람들은 스스로를 던칸댄서라고 불렀다. 그러나 커스타인은 이"동정스럽고 열렬한 헌신자들"을 "그녀의 광란의 충격에서 오는 그림자에 불과한 것"으로 간주하고 있는데 미국에서 풍미하던 해석적 무용은 분명히 부분적으로 던칸의 영향을 받았다. 그러나 해석적무용은 던칸이 관계하지 않던 1800년대 후기에 나타났던 소위 미적 무용과도 관계가 있었다. 아마도 이사도라의 최고의 업적이라면 춤을 새로운 빛 속에 놓은 것이었다. 그것은 지금 주로 개성표현의 수단, 힘이 넘치고 감정적인 무대예술 및 당대의 발레에서 보여지던 딱딱한 고전기법과 진부한 연기로 부터 해방하려는 그 무엇으로 간주되었다. 그녀를 직접 이은 계승자는 없었으나 그녀는 다음에 나타날 루쓰 세인트 데니스, 테드 숀과 같은 위대한 무용 예술가들을 위한 무대를 마련했다.

2) 루쓰 세인트 데니스와 테드숀 (Ruth st · Denis and Shawn)

〈루쓰 세인트 데니스 (중앙)〉

뉴 저지에서 태어난 데니스는 초기에는 무용수업을 거의 받지 못하였고 단지 이태리의 발레리나로 "검은 무장자"의 스타였던 마담 몽팡띠에게 세 번의 수업을 받은 것으로 전해지고 있다.

그러나 데니스는 연극계에 대단한 흥미를 가졌고, 여배우로써, 스커트댄서로써, 토우댄서로써, 순회공연을 한 후 1904년에는 이집트의 무용예술에 흥미를 갖기 시작하였다.

이집트의 무용예술에 흥미를 갖기 시작한 데니스는 1906년 부터 이집트식의 무용을 하였으나 후에는 힌두 댄스 작품인 발레 라다(Radha)를 창조하였다. 이런 분위기의 다른 작품들 처럼 라다는 정식으로 그 나라의 의상과 동양적 분위기의 음악에 맞추었으나 연주는 서양악기로 하였다. '라다'는 곧 인기를 얻었고 세인트 데니스는 라다를 가지고 미국, 영국제도, 유럽등을 순회하였다.

그후 데니스는 인도의 춤, 묘기, 일본의 노 드라마 형식에 입각한 오미카등 많은 작품을 구성하였는데 그것은 모두 외국적인 주제였다. 청중들은 로이 푸우러에 힘 입은 데니스 작품의 오색 찬란한 무대장치를 찬탄하며 이렇게 말했다.

> 그녀는 빛과 베일같은 부속물을 춤에 도입하였다. 내 빛이 없다면 나는 지금 어디있을까? 그녀의 단순한 빛의 효과가 없다면 오늘의 이사도라는 있었겠는가? 오늘날의 무대의 댄서들은 로이의 장대한 공헌이 없이는 그들의 모습을 어디서 찾을까? 36)

데니스는 1900년경에 던칸이 런던에서 춤추던 모습을 보고 이사도라 던칸의 위대한 정신적 특성과 감정적인 힘에 대단히 많은 영향을 받았다. 후에 데니스는 고대 그리이스의 신성한 유산을 받았고 "우주적 리듬의 실체"로 던칸에 비교된다.

1914년 루쓰 세인트 데니스는 테드 숀과 결혼하였다. 그리고 데니스는 숀의 파트너가 되어 결국 데니숀이 세워지게 되었다. 1891년 미조리주 켄사스 시티에서 태어나, 덴버에서 자란 숀은 디프테리아에 걸려 약간의 마비증상이 나타나자 치료를 위한 목적으로 무용공부를 시작하였는데 전문적으로 무용분야에 들어감에 따라 그는 발레를 연구하였고 로스앤젤레스에서 무용학교를 열고 무용의 초기 활동사진을 만들었다. 그는

---

36) Walter Terry "The Legacy of Isadora Duncan and Ruth st. Denis," in Dance Perspectives No. 5, 1959, p. 30.

여행도중 루쓰 세인트 데니스를 만났으며 그들의 결혼은 곧 이루어졌다. 이 두 거장은 1932년 까지 한 팀으로써 13개의 큰 유람단을 만들어 미국 무용을 독립된 예술형태로 인식시키는데 노력했고 그 결과 당시에 오직 선구적인 디아길레프단 만을 보아온 중산층의 관객들 속에서 새로운 청중을 창조해 냈다. 유람극단 외에도 데니스와 숀은 학교들을 건립하였다 최초의 학교는 로스엔젤레스에서, 다음은 뉴욕에서 그리고 전국 방방곡곡의 자그만 도시에도 수 많은 다른 지부와 데니숀 메쏘드를 채택한 교사들이 있었다.

그러나 그들이 결별하자 숀은 그의 유명한 남성 그룹을 조직하여 수 년 동안 미국을 유람하였고 메사츄세츠주 리에 있는 자곱스 필로우 무용학교를 건립하고 교장으로 취임하였다. 루쓰 세인트 데니스는 이때 미국 무용의 퍼스트 레이디로 알려졌고 그 후 수 년간 뉴욕시티에서 데니숀 하우스를 운영하였다. 데니스는 후에 반쯤 은퇴하여서도 계속하여 종교의식에 관련된 춤과 이에 연관된 여타의 예술에 입각한 작품들을 공연하였으며 인도의 무드라스나 제스춰언어를 써서 찬송가들을 공연하곤 하였다.

그렇다면 루쓰 세인트 데니스와 테드 숀의 위대한 공헌이란 무엇인가?

〈테드쇼운과 그의 男性 舞踊手들〉

세인트 데니스는 종교적인 테마와 신비주의를 탐구하여 색채와 장면, 이국적 의상을 사용하였는데 이러한 데니스의 무용은 무대에서의 호소로 꽉차 있었다. 비록 민족에 기초한 작품 속에서도 그녀의 무용 동작은 진정한 의미의 전통적인 것은 아니었으나, 그것은 그때까지 발레가 연기한 것 보다 훨씬 정확하게 이국적인 무용 스타일을 이루었다. 세인트 데니스의 동작 기술은 고도로 개발되지는 못하였지만 그녀의 기술은 주로 "장식의상에서 합성수지, 포즈, 스카프 着依의 조작에 관계된 것으로 모두 그림같고 분위기가 있는 것이었다" 37)

또한 데니스는 동작에 대한 지성적인 재질과 즉흥연기에도 재능이 있었으며 달크로즈가 전에 한것과 상당히 비슷한 "음악의 시각화"란 안무기술도 개발하여 오케스트라 총보에서 각각의 무희들은 정해진 악기에 따라 춤을 추었다 그때의 데니스의 기술은 주로 전달할 가치가 있다고 여기던 미국인들에게 무용을 전한다는 견지에서 볼때에는 본능적인 무대감각, 종교적인 신비감, 사명감등에 그 기본을 둘 수 있다.

대조적으로 테드 숀은 데니스에 비해 덜 신비적인 반면 더 분석적이었다. 숀은 무용에서 기술적인 훈련을 중시하여 데니숀 학교에서 가르치던 시스템에 맨발로 고전 발레 고유의 이교도적이고 민중적 무용스텝과 스타일, 달크로즈식 훈련, 초기 독일 현대무용등 여러가지 요소를 이용하였다. 숀의 남성 무용훈련의 개념과 더불어 숀은 남성 댄서들의 필요성에 역점을 두었고, 남성 예술로서의 가치가 있다는 인식을 넓히기 위해 미국 전역의 연주회 무대, 단과대학 및 종합대학 등에서 분투 노력하였다.

그리고 자신의 독창적 무용을 위하여 음악을 첨가하기 시작하였는데 그가 함께 일한 작곡가로는 찰즈 웨이크 필드, 카드만, 딤즈 테일러 및 보건 윌엄즈 등이 있다. 숀은 처음으로 드 뷔시, 스크리아 빈 및 사띠와 같은 작곡가들의 작품을 이용하였다.

작품의 테마는 주로 미국에 관련된 것으로 초기의 개척자등을 광범위하게 사용하였다 아즈텍 테마의 숀의 작품은 고대 멕시코의 부조물들에 보여지는 인물의 특징적인 동작들을 보여 주었으며 숀과 데니스는 그들의 무용을 준비하기 위해 열렬한 연구를 하였다. 숀의 작품 중 다른작품들보다 특이한 그의 두 작품 '레이버 심포니(Labor Symphony)'와 '키네틱 몰파이(Kinetie

37) Lloyd, op. cit., p. 25

〈루쓰 세인트 데니스와 테드숀〉

Molpai)'는 정력적이고, 추상적인 원시적 힘과 남성의 정력을 나타낸 것이었다.

숀은 무용의 위대한 개혁자였다. 그는 「무용교육의 원리」와 「우리가 해야 할 무용을 포함하여 널리 읽혀지는 책을 저술하였으며, 스프링 필드 대학과 피바디등 많은 대학에서 무용을 가르쳤다. 그는 교육적 매개체로서 창조적인 댄스에 대한 인식을 얻는 것을 도와주었다.

데니 숀 전에는 미국은 주로 무용예술이나 무용감상의 부분은 황무지였었고 후퍼들, 스커트 댄서들, 곡예댄서들 및 음악을 곁들인 소희극의 배우들 뿐이었다. 중요하게 여겨진것은 오직 유럽의 댄서들이었으며, 오거스타 메이우드나 이사도라 던칸 같이 위대했던 미국의 무희들은 그들의 경력중 대부분을 유럽에서 보냈다. 데니숀은 젊은 미국인들에게 대단한 영향을 끼쳐서 파블로바가 발레에 영향을 미친 것과같이 많은 이를 현대무용으로 전향시켰다고 전해지고있다. 끝으로 데니숀이 공헌한 주요 업적은 다음세대에 나타날 위대한 현대 무희들에게 훈련할 배경을 제공했다는 것이다. 마르땡의 견해에 의하면 현대무용은 차라리 그에 대한 반항이었다. 마샤 그래햄, 도리스 험프리및 찰즈 위드만 등은 무대경험에 깊은 영향을 받았다. 그러나 안무에 대한 그들의 독창적 생각과 독자적으로 창조하려는 생각이 고조되었을때 그들은 데니숀에게 독립을 선언했다. 현대무용은 1920년 후기에 이와같이 출현하게 되었다.

3) 마샤 그래햄 (Martha Graham, 1898∼)

미국 현대무용의 상징이며 단 하나의 위대한 인물로 대중의 마음속에 자리잡은 마샤 그래햄을 그녀의 가장 절친한 친구인 발레 안무가 아그네 드 미으는 미국 최고의 안무가이며 자신을 넘어서 국제문화에 영향을 미친 인물로 기록했다. 특히 그래햄은 새로운 형태의 동작을 창조한 소수의 인물 중의 하나였다.

> 그녀의 발명은 경이적이다. 피카소와 같이 그녀의 예술은 스타일과 기술이 여러번 심하게 변했다 모든 새로운 개념 즉 기초동작의 재 연구가 있었다……[38]

뉴 잉글랜드 지역의 제 10번째의 세대인 마샤 그래햄은 1898년경 펜실바니아에서 태어나, 캘리포니아에서 자랐고 십대에 루쓰 세인트 데니스가 춤추는 모습을 보고 깊은 감명을 받아 1916년에 데니숀 학교에 입학했다 그래햄은 수년동안 세인트 데니스가 숀과 함께 미국과 외국에서 공연하였고, 1923년에는 독립하여 그리니치 빌리지 플리스에서 무용을 한 후 로체스터에 있는 이스트만 음악학교 에서 무용을 교습하였다. 그래햄은 1926년 사이에 100개가 넘는 무용작품을 창조하였는데 그중 다수가 극장전체를 모두 사용하는 안무와 연기가 비길데 없이 훌륭한 것들이었다. 그래햄은 자신의 무용에서 대단히 광범위한 영역의 테마를 사용하였으며 그녀를 사로잡게 한 테마는 철저하게 탐구될 때까지 몇 몇 작품의 특정적인 주제를 끌고 나가곤 하였다.

그래햄이 초기에 다룬 작품의 테마는 미국의 인디안과 원시적인 제사, 미국의 개척자들, 희비극, 그리스 신화및 심리적 통찰력과 갈등을 다룬 서술적이고 추상적인 작품들과 같은 것이었다. 사실 그녀의 무용중에서 어느것도 한 개의 카테고리로 구분할 수는 없지만 그것들은 모두 상징적 의미나 심리학적 함축성, 문학적 환상에서 볼 때 대단히 복잡하였다. 무용의 창조

---

38) Agnes de Mille, The Book of Dance (New York: Golden Press, 1963), p. 157

자로서 그래햄은 실험적이었고, 강경했으며 가끔 혼란을 야기시키고, 모르는 청중들에게는 흔히 당황과 성난 거부를 일으키는 원인이 되었다. 메디아의 전설중에 나오는 "마음의 동굴"에서 따온 다음의 귀절을 보면, 1940년대의 대학 강당의 학생, 교직원, 부모들의 반응이 어떠했는지 상상할 수 있다. 로이드는 다음과 같이 기술하고 있다.

〈마샤 그래햄〉

> 무서울 만큼 긴장감이 돌았다 발작과 같은 경련과 떨림이 온몸에 번졌다. 탄탄하고, 신경질적이며, 흔들리는 움직임이 전신의 점과 선처럼 냉혹하게 계속되었다…… 그녀는 무릎을 꿇고 무릎으로 걸어서…… 구리및 황금색 나무가 서 있는 웅덩이로 가서 그녀의 적수를 위하여 죽음의 화환을 주워든다. 그 후 복수심에 불타 呪物 댄스를 위하여 뱀의 심장의 상징인 붉은 줄을 그녀의 가슴에 붙였다. 더욱 조용한 통로가 그녀의 당당한 입구이다 희생자의 시체를 검은 장례식 천으로 싸서 질질 끌고 들어온다…… 모험가는 그의 여인의 시체에 쓰러져 함께 누워있다. 사지는 죽음의 포옹으로 휘감겨 있고……39)

비평가들과 안무가들은 그래햄이 고의적으로 청중을 당황하게 하고 공포속에 몰아 넣는다고 생각하여 그녀를 거부했으나 테리는 그래햄이 인간의 감정과 행동 · 그리고 인격을 보여주고자 했다고 주장했다. 그녀는 다음과 같이 기술하고 있다:

> 그녀의 무용목적은 느껴지는 것들, 슬픔, 기염, 증오, 정열, 미지의 경험, 편견…… 내재하는 정열, 꿈, 및 비극…… 등에 육체적 실체를 부여하는 것이었다. 광신적이거나 모호하지 않고, 그녀는 인간행위의 목적과 현상으로 부터 모호한 의상을 제거하고, 구체적인 무용 건축에 내재하는 인간의 건축을 보이고자 했다. 40)

> 테크닉의 견지에서 보면, 그래햄은 항상 무용동작에 대한 단일의 어휘나 체계를 피했다. 그녀는 몸이 지니는 잠재력을 충분히 발휘하도록 개발하는 특정한 동작원리와 일련의 기술이 있었다. 이 원리와 기술은 고전 발레의 특징인 조용하고 완만한 통제와 완전히 반대가 된다. 고전 발레에서는 모든 긴장과 신체의 노력이나 불확실성이 가려졌지만 그래햄의 기술에서는 "공학적 노력"이 나타난다. "그녀는 발레의 전통적인 스텝과 기술들, 곧고 길게 편 다리, 꼿꼿이 세운 발가락, 조용하고 평평한 히프들, 유연한 팔, 이완된 손 등을 버렸다. 그녀는 몸 중심에서 끊임없이 파동해 나가는 동작에 중점을 두었다.…… 그리고 발작과 저항을 첨가했다…… 그녀는 마루바닥을 몸짓의 일부분으로 하였다. 아름답게 쓰러지고 일어나는 동작을 창안했고, 넓적다리를 중심점으로 하여 척추를 정지시키고 무릎을 굽힌채 균형을 이루는 전 기술을 발견했다.…… 그녀는 변화하고 흔들리는 축으로 회전하는 방법을 발명하였다.41)

음악에 관해서 보면, 그래햄은 많은 현대의 지도적 작곡가들에게 곡을 써달라고 부탁하였다. 즉 초기에 루이스 호스트, 레만 엔젤 및 월림포드 리거의 작품이 다수가 있고, 조금 지나서는 사뮤엘 바버, 지안 카를로 메노티,

---

39) Lloyd, op. cit., pp. 40~41.
40) Waltar Terry, "Martha Graham," in Amatole Chujoy, The Dance Encyclopedia (New York: A. S. Barnes & co., 1949), p. 216.
41) De Mille, op. cit., pp. 157~158.

노만 델로 조이오, 윌리암 슈만, 로버트 스타러및 카를로스 쉬리나취 등의 작품이 있었다. 그래햄은 또 세자르 프랑크, 글뤼크, 멘델슨, 드뷔씨, 바하, 헨델 및 여타의 작곡가들의 고전에 맞추어 춤을 추었다. 오케스트라의 음악을 사용한 외에도, 그녀는 일상언어에 맞추어 춤을 추었으며, 다양한 형태의 반주에 맞추어 춤을 추었다. 코플랜드의 "아팔라치아의 봄"과 같이 그래햄의 무용을 위해 작곡된 다수의 곡들이 곧 그자체로서도 당대의 빼어난 작품으로 인식되었다.

이와 유사하게, 그래햄은 루벤 테르 아루투니안, 이사무 노구치, 진 로젠탈, 올리버 스미쓰 및 아취 로터러같은 지도적인 현대 예술가들과 조각가들을 이용하고 자신과 에디쓰 길폰드의 뛰어난 상상력있는 의상 디자인으로서 무대 디자인과 의상에 유행을 일으켰다 그리고 상징적인 도구와 무대장치 움직이는 장면의 사용, 조각적으로 디자인된 도구를 사용하는등 현재 널리 사용되는 많은 무대 기술을 소개하였다.

1930년대와 1940년대의 선도적인 현대무용가였던 에릭 호킨스, 머스 커닝햄, 제인 다드리, 소피 마스로우, 메이 오도넬, 진 어드만, 도로씨 버드, 마크 라이더 등은 그래햄댄서들이었다. 그리고 최근의 현대무용가로는 버트람 로쓰, 헨델 맥기드 우드, 매트 터니, 린다 호즈, 유리코, 메어리 힌크슨, 로버트 코헌, 데이비드 우드가 있는데 이들은 모두 빼어난 선생들이거나 안무가이기도 하다. 마샤 그래햄이 미국의 무용에 공헌한 가장 위대한 것중 하나는 초기의 무용단들이 엄격한 인종차별을 한것과는 달리 자신의 무용단에 흑인들과 동양인들을 규칙적으로 사용한 최초의 인물이었다는 점이다.

1950년대와 1960년대에도 계속하여 그래햄은 미국 무용계의 중요한 작품들을 많이 구성하고 연출하였다. 중요 작품으로는 일일극인 '쥬디쓰', '세인트 존의 승리'가 있으며 '천사의 대화', '전장이 된 정원', '페드라' 등 다수가 있다. 또 그래햄은 이 기간동안에 뉴욕시티에서 학교를 운영하며 교사들을 위한 단기 특별수업과 커네티컬 대학의 석사과정을 교수했다. 그리고 대단한 갈채속에서 미국과 유럽의 순회공연도 가졌다.

초기에는 그래햄의 탐구적이고 실험적인 안무때문에 논쟁의 대상이었던 것이 오늘날에는 널리 알려지고, 받아들여져서 그녀는 여러사람에게 전통적 인물로 간주되며 지금까지도 그래햄이 계속하여 추구했던 것 보다도 더 미국무대 위에서 창조적 예술에 활력적이었던 사람을 들기는 어렵다. 에밀리 코올만은 그녀의 영향을 이렇게 요약하고 있다;

얼마나 많은 댄서들, 안무가들, 배우들, 감독들이 그래햄이 무대에 가져다 준 찬란하고 강렬함의 영향을 그들의 작품에 반영했던가? 색채의 정확한 정도를 측정하기란 불가능 하다 그러나 영향은 분명히 있다. 캐더린 코넬은 다음과 같이 말한다 "마샤 그래햄은 위대한 댄서일뿐만아니라 위대한 배우이기도 하며 모든 분야에서 미국의 위대한 창조적 예술가 두 세명 중의 하나이다."[42]

4) 도리스 험프리 (Doris Humphrey, 1895~1958)

1930년과 1940년대에 마샤 그래햄에 비견할 수 있는 다른 현대무용가는 도리스 험프리이다. 그래햄과 같이 뉴 잉글랜드 가문에서 태어나 시카고의 파커학교에 다니며 당대의 유명한 무용교사 메어리 우드 힌만으로부터 사교춤, 클로그댄스 및 미적무용을 배운 험프리는 1917년 메어리 우드 힌만의 제안에 따라 로스엔젤레스에가서 루쓰 세인트 데니스와 테드숀과 함께 공부하여 데니숀 무용단에 참가하여 미국의 전역과 동양의 여러나라를 순방하며 많은 지도자급의 댄서들속에서 춤을 추었다. 그리고 1928년에는 찰스 위드만과 데니숀을 떠나 뉴욕에서 학교를 설립하고 작은 공연단을 만들었다.

당시부터 고관절염으로 댄서를 그만 두게 된 1945년 까지 험프리는 댄서, 안무가, 교사로서 무용교육발전에 지대한 영향을 미쳤다. 드미으은 경쾌하고 재빠른 발동작을 사용하고 상당히 다양한 음악과 표현적인 소리를 수반하는 험프리의 무용스타일은 데니숀의 "擬似 그리스적" 접근법에 입각하였다고 논평하면서, 그녀가 미친 영향은 기술적인 개발보다는 작품구상과 교수에 있었으며 예술로써의 안무를 가르친 미국 본토출신의 위대한 교사들 중의 한 사람으로 속박이나 창조성보다는 해방에대한 재질을 타고 났다고 기술하고 있다[43]

험프리의 주요 작품들로는 'G선상의 아리아 (1928)'; '동작극(1930)'; '선택된 자의 춤(후에 쉐이커들이란 이름이 됨, 1931)'; 새로운 춤의 3부작 '신무용', '씨어터 피스', '내 붉은 정열과 함께 (1935~1936)'; 'C단조의 파사칼리아(3박자의 무도곡; 1938)', '서부의 노래(1940)' '엘살롱 멕시코(1943)'; 및 '탐방(1944)' 등이 있는데 이중 몇몇 작품은 오늘날에도 리바이벌 되고있다.

그리고 1945년 무희로써 은퇴하기까지 험프리는 호세 리몽과 그의 무용단

---

42) Emily Coleman, "Martha Graham Still Leaps Forward," New Tork Times Magazine, April 9, 1961, p. 44.

43) De Mille, op. cit., p. 162.

〈도리스 험프리〉

을 위하여 여러편의 대작을 안무하였는데, 그중에는 '인간의 이야기'와'아그나치오 산체스 메지아스를 위한 悲歌(1946)','밤의 매력(1951)';'리트모 혼도(1953)' 등이 있다. 이 시기에 험프리는 호세 리몽 무용단의 예술감독으로 봉사하는 한편 커네티커트대학의 무용학교와 뉴욕에 있는 줄리어드 음악학교의 무용과 교수로 봉직했다.

험프리의 작품은 상당히 감동적이었지만 극적 표현보다는 무드를 추상적으로 보여주는데 관심을 가지는 경향이 있었다. 그녀는 수년간 동작에 관해 열심히 연구하였고 인력과 평형의 사이 즉 넘어짐과 일어남의 활모양을 표현하는 무용 동작의 개인적인 이론을 개발하였다. 험프리의 작품은 "씨어터 피스" 나 "인생의경주" 속에 보이는 인간과 그 어리석음에 대한 풍자에서 부터 "파사 칼리아"속에 나오는 청명하고 추상적인 디자인에 이르고 있다. 이밖에도 다수의 대작들이 뉴 런던의 어메리칸 댄스 페스티발과 줄리아드 댄스 극장을 위하여 특별히 만들어 졌는데 험프리는 1958년 최후의 미완성 무용작품 브랜덴버그 콘체르토 4번(후에 루스 커리어가 완성)과 사후에 간행된 무용 창작의 기술을 남기고 세상을 떠났다. 도리스 험프리는 자신의 작품과 호세리몽 무용단의 안무가 겸 예술감독으로 미국의 무용계에 주요한 공헌을 하였다.

5) 찰스 위드만 (Charles Weidman, 1901~)

험프리의 활동기간 중 특히 초년기에 그녀와 밀접한 관련을 맺은이는 찰스 위드만이었다. 위드만은 네프라스카주의 린컨에서 태어났으며, 1920년에 데니숀학교와 그 무용단에 가입하였다. 위드만의 무언극에 대한 재능은 곧 유명해져서 당시의 지도적인 남성무용수 코메디언 및 풍자가로 인식되었다.

도리스 험프리가 그의 첫 선생이었으나 그들은 곧 무대 위에서 함께 공연하게 되었다. 8년간 데니숀과 함께 순회공연을 한 후에 위드만은 데니숀 무용단을 떠나 1928년 도리스 험프리와 함께 뉴욕에서 학교를 설립하고 연기단체를 조직한 그들은 수년간 다수의 작품에서 함께 춤을 추었으며, 서로를 위하여 안무를 하였다. 위드만의 가장 유명한 작품으로는 '행복한 위선자','캔디드','間歇遺傳','후리커스','아빠는 소방관이었다' 및 남북전쟁기의 링컨을 묘사한'양분된 집'등이있다.

위드만은 댄스 레뷔(시사 풍자극) 뿐만 아니라, 다수의 주요한 브로드웨이

〈도리스 험프리 무용단의 쉐이커 교도〉

의 뮤지컬 쇼를 위한 무용을 무대위에 올렸으며 베닝턴과 그밖의 여러대학에서 춤을 가르쳤고, 다수의 무용교육자들을 양성하는데 영향을 미쳤다. 그리고 그가 가르친 학생중 잘 알려진 연기자로는 호세 리몽, 시빌 쉐러, 잭 콜 및 피터 해밀 턴 등이 있다. 워드만의 가장 뛰어난 재능은 이야기식 판토마임인데 상당히 독창적인 그는 템포, 리듬, 다이나믹의 급작스런 변화를 이용하여 단편적이고 재치있고, 코믹한 동작을 창안했다. 로이드는 다음과 같이 기술하고 있다 ;

> 그는 젓가락같은 몸을 좌우로 움직이며 맨발가락으로 재치있는 농담을 하며 익살을 떤다. ………그는 항상 기대하지 못했던 일을 하며 동작은 표면상으로는 변덕스러우나 속으로는 인간의 감정이 흐르고 있다. 그러나 가끔 표면적으로 진지한 태도가 깔려있기도 했다.[44]

44) Lloyed, op.cit., p. 89.

린치타운같은 작품에서 위드만의 그룹 안무는 극적인 힘이 있었고 강력한 효과를 일으키는 분위기가 있었다. 그러나 대부분의 그의 작품은 깊은 감동을 주기 보다는 경쾌하고, 유머러스하고 즐거움을 주는 경향을 띄웠다. 20년간 도리스 험프리와 함께 일 한후 위드만은 자신의 자그마한 무용단을 만들어 함께 공연했고, 많은 대학에서 수업을 하였다. 1950년대 중엽에 그는 미크해일 산타로와 함께 뉴욕시티에 두 예술의 표현 극장을 설립하였는데 여기에서는 회화적인 것과 무용예술의 연관성을 보이는 정기적 공연을 하였다. 현대 무용의 발전에 미친 다른 중대한 영향은 두 유럽인 루돌프 본 라반과 마리 비그만의 작품을 통하여 이루어졌다.

6)루돌프 본 라반(Rudolf Von La Ban, 1879~1958)

라반은 헝가리 태생의 학자로 무니히에서 회화를 공부하고, 빠리에서 무용을 배워 인간동작의 본성을 탐구하는 실험과 조형적 리듬의 체계적 분석을 실험하였다. 그리고 1910년 무니히에서 그의 첫 동작 성가대가 레크레이션을 위한 무용을 공연했을때에는 거대한 시민축제를 성공리에 개발하였다. 라반은 일생을 통하여 동작의 본질과 노동에서의 노력의 효과적 이용에 관하여 관심이 있었다. 다수의 실험작을 공연한 자신의 무용단을 지휘한 후에, 라반은 1920년대에 베를린의 주립극장의 발레단장이 되었다. 그리고 그의 가장 중요한 업적은 안무가 아니라 무용동작을 지배하는 신체 법칙의 분석과 그의 학생생도겸 협력자인 쿠르트 주스와 함께 개발한 무용을 위한 훈련체계에 있다.

라반의 이론 유키네틱스에 의하면 모든 동작은 "외면"과 "내향"의 두가지의 주요한 카테고리로 나눌 수 있다. 라반은 "원심성 동작"과 "주변 동작"에 관계되는 숱한 이론을 펴냈는데 그것은 입방체와 구의 중간인 20면체의 형태인 이코사히드런으로 알려진 물체를 사용하여 강도, 속도, 및 방향으로서의 동작을 조심스럽게 분석하였다. 이코사히드런의 기본적인 개념은 사람의 동작은 구형적이며, 정육면체로 대표되는 3면의 공간과 관계가 있다는 것이다. 따라서 동작은 세 차원에서 일어나고 대각선과 직사면에서도 일어나나 단 신체의 해부학적 가능성에만 제약을 받는다. 라반은 20면체로 나타나는 가상의 점을 사용하여 무용훈련에 체계적인 기초를 제공하는 복잡한 동작을 개발해냈다.

라반은 또 동작 합창대의 개발로 유명하다. 이것은 달크로즈의 음악의 시각화와 어느정도 비슷한 체조 형태로서 달크로즈 시스템보다는 미적인 목적과 감정적인 내용의 정도가 컸다. 독일에 나찌가 들어선 후 라반은 영국으로 가서 동작 예술 조합을 시작하였다. 거기에서 그는 초등교육과 체육의 이론과 실제에 중요한 영향을 미쳤다. 부루스는 다음과 같이 기술하고 있다.

> …… 라반의 철학은 체육의 교수를 태동하였으며 특히 여성에 관한 것은 더욱 관심을 두었다. 라반의 작품은 수 많은 중등학교의 사범대학에서 볼 수 있듯이 현대 교육무용, 무용극의 교습에 직접적으로 채택되었으며 간접적으로는 그의 이론이 체육의 기본원리가 되었고 여성의 작품에서는 특히 그 이전에 해부학적, 생리학적 접근법을 도입하였다.[45)]

라반의주요한 공헌은 초기에는"키니토그래피"라고 불리었으나 현재는 라바노테이션으로 알려진 그의 무용 표기법에 관한 체계였는데 지금까지 제안된 숱한 형태의 표기법 가운데서 그의 표기법이 오늘날 세계적으로 가장 유명하고 가장 널리 사용되고 있다.

쿠르트 주스는 독일의 안무가 겸 댄서로서 파리와 비엔나 그리고 1921년에는 만하임에 있는 국립극장에서 라반에게서 공부를 하였고, 후에 라반의 조수와 주요 댄서가 되었다. 주스는 에센 오페라 하우스와 그밖의 독일의 댄스 그룹의 감독이었고 후에는 자기의 주스 발레단을 설립하였다. 그러나 라반과 친밀히 일한 후에 주스는 전통적인 고전 스타일과는 거리가 먼 발레의 개념을 가졌다. 그의 유명한 "초록색 식탁"과 같은 실험작에서 보면, 동작과 안무의 질이 당대의 초기 현대무용과 아주 비슷하였다. 라반의 학생과 동업인 가운데에서 가장 영향있는 이는 독일의 댄서 겸 안무가이자 선생이었던 마리 뷔그만이다.

7) 마리 뷔그만 (Mary Wigman, 1886 ~)

뷔그만은 현대무용의 발전에 발아적인 역할을 한 사람중의 하나로 그녀의 가르침은 유럽에서 행하여졌으나, 1930년대 초기 미국 순회공연을 통해서, 또 드레스 덴에서 그녀와 함께 공부하게 된 수 많은 미국 댄서들과 자신의 제자들을 통해서 미국에도 지대한 영향을 미쳤다. 무용의 근본철학이나 동

---

45) V. Bruce, Dance and Drama in Education (London: Pergamon Press, 1965), p. 4.

작과 공간의 사용, 교수 이념, 내용 등에서도 뷔그만은 독특했다.
1886년에 태어나 70세까지 독일에서 계속 지도한 뷔그만은 헬레라우에서 달크로즈와 함께 공부했고, 비록 달크로즈가 음악적 요소에 중점을 둔 점에는 반대를 했으나 그의 가르침을 많이 받았다. 뷔그만은 그 후에 라반아래서 공부를 했으며, 일차 세계대전 동안에는 스위스의 쮜리히에서 라반의 조교가 되어 라반의 동작에 대한 지성적인 관점을 받아들였다. 그러나 그동안에 뷔그만 자신의 접근법은 덜 체계적이었으며, 더욱 감정적이 되었다. 라반처럼 그녀는 고전 발레의 총체적 예술관과 동작의 용어를 거부했다.

1919년 뷔그만의 첫 공연에서 무용에 대한 접근법은 거의 曲藝師的이었다. 그 원인의 일부분은 그녀가 일했던 환경의 탓이었다. 독일은 유럽의 다른 국가들 만큼 발레가 활발하지 못했고 일차대전 후의 인플레이션과 정신적, 정치적 혼란으로 고통당하던 때에 그들은 혁신적인 신 예술형태를 수용하였다. 이와 같은 환경에서 무용에 대한 뷔그만의 급진적인 接近法은 관객들에게 환영을 받았다.
1926년 까지 뷔그만은 드레스덴에 큰 학교를 설립했고 그 밖의 여러곳에서도 조그마한 학교를 설립했으며 후에 널리 알려진 공연단도 개발하였다.

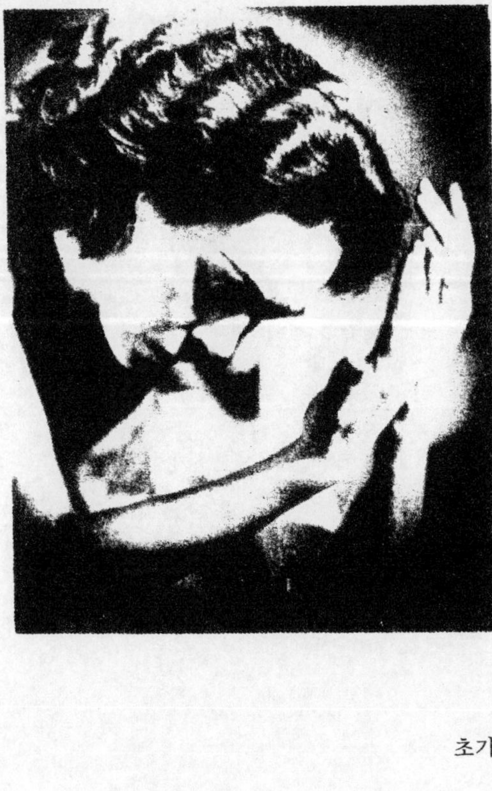

〈마리 뷔그만〉

그녀의 안무는 근본적인 인간의 감정, 미신. 또는 상호관계에 관련된 작품이거나 혹은 "댄스 사이클"의 경향을 띠었다. 뷔그만이 1931년과 1932년에 미국에서 공연을 할 때에는 '비젼스(Visions)', '헌신', '더웨이(The way)' 같은 대작들의 단편인 '여름의 춤', '마법의 춤', '폭풍의 노래', '꿈의 영상', '슬픔의 무용', '지상을 위한 춤', '비가·죽음의 부름 및 죽음으로 가는 춤' 등을 무대 장치나 음악도 없이 혼자서 연기하였다.

1933년 뷔그만은 자신의 12명의 여자단원과 함께 미국에 등장했으며, 미국의 청중들은, 그녀의 예술의 전모를 볼 수 있었다. 뷔그만의 다른 작품은 1930년 무니히에서 공연된 토텐말과 그 후의 작품 '부인의 춤' '가을의 춤' 및 '빛나는 여왕과 침울한 여왕' 들에서 반전을 나타내는 주제를 사용하고 있었다. 제2차 세계대전 중에는 뷔그만은 쉬고 있었다. 그러나 1945년에는 라이쁘찌히에서 소규모로 교습과 안무를 다시 시작하였으며 1947년에는 무용드라마로써 글뤼크에서 '오르페우스(orpheas)'를 만들었다. 다음해에 뷔그만은 라이쁘찌히와 서부 베를린의 한 학교에서 가르쳤으며, 베를린에 있는 무니시펄 오페라와 만하임에 있는 국립극장을 위해서 안무를 했다.

그러면 뷔그만의 무용은 무엇인가?

우선 그녀의 작품 내용에 관해서 보면 신비롭고 종종 괴이한 방법을 쓴 원시적이며 상징적인 테마에 깊은 관심을 가지고 있었다. 즉 뷔그만은 전형적으로 죽음을 신비하게 대하고 그것을 끊임없이 자신의 춤에서 상징적으로 사용한 것으로 일컬어 진다. 뷔그만의 일반적인 경향은 개인적인 문제를 강렬히 취급한 것이 아니라 인생의 전반적인 요소를 취급한 것이다. 또 전체적인 접근법은 고도로 신비적이었으며 감정을 불러 일으키는 것이었다.

로이드는 다음과 같이 말하고 있다.

> …… 그것은 원시적인것, 잃어버린 뿌리를 깊이 파헤치는것, 우주와 관계되는 인간의 격세 유전적인 접근, 문명의 층을 통한 원시에의 복귀였다. 그것은 오래전에 지나간 것을 재생시키는것, 설명할 수 없는 그 무엇, 말로는 할 수 없는 것이었다.[46]

동작에 있어서 음악의 사용이나 무대장치등에서 뷔그만의 접근법은 그녀의 당대에는 독창적인 것이었다. 뷔그만은 광범위한 동작의 영역을 가지고 있었으며 그녀의 안무 목적에 기여할 수 있는 조건하의 신체적 표현은 거

46) Lloyd, op. cit., p. 15.

〈마리 뷔그만 舞踊團〉

부하지 않았다. 뷔그만은 무릎을 숙이고 웅크리고 기는 경향을 나타냈으며 머리는 종종 묶었고 팔은 조금 높이 들어 올렸다. 비록 그녀가 평형을 유지하기 위하여 구부린 무릎 및 발을 사용했다고 할지라도 모든 발레동작을 피했으며 발끝으로는 결코 춤을 추지 않았다.

음악에 대한 뷔그만의 접근방법은 이사도라 던칸의 방법과는 근본적으로 달랐다. 던칸은 영감의 원초적인 요소로써 음악을 사용한 반면, 뷔그만은 무음악 또는 단순한 목관악기의 선율, 원시적인 타악기의 반주에 의해 춤을 추었다. 그녀는 힌두의 북과 징 같은 동양의 악기를 잘 사용했으며 무용과 반주를 구성하지 않고 유기적인 현상으로 함께 발전시켰다.

무대장치의 견지에서 보면 뷔그만 무용의 시각적인 효과가 딱딱하고 거칠고 우울해서 많은 사람은 그것을 추하고 구역질나는 것으로 보았으나 비평가들은 그녀의 의상을 비참하지만 독창적이고 추구한 분위기를 성공적으로 이루게 한 것으로 간주했다. 의복은 단순했고 외양이 다소 아시아적 또는 원시적이었으며, 의례히 어둡고 거친 직조물로 만들었다. 뷔그만은 플래트

흠을 무대의 한 부분으로 사용했다. 그리고 뷔그만은 단순한 빛깔을 사용하였는데 그 이유는 무대효과를 댄서들에 의해서 창조될 수 있는것 보다 중요시 여기지 않은 반면 무대와 공연에 있어서 강력한 요소로서의 무대감각을 중요시 여겼기 때문이었다. 공간은 단순히 채워져야 할 빈곳이나 댄서가 움직이는 한 영역만은 아니었고 실체적인 힘으로써 마치 물과도 같이 댄서가 헤엄쳐야 할 곳이었다. 그녀는 공간을 끊임없이 댄서에게 거역하는 한 요소로 보았는데 어떤 의미에서 그것은 댄서가 투쟁해야하는 우주를 뜻했다.

> 많은 비평가와 청중은 뷔그만의 관점을 쉽게 받아들이지 않았다. 커스타인은, 뷔그만이 당대의 댄서들에게 준 영향은 강력했으나 그녀는 주로 극장무용에 흥미있는 사람이나 "자신의 좌절보다 큰" 극적이상을 증명하고자 하는 사람에게는 강한 영향을 보이지 못했다고 논평하고 또 뷔그만의 교육체계를 근본적이고 반 곡예적인 것으로 묘사하며, 그녀가 스튜디오의 학생들을 방임하여 기쁨이나 공포, 슬픔, 충격과 같은 동작을 자유롭게 표현하게 한다고 평한다. 발레교육의 전통적인 방법과는 달리, 커스타인은 그것을 "찬란하고 정확하고 반복될 수 있는 것"중의 어느 것으로도 보지 않았다.[47]

그럼에도 불구하고 뷔그만의 영향은 큰 것이었다. 따라서 무용에 대한 관심의 영역을 확대시켰고, 미국의 초기 현대무용에 지대한 영향을 미쳤다. 초기 현대무용가들은 자신의 표현과 심리적 창조성에 관심을 높이는 교육적이고 지적인 분위기 속에서 활동하고 있었다. 쿠르트 주스나 하랄드 크로이쯔 베르그같은 유럽댄서들과 함께 일한 뷔그만은 근본적으로 발레에 젖어있는 많은 공연자들에게 영향을 미쳤다. 그리고 끝으로 대 제자인 하냐 흘름은 지금까지 그녀에게 영향을 받은 이들에 의해서 현재도 계속되는 미국무용의 장면에 커다란 영향을 미쳤다.

8) 하냐 호름 (Hanya Holm)

하냐 호름은 뷔그만 학교 지부를 개설하기 위해 1931년에 미국으로 건너갔다. 원래 달크로즈 연구소에서 공부한 호름은 1920년대에 뷔그만 댄스단의 지도자급 댄서였는데 후에 드레스덴에 있는 뷔그만 학교의 교장직을

47) Kirstein ; op. cit., pp·306~307

〈하냐호름 舞踊團〉

역임했고, 뷔그만의 대작인 '토템말'에서 조감독 겸 지도적 댄서로 활동했었다.

호름은 미국에 남아 뷔그만의 이론과 자신의 창조열을 결합하여 외적으로 미국적인 새 무용예술을 개발했으며 주요 작품으로는 '방향', '댄스 소나타', "무슨 꿈이 이뤄지려나" "비극적 탈출" 및 1941년에 필름에 담은 "황금털" 등이 있었다.

호름은 안무가로써의 재질이 뛰어났고, 작품의 성질은 조형적이었으며, 그의 무대장치의 독창성과 기술 또한 대단하였다. 호름의 작품은 뷔그만과는 달리 음악을 극히 중요하게 여겨 노만 로이드, 죤 케이지및 로이 해리스 같은 현대 작곡가에게 자신을 위한 곡을 쓰게도 했다.

호름은 뛰어난 댄서는 아니었으나 재능있고 보기드문 선생으로 학생들의 기술을 논리적이고 상세히 개발하게끔하고 라반의 사상을 반영하는 여러가지 평면, 방향, 차원 정도 내에서 춤을 추게했다. 호름은 통합되고 전체적인 움직임을 가능하게 하는 몸의 중심성에 역점을 두었으며 베닝턴의 쥴리아드 학교, 뉴욕시티에 있는 자신의 학교와 특히 콜로라도 대학에서 미국의 무용교육자들에게 강한 영향을 미쳐왔다. 호름은 브로드웨이무대 위에서 성공한 극소수의 현대무용가 중 한 사람이며 가장 유명한 두 작품은 "키스 미 케이트"와 "마이 페어 레이디"가 있다.

미국의 콘서트 무대에는 이들 중에서 여러명의 주요한 안무가와 댄서들이 있었는데 이들 중에서 자신들의 창조적인 수준에 있어서 그래햄, 험프리, 및 뷔그만과 가까운 두 사람은 호세 리몽과 헬렌 타미리스였다.

9) 호세 리몽(Jose Limon)

멕시코에서 태어나 켈리포니아에서 자란 호세 리몽은 의심할 나위도 없이 미국의 현대무용에 있어서 최고의 인물이었다. 존 마틴은 그를 일컬어 "그 분야에 있어서 가장 위대한 남성 댄서"라고 했으며 월터 테리는 그를 "당대의 남성 댄서들중 필적할 이 없는 인물"이라고 언급했다.

초기의 회화와 음악에 대한 관심에서 1928년 무용으로 전향한 리몽은 1930년의 대부분은 자그마한 단체에서 연기와 안무를 하며 지내었다. 그는 험프리 — 위드만 무용단에 가입하여 지도적 남성 댄서가 되면서부터 위드만을 구원하였다. 제 2 차 세계대전 이후 리몽은 자신의 무용단을 도리스 험프리(그는 적극적인 무용활동으로 부터 은퇴하였으며, 예술 감독이 되었음)와 함께 형성하였는데 험프리 위드만 무용단은 비평적인 찬사를 받은 많은 대작들을 연출하고, 주 정부의 후원을 받고, 유럽과 남미 제국을 순회공연 하면서 대단한 환영을 받았다. 리몽의 작품은 노만 로이드의 음악과 함께 스페인에 의해 정복당한 고대 멕시코의 전설을 재연한 '말린쉬','오델로의 이야기'이며 푸르셀의 음악에 맞춘 '더 무어스 파반느' 및 코달리의 음악에 맞춘 '미사 브레비스'가 있다.

리몽의 무용은 순수하고 힘에 넘치며 웅장하여서 절정기를 넘어선 후에도 그는 존경심을 불러 일으켰고 그의 뛰어난 작품들은 스페인 혹은 멕시코의 주제를 다루었다. 이중에 이크나치오 산체스 메지아스를 위한 비가가 있는데, 그것은 가르치아 로스카의 시에 맞추어 도리스 험프리가 안무를 했고, 노만 로이드가 음악을 맡았다. 도리스 험프리에 의해서 안무가 된 리몽 캄패니의 그 밖의 다른 작품들은 애런 코플랜드의 음악에 맞

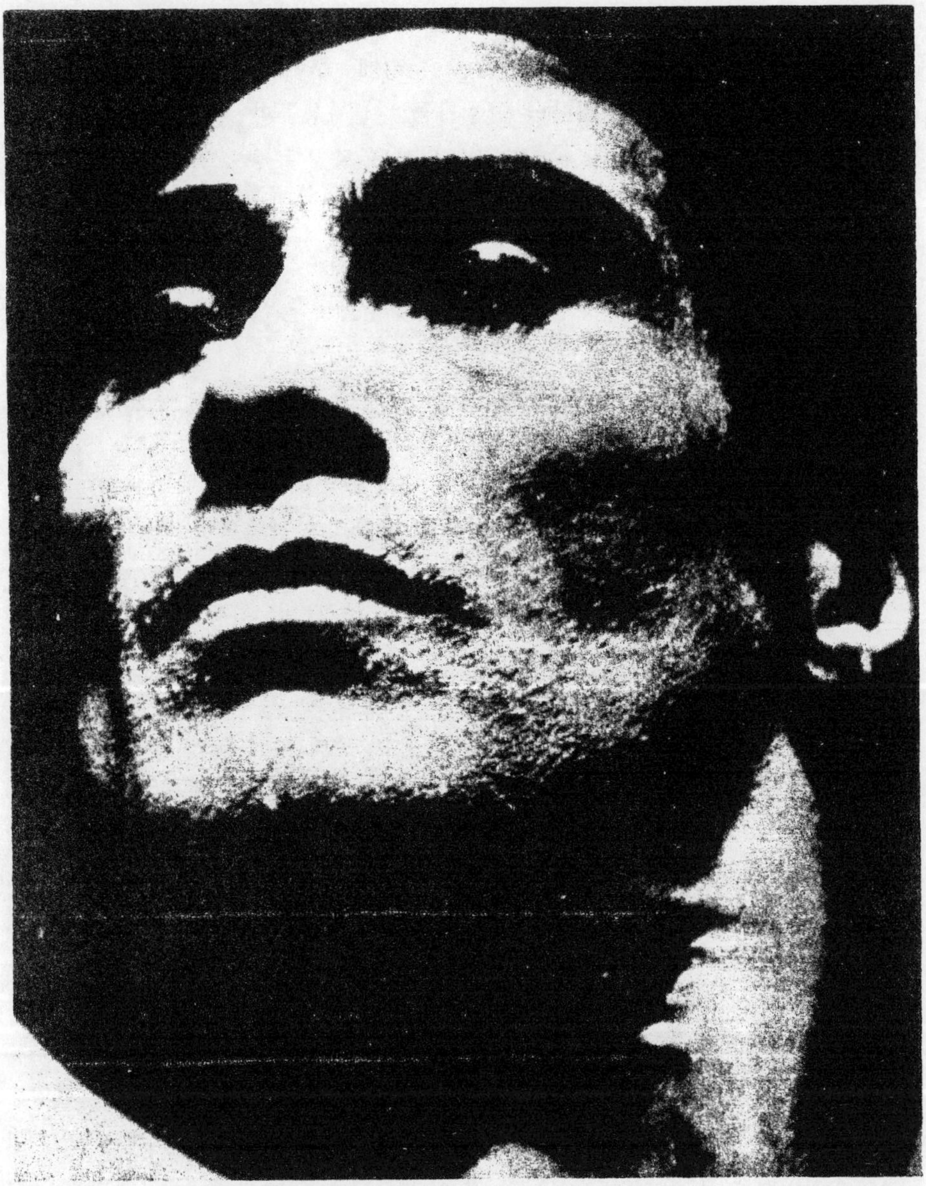

〈호세 리몽〉

춘 '폐허와 환상', 프리오 레니에의 음악에 맞춘 '나이트 스펠'을 포함하고 있다.

리몽의 무용단에는 원래 드로씨 버드 와 비트리스 세클러가 입단하고 있었으며 루카스 호빙, 베티 죤스, 루쓰 쿠리에, 폴린 코우너가 후에 입단하였는데, 이들은 모두가 뛰어난 안무가들로서 자신들의 무용단을 이끌고 있었다 호세 리몽은 연기 외에도 커네티커트 하기 무용학교와, 뉴욕에 있는 자신의 스튜디오 및 쥴리아드 무용학교에서 재능이 있는 선생으로 활약하였다.

10) 헬렌 타미리스 (Helen Tamiris)

헬렌 타미리스는 1930년부터 1940년사이에 활약한 현대 무용의 단 한명의 지도적인 인물이었다. 뉴욕의 동부지역에서 러시아인 부모사이에서 태어난 타미리스는 이린 루이스 밑에서 수학하였고 로시나 갈리에게 이태리 발레를 미쉘포킨느에게 러시아 발레를 배웠으며 베를린과 빠리의 해외 공연을 포함하여, 브로드웨이의 레뷔와 나이트 클럽 및 메트로폴리탄 오페라와도 한동안 춤을 추었다. 1927년 콘서트 댄서로서 시작한 그녀의 의도는 당대의 제일의 댄서가 되는 것이었다. 타미리스는 발레 민족무용 또는 던칸의 댄스조차 그녀로 하여금 춤을 추지 않을 수 없게 한다고 생각했으며 현대무용은 그녀에게 있어서는 그 목적들 중의 하나였다. 따라서 그녀의 안무곡중 대부분이 중요한 사회적인 테마를 취급했다; 즉 '혁명의 행진', '도시의 무용', '하우롱 브리드런', '반항의 노래' 및 스페인의 내란에 입각한 '아델란트' 등, 그것들은 당시의 강력한 좌익운동에 밀접하게 관련된 우정, 방향, 증언의 무용이었다. 흑인 영가와 카리브해의 의식도 역시 타미리스의 관습적인 콘서트 프로그램의 중요한 부분이었다.

타미리스는 1930년에 마샤 그래햄, 도리스 험프리, 찰스 위드만을 포함한 댄스 레파토리 캄패니를 이룬 유능한 조직자이기도 했으며 다음해에는 드미으도 합류시켰다. 레파토리 캄패니의 프로그램은 성공적이었고, 환영을 받았으나 계속되지는 못하였다. 대신에 타미리스는 독자적으로 춤을 추었으며, 1960년대 초기에 남편과 함께 타미리스 나그린 댄스 캄패니를 세웠다. 나그린은 콘서트와 나이트 클럽에서 공연을 한 댄서로써 브로드웨이의 뮤지컬 스테이지와 텔레비젼의 일류 연기자 였으며 타미리스 역시 브로드웨이의 무대에서 활동하였다. 그녀가 안무한 쇼 중에는 "애니 겟 유어건 (Annie get your Gun), 쇼우 보우트(Show Boat), 엎 인 센트럴 파크 (Up in Centrol park), 및" 인사이드 유 에스 에이(Inside U · S · A)가 있다. 댄서겸 안무가로서의 재능외에도 타미리스는 현대무용의 진흥에 강력한 힘이 되었다. 즉 국립제일 무용협의회의 주요 창립 멤버의 한 사람이었으며, 미국무용협의회의 초대회장이었다. 또한 1930년대 후반에는 무용을 피퍼럴 씨어터의 공연 프로그램의 한 부분이 되게 하는데에 영향을 미쳤으며 뉴욕에 있는 그룹 씨어터와도 관련을 맺고 있었다. 그 곳에서 타미리스는 배우들에게 동작을 가르쳤으며 당시의 브로드웨이의 극장계에 영향을 미쳤던 것이다. 그 밖에 다른 수 많은 댄서들은 1940년대와 1950년대의 안무가 및 유명한 교사가 되었다. 이들 중에 제인 다드리, 쏘피 마스로우 및 빌 베일즈 등이 있다.

11) 제인 다드리

제인 다드리는 하냐 호름의 생도였으며, 그래햄 캄패니의 인기 있는 댄서였다. 그녀의 가장 잘 알려진 역중의 하나로는 '세계에 보내는 편지'가 있다. 타미리스와 같이 다드리의 안무곡중 상당수가 사회적 테마를 취급한 것이었으며 민속리듬과 째즈리듬에 강한 관심을 가지고 있었다. 다드리의 가장 잘 알려진 작품으로는 '하모니카의 고장', '청춘기', '짧은 이야기', '어메리칸의 아침', '스윙 유어 레이디(swing your lady)' 및 '뉴 월드 에이 커밍 New world A-Coming)' 등이 있었는데 이들의 내용에는 많은 코메디와 순수한 동물적인 정신이 있었다.

그리고 다드리는 대부분의 댄서들과 같이 사범대학, 콜롬비아 대학교, 베닝턴 대학 및 뉴욕에 있는 뉴욕 댄스 그룹에서 수업을 하였다.

12) 소피 마스로우 (Sophie Maslow)

소피 마스로우는 네이베후드 플레이 하우스에서 수학했으며, 맨해턴 오페라 발레학교에서 이런 루이슨과 함께 공부를 하였다. 마스로우의 가장 잘 알려져 있는 작품중의 하나로서 포크세이(Folksay)가 있는데 그 것은 포크 발라드와 민속적인 이야기에 흩어져 있는 것을 모은 카알 샌드 버그의 "더 피플, 예스"(The people yes)에서 따온 것이었다. 그외에도 마스로우는 '상속', '파르티잔의 여행', '챔피언, 및 '페스티벌'을 구성하였으며, 그 중 마지막 것은 후에 완전한 길이의 작품 "더 빌리지 아이 뉴(The Village I knew)"로 발전되었다. 그녀의 모든 무용은 서정적이었으며, 인간의 흐름과 투쟁에 대하여 표현적이었다. 그러나 숱한 초기의 "사회 반항"

무용들이 그랬던 것 처럼 날카롭게 당파적이지는 않았다. 마스로우는 계속해서 뉴욕시티의 공공 페스티벌 프로그램을 위하여 대작의 안무를 하였으며, 광범위하게 가르쳤던 것이다.

13) 빌 베일즈(Bill Bales)

빌 베일즈는 "다드리 — 마스로우— 베일즈"의 트리오로 알려지게 된 세 번째 사람으로, 뉴욕에 있는 뉴 댄스 그룹과 밀접한 관계를 맺고 있었으며, 카네기 데취 드라마학교에 참석해서, 발레와 달크로즈 리듬체조를 배웠다. 베일즈는 현대무용에 대한 관심이 깊어진 후에, 베닝턴과 뉴욕대학과 쥴리아드의 지도적인 무용 교육자 였던 마샤 힐(Martha Hill)에 의해 격려를 받았고 찰스 위드만과도 함께 공부하였다. 험프리 위드만 캄패니에서 수업한 베일즈는 하냐 호름과 함께 초빙 예술가로서, 뉴 댄스그룹의 주요 상연작품에서 주연역할을 했을뿐만아니라, 많은 솔로작품을 안무하였다. 그가 안무한 대부분의 작품은 스페인, 멕시코 및 흑인의 테마에 근거를 두고 있다. 진 어드만, 이브 젠트리, 노나 쉬르만, 메이 오우도넬, 펄랭, 폴린 코우너, 레스터 호어튼, 루쓰 쿠리에, 캐더린느 리쯔, 일리너 킹, 텔리 비티, 캐더린 단 햄, 펄 프리머스, 시빌 쉐러등과 같은 인물들을 포함한 수 많은 댄서들이 이 시기에 활약했다. 그들은 대부분의 경우 1960년대에 이를 때 까지 여러가지 형태로 무용을 가르치고 안무하고 연기를 하였다. 다음 장에서는 50년대 이후에 그들의 작품이 대중에게 최고의 갈채를 받았던 몇몇 무용수 겸 안무가의 경력을 볼것이다. 이 단원에는 폴 테일러와 같이 어느 정도 젊은 다수의 무용가들 뿐 아니라, 에릭 호킨스 머스 커닝햄 및 올윈 니콜라이스와 같이 적극적이었던 사람들도 포함하고 있다.

4. 현대무용의 근황

반세기 동안의 발전이 있은 후, 1950년대의 초기에 현대무용의 근황은 어떠했는가? 먼저, 현대무용이 미국의 예술이라는 것은 명백하다. 마리 뷔그만 및 그 밖의 여러 유럽의 실험가들을 태동한 충격이 사라지고, 이제 미국은 현대 무용활동의 장이 되었다. 유럽인들은 미국에 대 현대무용가들의 스튜디오나 특별 무용 프로그램을 부과한 대학에서 공부를 하고자 했다.

독자적으로 무용단을 운영했고 순회공연과 극장상연을 통하여 상당히 많은 관객들을 유치할 수 있었던 소수의 재능이 있는 개인들의 창조적 표현으로 시작했던 현대무용이 이제는 전국 방방곡곡에 수많은 안무가들과 소무용단들이 생겼으며 이들은 주로 문화적 예술이 관객들의 공감을 얻을 수 있는 대도시와 많은 대학가에 위치했다. 왜냐하면 현대무용은 1930년대와 1940년대에 체육과 뿐만아니라 다른 예술분야에서의 관심을 자극시키며, 온 대학가를 휩쓸었기 때문이다. 당시에는 미술가들과 무대인들, 시인들, 음악인들, 및 무용가들 사이에는 동료의식을 갖는 풍토가 있었다. 모든 예술은 어떤 공통적인 요소들을 가지고 있다고 생각했으며, 예술과 인본주의를 결합시키는 공통과정속에서 그것들을 함께 연결하려는 노력이 이루어졌다.

그러나 현대무용에 관한 창조성과 열정으로 유행했던 거대한 물결은 사라졌다. 비록 수 십만의 대학생들—대개 여자—이 30년이 넘는 기간동안 현대무용을 탐구해왔다고 할지라도 현대무용을 위하여 거대하고 박식하며 후원을 해 줄수있는 관객을 건설하는 데에는 성공하지 못했다는 것은 명백하다. 이와는 대조적으로 1940년대와 1950년대에는 수많은 연기자들이 점차로 전국순회공연의 계획을 세우기가 어렵고 재정이 곤란해진다는 사실과 대도시의 극장에서 하루, 이틀을 계속하는 성공적인 공연을 하기 어렵다는 사실을 알게되었다. 이것은 부분적으로 점점 상승하는 제작비 때문에 생겨나는 필연적인 선물이었으며 또 현대무용의 관객들의 취향에 있어서도 한계가 있다는 사실에 기인하기도 했다.

여러가지 문제중의 하나는 현대시, 회화 및 극장의 모든 예술들이 이해하기 어려우며, 사람들은 그것을 어떻게 받아들여야 할지 모른다는 것이다. 그리고 이 개척분야인 전위예술을 어떤 견해로서 어떻게 개시되어야 할 것인지를 극소수의 예술가들과 교육자들만이 의식의 성취에 대해서 성공했을 뿐이었기 때문이다. 또 가장 커다란 문제중의 하나는 다양성이라는 점인데 거기에는 단 하나의 방법이나 기술이 있는 것이 아니고 전국에는 자신을 스스로 연기자 혹은 안무가라고 지칭한 수십개 아니 어쩌면 수백개의 조그만 무용단이 있어서 구성이나 연기의 질이 아주 형편 없는 것으로 부터 극도로 우수한 것이 있다는 것이다. 그러나 이러한 분포에 입각하여 볼때에 무용을 이해하고 수용하는 상태가 확고하지 못한 너무 많은 관객들은 그들에게 거부 반응을 일으키고 젠체하고 혼란시키며 또는 어리석게 보이고 강한 충격을 주거나 어지럽히는 작품에 대해서 재빠른 반응을 보였다. 무대공연을 값어치 있게 하기 위하여 자신의 감정을 표현하기만 하면 된다는 생각은 더이상 의미가 없었다.

이와 유사하게 현대 무용의 발전을 이끈 이론적 해석이 도전을 받았다. 본래 현대 무용은 발레의 테크니크가 시대에 뒤떨어졌고 독단적이며 비창조적인데다 발레의 예술적 작품조차 구식이며 현대에 의미가 없다고 하여 초기의 현대 무용가들은 자신의 스튜디오에서 발레식 훈련을 기피하는 경향을 보였으며 고전 발레와 철저히 다른 주제를 취급하고 안무 방법을 사용하였다. 이것은 곧 현대무용의 신선함 이었고 현대의 중요성이었으며,관객에게 개인적이고 즉각적으로 의미있는 것이었으며,또한 초기의 관객을 사로 잡은 것이었다. 여기에서 관객들은 발레에서의 결함을 발견하였다.

그러나 50년의 기간이 경과되자 발레 역시 변화하였다.
이제는 더 이상 19세기 말기의 따분하고 진부했던 예술형태가 아니였다. 대신에 이제는 엄청나게 새로운 관객을 이끈 신선하고 생명력이 넘치는 예술 이었다. 참으로 그것은 발레의 정신과 현대의 시야에 있어서 현대 무용에 힘 입은바 크다.

그러면 발레를 부흥하도록 하고 풍성하게 한 것은 무엇이었는가 ?
그것은 금세기의 초기에 러시아와 프랑스에서 제일 먼저 일어 났던것이다.

四、발레의 혁신기

전장에서 기술한바와 같이 유럽의 발레는 19세기 말에는 퇴조하였으나 단지 러시아에서만이 전 시대의 위용을 어느정도 유지하였다. 그러나 러시아에서 조차 쁘띠빠의 예술적인 전제때문에 발레는 진부하게 되었으며 인스피레이션이 부족하게 되었다. 발레는 두명의 러시아인 미쉘·포킨느와 세르쥬 디아길레프에 의해 급진적인 개혁과 혁신기를 맞이하게 되었다.

1. 혁신기의 무용가

1) 미쉘 포킨느 (Michel Fokine 1880～1942)

세인트 피츠버그에서 태어났고 1889년에 왕립 발레학교에 입학한 미쉘·포킨느는 9 년후에 솔로리스트로써 마린스키 극장 발레단에 입단 하였다. 그는 뛰어난 무용수였으나 나중에는 '주연 댄서'라기 보다는 안무가와 교사로 알려지게 되었다. 러시아 발레의 경직성과 예술성의 빈곤으로 상당히 방해를 받은 포킨느는 러시아의 춤은 민첩성과 신체적인 묘기의 과시에 불과하다고 논평하면서 초년기의 전형적인 빠·드·되의 본질을 묘사하였다. 그러나 다음과 같이 의식적인 안무는 거의 없었다 :

> 우리는 최선을 다 할 수 있는 것이라고 느낀것은 무엇이던지 했다. 나는 하이 점프와 파브로바뻬류에드뜨를 했다. 각 '일련 번호'와 그것이 삽입된 발레사이에는 어느 것이던지 관련이 없었다. 또 어떠한 음악과도 관련이 없었다. 우리는 음악이 시작할 때 아다지오를 시작했고 음악이 끝날 때 끝냈다.[48]

포킨느는 학생들의 연기와 안무를 가르치고 책임지기 시작했으며 1904년

---

48) Michel Fokine, quoted in Agnes de Mille, The Book of the Dance (New York: Golden Press, 1963), p. 138.

에는 그의 철학을 처음으로 나타낸 발레 '다프니스와 클리' (Daphnis and Chloe)에 대한 계획을 제출했다. 그것은 의미있는 극적 사업으로서 발레의 주 요소를 융합할 필요성을 강조한 것으로 노베르의 것과 매우 흡사했다. 이 계획은 좌절되었으나 3년후에 두명의 뛰어난 젊은 연기자 바스라브 니진스키와 안나 파브로바를 주연으로 하여 그의 첫 대작 '르 · 빠비용 다르미드 (Le Pavillond' Armide)'가 제작되었다. 그러나 포킨느는 그의 개혁안을 실행에 옮길 기회를 거의 가지지 못했다. 대표적인 예로써 그리스 무용의 역할을 맡은 댄서들에게 맨발로 춤을 추도록 시도하였을 때에 전통의 힘이 너무 강하여 그는 어쩔수 없이 무희들에게 분홍색 타이즈를 신겨야만 했다.

그 후 포킨느는 러시아를 방문중이던 이사도라 던칸에게 감명을 받았고, 러시아 무용단이 몇몇 발레작품을 공연하기 위하여 단장 세르게 디아길레프와 함께 파리로 여행할 기회가 왔을때에 그는 그 기회를 놓치지 않았다.

1909년에서 1914년까지 포킨느가 안무가로서 급속도로 성장한 곳은 바로 빠리에서 였다. 이 기간동안 포킨느는 많은 대작들을 상연하였는데 대작중에는 '이고르 왕자 (1909)', '공기의 정(精)(1909)', '까르나발 (1910)', '불새 (1910)', 장미의 정(1911)', 베뜨로우쉬까 (1911)', 르 꼬끄도르 (Le Cog D' Dr : 1914) 등이 있으며 이중에는 오늘날에도 여전히 상연되는 것들이 포함되어 있다. 포킨느가 발레에 대한 철학이 성숙한 곳도 역시 빠리였다. 1914년 더 런던 타임즈지에 보낸 그 유명한 편지에서 포킨느의 견해가 완전히 표명 되었는데 그 글에서 그는 발레의 안무와 제작을 지배하는 5가지 주요원칙을 대략 설명하였다.

첫째: 각 무용은 고전적 전통으로 부터 나온 일관된 진부한 동작을 사용하기보다는 발레의 주제, 시기, 나라 (지방)에 알맞고 음악에 적합한 새로운 형태의 동작을 창조할 필요가 있다.

둘째: 발레의 극적인 장면은 서술적인 중요성이 없는 무용곡을 대체하여 이야기를 연결시키기 보다는 동작에 의하여 계속 전개되어야 한다.

세째: 전통적인 몸짓언어나 종종 관객들이 이해하기 어렵거나, 심지어는 댄서들 조차 이해하기 어려운 무언극은 그만두어야 한다. 그 대신 생각과 감정을 전달하기 위하여 댄서는 온몸을 사용해야만 한다.

네째: 댄서들의 전 그룹은 아무런 의미도 없는 장식적인 중간극을 제

공하는 군무로서가 아니라 발레의 테마를 전개시키기 위하여 이용되어야 하며 플롯의 일부분이 되어야 한다.

다섯째 : 발레는 발레안에 포함되어 있는 모든 예술의 적극적이고 동등한 협력을 반영시켜야 한다. 즉 그 예술들이란 음악, 무대장치, 무용, 의상등이며 이것은 통일된 창조적 노력에 대하여 중대한 것이다. 특히 음악은 더 이상 분리되고 관계가 없는 곡들의 연속이어서는 안되며 극적으로 플롯에 융화된 하나의 통일된 구성이 되어야 한다.

포킨느의 관심은 발레가 생활을 반영하는 완전히 표현적 예술이 되게 하는데 있었기 때문에 당시에 그의 사상은 혁신적이었다. 그러나 다행스럽게도 그의 사상은 성공적이어서 빠리의 관객들은 몹시 열광적이었는데 그 이유는 프랑스의 발레가 너무 활기가 없게 되었기 때문이었다.

특히 전에는 무대위에서 본적이 없는 동작을 사용하고 진실한 성격묘사를 위하여 과거의 안무와 무용의 융통성이 없는 관례를 무시하면서 포킨느가 다채롭고, 다이나믹한 발레를 하며 무대위에 나타날 때에 관중들은 열광을 하였다.

포킨느는 그들이 흥분하는 모습에 관하여 다음과 같이 기술하였다 :

> 폴로베츠니언 댄스가 끝난후에 관객들은 채터릿 극장 앞으로 몰려들어 오케스트라의 난간대를 부수었다. 아주 믿지못할 정도로 성공하였다. 49)

드 · 미으는 파리에서 이시기의 수년간 그리고 세계 1 차대전 중 영국에서 4 년간 발레가 멋진 극장예술의 중요한 형태가 되었다고 언급하였다. 포킨느는 장소와 시대에 맞게 안무를 하였고, 음악 역시 이러한 요소들에 아주 일치되게 하였으며 춤의 스타일과 연기의 매너는 이전의 형태에서 아주 탈피한 것이었다. 고전적인 테크닉은 보다 자유롭게 풍부한 팔과 다리의 동작 및 유연한 모습으로 발전되었다. 즉 전에 취하던 머리와 팔의 딱딱한 자세는 이제 느슨해졌으며 동작은 일반적으로 보다 자유롭게 물 흐르듯 하며 감정표현도 풍부하여졌다. 그리고 이들 신작품들에서는 구식의 고전의상들을 기피하는 대신 시기와 플롯에 알맞게 하였다.

---

49) Michel Fokine, quoted in de Mille, op. cit., p. 143

1912년에 디아길레프는 안무가를 니진스키로 대체하였다. 비록 그 극단을 위해서 몇몇 발레작품의 창작은 계속하였으나 포킨느는 1914년에 그 곳을 떠나 그때부터 코펜하겐, 빠리, 부에노스아이레스에 있는 오페라 발레단과 가끔 일을 했다. 그리고 뉴욕에서 자신의 발레단을 가지고 활동하였던 포킨느는 1942년미국에서 사망하였다.

포킨느는 창조적 능력에 있어서 절정을 이루었으며 계속하여 자기 자신의 뛰어난 발레곡을 안무하기 위하여 주요 발레단들과는 관계를 맺지 않았었다. 이것에 대한 이유를 이해하기 위해서는 디아길레프에 대해서 약간 알 필요가 있다.

2) 세르게 디아길레프 (Serge Diaghileff 1872 ~ 1929)

러시아의 귀족가문 태생으로 법률과 음악을 공부한 디아길레프는 발레와 오페라에 관심을 가지게 되었다. 디아길레프는 마린스키 극장의 감독의 직책이 주어졌을때 자신의 독자성 때문에 그곳에서 일하기가 어렵다는 것을 알고 곧 직책을 사임하였다. 그리고 피터스버그와 빠리에서 예술 작품을 상연하였으며 1908년에는 극장의 흥행주가 되었는데 그가 무용에 대하여 위대한 공헌을 한 것은 바로 이러한 역할에 의해서였다.
1909년에는 왕립발레단의 지도적인 러시아 댄서들을 모아서 하기 휴가철에 빠리에서 호황기를 이룰 수 있도록 하였다. 첫번째 시즌에서 활약한 댄서들을 보면 미쉘 · 포킨느, 안나 · 파블로바, 타마라 · 카르사비나 및 미카일 · 모르드킨 등이었으며 발레곡들은 대개가 포킨느의 작품들이었다.

이듬 해 여름 디아길레프 발레단은 파리 오페라에 출연하였으며, '스케헤라차드' '불새' 및 '지젤'과 같은 신작 또는 리바이벌 작품들이 레파토리에 첨가되었다.

1911년에 니진스키는 피터스버그 발레단을 사퇴하였고 디아길레프는, 휴가차 나타난 댄서들과 함께 자신의 발레단을 왕립 러시아 발레에서 분리 시켰다.

디아길레프 발레단은 1911년에 로마, 몬테카를로 및 런던에서 한 시즌을 상연하였고 이듬해에는 베를린, 비엔나 및 부다페스트에서도 상연하였으며, 그 후에는 남 아메리카에서, 1916에는 미국에서 상연하였다. 미국에서의 공연은 센세이션을 일으켰으며 발레에 대한 미국인의 관심을 불러 일으켰다. 디아길레프 발레단은 발레의 국제적인 부흥시기가 된 1916년

〈레·노스 리허설 중의 디아길레프의 스트라빈스키〉

부터 1929년까지 끊임없이 순회공연을 하였다. 이와같은 디아길레프단의 순회공연으로 발레는 점차 러시아인의 것으로 간주되게 되었다. 1923년에 디아길레프는 몽테·카를로 발레의 공공 발레단이 되기 위하여 모나코 공화국과 계약을 체결하였다. 그래서 그 발레단의 명칭은 발레 루즈 몽떼 카를로로 바뀌었다.

이 시기에 숱한 지도적인 댄서들 뿐만 아니라 포킨느, 니진스키, 마씬느, 니진스카 및 발랑쉰느 등을 포함한 각각 다른 안무가들을 고용하여 디아길레프의 발레단은 세계의 발레계에서 독보적인 존재가 되었다. 디아길레프의 지도력을 설명할 수 있는 재능은 과연 무엇이었는가?

그는 경영자와 조직자로서 탁월한 능력을 가지고 있었다.
비록 자신은 댄서가 아니었으나 대단한 예술적 취향과 판단력을 소유한 디아길레프는 포킨느와 마찬가지로 발레는 안무, 미술, 및 음악의 콤비네이션 이라고 생각하였으며 이들 각 분야에서 서로가 완전히 협력할 수 있는 위대한 예술가들을 얻을 수가 있었다.

즉 위에 열거한 안무가들 외에도 그의 댄서들은 타마라 카르시비나, 안나·파블로바, 아돌프·볼름, 알러시아·마르코바, 앤턴·돌린, 알렉산드라·다닐로바 등 대부분 일류급 댄서였다. 또 디아길레프가 발레에 사용했던 음악의 작곡가들은 스트라빈스키, 라벨, 글라조우노브, 프로코피예프, 드뷔시, 사띠, 밀로드 등으로 이 당시의 일류 음악가들을 총망라한 것이었다. 이와 마찬가지로 그의 제작을 위하여 디자인을 한 화가들 중에는 바크스트, 베놔, 드랭, 피카소, 첼리체프, 루올드, 쉬리코, 꼭또 등이 있었다. 그러나 이 모두에게 자신의 독특한 취향을 옮겨 놓을 수는 없었다. 커스타인은 디아길레프 자신이 창조적 예술가가 아니었기 때문에 그의 정확한 역할은 모호하며 신화적이기 조차한다고 지적하였다. 그러나 그의 공헌은 지대하였고 그 시대의 모든 예술에 영향을 미쳤으며, '협력의 온상'에서는 그 당시의 위대한 창조적 예술가들을 화합하게 하였다.[50)]

점차로 1920년대에 피터스버그에서 훈련을 받고 처음으로 스타덤에 올랐던 위대한 세대들이 사라져 갔다. 비록 그 극단이 계속해서 러시아의 것으로 알려졌지만 그 풍취와 구성에 있어서 다소간은 더욱 국제화되었다. 커스타인은 디아길레프가 "새로운 것의 조달자"로 알려지게 되었으며, 뛰어난 것을 선사하는 사람이었다고 언급하고 있다. 1920년대 후에는 디아길레프 발레단이 차츰 예술상으로는 퇴조하는 경향을 나타내었다. 음악은 점점 시시해졌고 무용은 더욱 더 변덕스럽고 단편적이 되었다. 디아길레프의 수 많은 일류급 댄서들과 안무가들은 그가 죽기 훨씬 전에 그 발레단을 떠났다. 비록 디아길레프 발레단의 전통을 이어가려는 노력이 많은 경

---

50) Lincoln Kirstein, Dance: A Short History of Classic Theatrical Dancing (New York: G. P. Putnam's Sons, 1935), p. 279.

쟁적인 스폰서에 의해서 계속되기는 했으나 그가 죽으므로써 완전히 해산되었다.

디아길레프의 시대에는 세계적인 명망을 얻거나 예술적인 독자성을 구가한 위대한 스타들과 안무가들을 많이 배출하였는데 그들중 몇몇은 미국에서 발레의 발달에 영향을 미쳤으며, 죠오지 · 발란쉰은 1920년 이후 수 십년이 지나도록 미국 발레계의 지도적인 인물이 되었다. 디아길레프 무용단의 두명의 가장 위대한 스타로서 바슬라브 · 니진스키와 안나 파블로바가 있었고 그들의 명성은 전설적이었다.

3) 바슬라브 · 니진스키 (Vaslav Nijinsky 1890)

니진스키는 그의 무용경력이 겨우 9년에 불과하며 1914년 부터 1916년 사이의 2년간은 거의 춤을 추지 않았음에도 불구하고 지금까지 가장 위대했던 남성 발레 댄서로 평가되고 있다.

폴란드인의 혈통을 가지고 1890년에 우크라이나에서 출생한 니진스키는 피터스버그의 왕립 발레학교에 나갔으며 거기에서 뛰어난 연기자로 평가받았다. 1908년 졸업한 직후 포킨느의 작품 돈 · 쥬앙에서 데뷔하였으며 니진스키의 첫번째 무대를 가지기 위하여 파리에 가자는 디아길레프의 제의를 수락하였다. 니진스키는 포킨느의 서너가지 발레작품에서 대단한 성공을 거두었다. 그 후 2년뒤 1911년 디아길레프 발레단의 영구적인 멤버가 되기 위하여 피터스버그단을 정식으로 사퇴하였고 거기에서 "장미의 정"과 "뻬트루쉬카"와 같은 무용의 대역으로 춤추면서 1913년까지 계속해서 제 1 무용수로 지냈다.

니진스키는 그의 결혼에 단장이 화를 내어 잠시 디아길레프단을 떠났었지만 미국의 순회공연을 하기위해 1916년에 다시 돌아와서 곧 남아메리카에서 공연을 하였다. 그러나 니진스키는 정신병을 앓게되어 여생을 요양소에서 보내는 비참한 종말을 맞이하게 되었다.

그러면 니진스키의 전설에 대한 근거는 무엇이었는가 ?

첫째로 그것은 그의 고전 댄서로서의 위대한 능력에서 비롯된다. 그는 대단한 테크닉, 엘리베이션, 립 동작 및 뻬류에뜨로 유명하였다. 따라서 니진스키는 가장 위대한 도약자로 믿어졌으며 앙뜨레샤 두즈 (entrechat-douje : 공중에서 발을 완전하게 6번 교차시킴)를 해낼 수 있었다. 따라서 순수한 무용의 뛰어난 재기의 음미에서 볼 때에 그는 명성을 얻을만 하였던것이다.

그러나 니진스키는 클래식 댄서만은 아니었다. 그는 1920년대 초기의 현대무용가들과 유사한 방법으로 동작의 가능성을 탐구하였으며 네개의 작품을 창조한 탁월한 안무가였다. 니진스키의 작품은 목신의 오후, 르·사크르·뒤·프렝땅, 죄 및 틸·욜렌스피겔 (Till Eulenspiegel) 인데 이 가운데 처음 두가지는 전통적인 동작을 철저히 타파하고 무대위에서 성 행위의 너무 솔직한 묘사로 인하여 거센 물의를 일으켰다. 니진스키는 자기 자신의 작품및 포킨느의 배역중에서 무대위에서 일전에 볼 수 없었던 몇가지 동작을 창조하였다.

<바슬라브 니진스키>

……긴장, 뻗침, 엘리베이션, 외향(feet turned out) 동작 대신에 니진스키는 이완, 허그드 인 쉬버즈, 져키·쉐이크스, 서브휴먼·바이브레이션즈및 내향……무기 같은 것을 써서 야릇하고 추하며 야성적이고, 강열함을 이용하였으며……51)

그러나 니진스키는 자신의 가장 실험적인 작품에서 조차 클래식 발레의 기법을 거부하지는 않았다. 그의 고도로 독특한 안무는 고도로 훈련된 예술가에 의해서만이 연출될 수 있으며 당시 데꼴에서 훈련받은 기능에 기초를 두고있는데 만약에 그의 생애가 그렇게 비극적으로 단명하지 않았더라면 무용계에 미치게 되었을 그의 공헌은 예측하기가 어려웠을 것이다.

4) 안나 파블로바 (Anna Pavlova 1881~1931)

이와 대비되는 역할을 한 사람은 안나 파블로바였다. 니진스키와 마찬가지로 그녀의 명성은 발레사에 있어서 가장 위대한 댄서로서 전설적이었으며 오늘날의 발레리나와 그녀의 능력을 정확하게 비교한다는 것은 매우 힘들다. 파블로바는 1881년에 태어나 소녀때 마린스키 극장의 왕립학교에

〈안나 파블로바〉

51) Ibid., p. 289

〈안나파블로바와
바슬라브 니진스키〉

서 공부하였고 피터스버그에서 십년간 주연을 맡았으며 아돌프·볼름과 함께 1905년에 스칸디나비아를 순회하였다. 따라서 러시아밖에서 공연을 한 첫번째의 위대한 러시아의 발레리나가 되었다. 1909년에 파리에서 디아길레프와 합류했으나 그를 떠나 미카일 모르드킨과 자신의 발레단을 형성하여 그녀가 죽을 때 까지 20년 동안 전세계 방방곡곡을 독자적으로 순회공연 하였던 것이다.

수 백만의 사람들에게 파블로바는 발레의 화신이었다. 츄조이는 그녀가 러시아및 서부유럽의 극장가와 오페라하우스에서 귀족적이며 왕실의 예술이었던 것을 취급했으며 그것을 미국 방방곡곡의 일반시민들에게 보였다고 논평하고 있다 :

> 파블로바는 무대와 뮤직홀, 고등학교 강당 및 극장가에서 자신의 위대한 예술을 연기하여 이전에 소수의 특정인에게 속해 있던 예술의 형태를 많은 사람들에게 유용하게 하였다. 따라서 사람들의 발레에 대한 이해, 감상 및 享有의 능력을 고양시켰다.[52]

특히 미국에서는 파블로바의 영향력은 지대하였다. 엘슬레가 발레의 황금시대에 한것과 같이 그녀는 1912년에서 1925년 사이에 거의 매년 전국 방방곡곡을 순회공연을 하며 대단한 갈채를 받았던 것이다. 파블로바 덕택에 한 세대의 미국인들이 발레를 위대한 예술로 여기게 되었으며 그들이 본 것은 혁신적인 안무라던가 니진스키의 무용과 같은 것은 전혀 아니었다. 그 대신에 파블로바는 보수적이며 전통적인 댄서였다. 순회공연중에 행한 그녀의 연기는 풀·스케일 발레는 아니었지만 일류급 남녀파트너와 함께 그녀 자신이 주연을 한 작은 발레단을 가지고 있었다.

> 파블로바의 무용 그 자체는 "무용의 우아함, 경쾌함 및 可視적인 노력의 부재로 특정지어졌다. 그녀는 스타일의 선명한 감각에 의해서 진지하고 세련되었으며, 뛰어났다. 그리고 시적 동작에 대하여 순수하고 깊은 존경심을 느끼게....."[53]

디아길레프 시대의 다른 지도적인 인물로써 레오니드 마씬느, 브로니슬라바·니진스카 및 죠지·발랑쉰느들이 있다.

5)레오니드 마씬느 (Leonide Massine 1894～)

탁월한 성격 댄서겸 20세기의 지도적인 안무가의 한 사람으로 알려진 마씬느는 모스크바에서 출생하여 모스크바 왕립 발레학교를 졸업하였으며 1912년에 디아길레프에 의해 발탁 되어 댄서로서 디아길레프 발레단에 입단하였다. 얼마후 그는 발레 마스터의 임무를 맡았으며 그후 니진

---

52) Anatole chujoy, The Dance Eneyclopedia (New York: A. S. Barnes, & co., Inc., 1949), p. 358.
53) Cyril Beaumont, quoted in Chujoy, op, cit. p. 356.

스키를 대신하여 안무가가 되었다. 그 이후 (1915～1945년대말) 마씬느는 디아길레프 발레단을 위하여 약 50여곡의 발레를 제작했으며 1920년대 말에는 뉴욕의 록씨 극장을 위하여 1940년대에는 몽떼·까를로의 꼴로넬·드·바씰 발레 루즈, 밀라노에 있는 라 스카라 및 미국의 발레극장을 위하여 안무를 하였다.

마씬느는 두가지 유형의 발레로 유명했다. 첫번째 것은 심포니 발레인데 이것은 차이코프스키, 베를리오즈, 베에토벤 및 쇼스타코비치의 심포니에 맞추어 구성한 것으로 이 작품들은 추상적인 무용작품이었다. 두번째 유형은 스토리 발레였는데 이것은 고도의 코메디풍자및 성격무용을 자주 수반하였다. 대표적인 것 들로서는 더 굳 유머드 레이디스 (The-Good—Humored Ladies). 라 부띠끄 판타스띠끄 (La Boutigue Fanta-stigue), 삼각모자 (The Three—Cornered Hat) 및 카프리치오 에스파뇰 (Capriccio Espagnol)이 있다. 전 작품을 통하여 마씬느는 고도의 음악가적 본질과 탁월한 색채감, 독창성 및 안무의 건전성으로 명성을 떨쳤다.

6) 브로니슬라바 니진스카 (Bronislava Nijinska, 1891)

니진스카 역시 디아길레프 발레단의 지도적 댄서겸 안무가였다. 바르샤바에서 태어났으며 바스라브 니진스키의 여동생인 그녀는 피터스버그 학교에서 수학한 후, 마린스키극장에 입단하여 1909년에는 디아길레프와 함께 파리로 갔다. 그래서 잠시동안 중단이 있었지만 1920년대에는 디아길레프 발레단을 위하여 안무를 계속 하였다.

니진스카는 디아길레프를 위하여 다수의 작품들을 재상연했으며 수년간 디아길레프의 주요한 안무가였고, 르·레나드 (Le Renard)' 레·노스 (Les Noces)' 르·뜨렝·블뢰 (Le Train Bleu)' 및 '레·비쉬 (Les Biches)' 같은 대작들을 창작하였다.
대작중 특히 뛰어난 작품은 레노스 였다. 스트라빈스키의 혁신적인 음악 즉 피아노, 타악기 및 성악을 위한 악보에 맞춰 작품을 만드는 작업을 본격적으로 시작하였다. 디아길레프의 사후 수 십년동안 니진스카는 발레 루즈, 마르코바—돌린 발레단, 발레 극장 및 그 밖에 전 세계의 오페라 및 발레단들을 위하여 안무를 계속하였다.

7) 죠지 발랑쉰느 (George Balanchine 1904 ~)

미국의 발레계에 가장 커다란 영향을 미친 디아길레프의 안무단 중의 한 사람이 발랑쉰느였다.

그는 피터스버그에서 태어나 10세에 왕립 발레 학교에 입학해서 1921년에 졸업을 한 이후 당시에 레닌그라드에 있던 소집단의 젊은 댄서 들과 함께 다수의 실험작품을 안무하기 시작했다. 그러나 그의 작품에 대해 많은 반대가 있었으며 1924년에 발랑쉰느는 소비에트 스테이트 댄서들이라고 알려진 소집단의 젊은 예술가들과 함께 독일로 떠날수 있는 허락을 얻었다. 파리로 가는 여행길에 그들은 디아길레프에게 연기 테스트를 받고 디아길레프 발레단에 흡수되었다. 20세에 발랑쉰느는 니진스카를 대신하여 발레 마스터가 되었다. 발레 마스터가 된 발랑쉰느는 10개의 신작들을 창작하고 그 밖의 수 많은 작품들을 재 상연하여 몽떼 까를로에서 오페라 시즌 동안에 발레곡들을 제작하면서 4년 반동안 디아길레프를 위하여 종사했던 것이다. 디아길레프가 죽자 그의 발레단원들은 산산히 흩어졌다.

디아길레프와 함께 일하던 시기에 발랑쉰느는 완전히 성숙한 안무가가 되었지만 1927년에 심한 무릎의 상해로 인하여 더 이상 부담이 가는 역할의 춤을 출 수가 없었다. 발랑쉰느가 한 것은 무엇이었는가? 그의 두 작품, 아폴로와 방탕한 아들은 대단한 관심을 일으켰지만 그 이상 대단한 명성은 얻지 못했다. 발랑쉰느는 베토벤의 음악에 맞춘 2 막짜리 작품 프로메테우스를 새롭게 각색하여 상연 하기위하여 파리 오페라에 초청되었으나 결핵에 걸려 갈 수가 없었다. 수 개월 후 병은 회복되었으나 파리에서의 일은 사라져 버렸다. 그 이후로 발랑쉰느에 있어서는 의지할 데 없는 시기였다. 그는 파리와 런던에서 레뷔의 소발레와 오락거리를 꾸몄으며 1930년과 또 1931년에 코펜하겐에 있는 로얄 대니쉬 발레단을 위하여 초청 발레 지휘자로 일을 하였다. 그리고 몽떼 까를로에서 레네 블룸의 지휘하에 있는 새 발레단을 위하여 발레 마스터로 활약하였지만 꼴로넬 드 바씰르와는 마음이 맞지 않았기 때문에 레오니드 마씬느에게 자리를 물려주고 1933년에 파리의 샹젤리제에서 레・발레를 조직하였다. 그 후 부유하고 젊은 미국인 링컨 커스타인의 초청을 받았는데 커스타인은 에드워드 와르버그의 협력을 얻어 미국의 발레에 대한 계획을 세우고 있었다. 테이퍼(Taper)는 다음과 같이 기술하고 있다 :

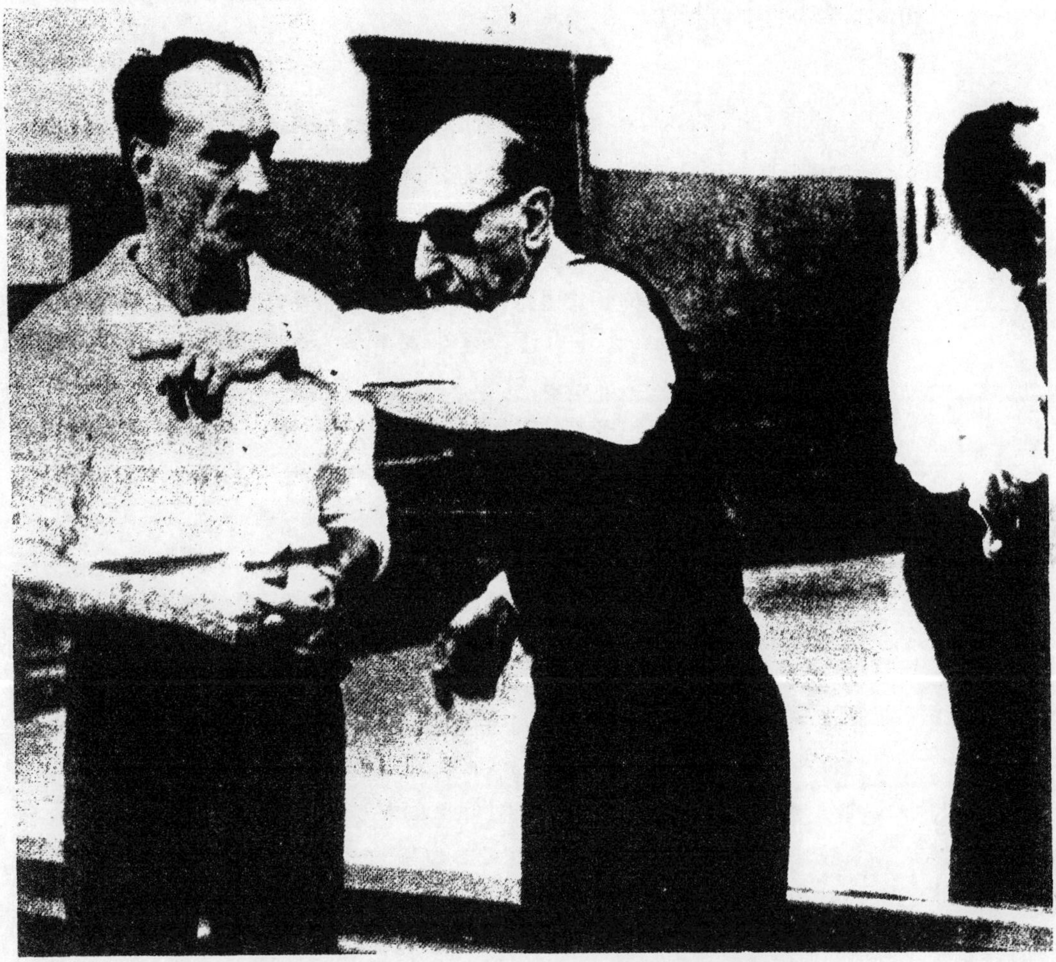

〈죠지 발랑쉰느와 스트라빈스키의 리허설 장면〉

그는 몇명의 러시아인을 보유한 것과……… 이곳에 순회공연을 하기위해오는 발레단만으로 만족치 못했다. 그 보다는 발레단, 발레의 레파토리 및 발레의 관객을 확립하므로서 발레가 미국에서 생명력이 넘치는 고유한 예술로서 뿌리를 내리고, 미국에 알맞게 하려는 것이 그의 생각이었다. 이러한 생각은 루이 14세가 맨 처음 발레단을 윤허한 이후 300여년 동안에 단지 서너차례 성공했을 뿐이었다. 그리고 매 시기마다 그 것을 이루기 위하여 군주들은 어마어마한 돈을 썼던 것이다. 또 그때마다 발레의 전통이 깊은 나라에서 그 예술을 가져 온 위대한 발레 마스터의 流入에 영향을 받았던 것이다……………54)

54) Bernard Taper, Balanchine (New York: Harper & Row, Publishers, 1963), p. 161.

2. 미국 발레의 발전

미국에서 발레에 투기를 시작하기에는 알맞지 못한 때였다. 왜냐하면 1916년에 디아길레프 발레단이 일년간의 순회공연을 한 것과 1916년과 1917년의 니진스키의 공연과 같은 외국인 발레단들의 순회공연이 수차 있었지만 이들이 미국 발레에 대한 영구적인 관심을 불러일으키지는 못했기 때문이었다. 또 1910년에는 파블로바가 미카일 모르드킨과 함께 처음으로 이 곳의 메트로 폴리탄 오페라 하우스에 출연하였고, 그 후 1925년까지 정규적으로 순회공연을 하였다. 그러나 일류급 발레단을 충분히 후원할 수있었던 메트로폴리탄 자체가 국내의 재능있는 이들을 개발하려는 데는 전혀 관심을 두지 않고 주로 유럽의 스타들에게 의존하였던 것이다. 즉 수 년동안 메트로폴리탄은 아돌프・볼름이 각색한 포킨느의 발레를 재상연하였는데 이것들은 대작이 아니었으며, 냉담한 반응을 얻었다.

디아길레프 발레단에서 일류급 스타중의 한 명이었던 볼름은 미국에 계속 남아서 학교와 발레단을 조직하였다. 후에 볼름은 시카고 시립 오페라와 함께 일하게 되었으며 시카고 동맹예술을 창설하였고, 할리우드에서 안무를 하고 샌프란시스코 오페라와 함께 일을 하게 되었다. 미셸 포킨느는 모리스 게스트의 초대를 받아 미국에 건너왔으며 뮤지컬을 상연하고 이 곳에서 학교와 발레단을 설립하였다. 그리고 미국에 온 세번째로 주요한 유럽의 댄서는 미카일・모르드킨으로 그는 파리 오페라에서 파블로바의 파트너였고 또 그녀의 초기 미국순회공연시에도 파트너였다. 러시아 혁명이 일어난 후 볼쇼이 극장의 발레 마스터의 직을 시작한 모르드킨은 1924년에 미국으로 왔다. 모르드킨은 도시를 순회공연하면서 뉴욕과 필라델피아에서 발레를 가르쳤고 1937년에 모르드킨 발레단을 설립하게 되었다. 그러나 1933년경에는 전망이 밝지 못했고 일반적으로 이국적이며, 귀족적이고 사치스런 것으로 여겨진 예술이 유입되기에는 적절한 시기가 아니었다. 그보다는 논란과 불안의 시대에 중요한 사회적 테마를 취급한 현대무용이 그 시대에는 더욱 어울리는 것 같았다. 발레가 미국대중의 관심을 끌기 위한 참신한 노력에 대해 일말의 희망이 생겼다. 메이나드는 다음과 같이 기술하고 있다 :

> 미국의 댄서들은 춤을 출 극장을 몹시 갈망하고 있으며 그들과 미국관객 들은 국가적인 예술로서 미국무용이 없다고 믿고 있었다. 극장이 점차적으로 만들어졌는데 그 것은 유럽이나 러시아에서 발전했던 거대한 오페라 하우스가 아니라

미국인들이 춤을 추고 싶어하는 곳이면 어디서나 생긴 그런 것이었다. 관객들은 그 자체의 존재를 몰랐으나 실은 1933년의 중대한 해를 기다리고 있었다.[55]

맨 처음 나타난 발레단은 발레 루즈 드 몽떼 까를로로 마씬느가 책임 안무가였으며 1933년에는 발랑쉰느가 안무가로서 잠시 일을 했다. 알렉산드라 다닐로바가 지도적인 발레리나였고 그 외에도 발레 루즈에는 몇몇의 훌륭하고 젊은 러시아인 발레리나가 있었다.

레파토리는 대개 디아길레프 시대의 것을 본 받았고 포킨느가 중시하던 작품들이었다. 뉴욕에서 단편적인 공연을 하고 지방 순회공연을 한 1933년은 비평적으로는 성공했으나 재정적으로는 손실을 가져온 해였다. 그러나 미국방문을 결정한 쏠·후록은 미국이 발레에 대한 준비가 되어있다고 확신하고 해마다 발레단을 데리고 왔으며 오래지 않아 대대적으로 관객이 수용되고 수지가 맞는 사업이 되었다. 그러나 이것은 여전히 근본적으로는 러시아 발레였다.

1) 아메리칸 발레

발랑쉰느와 커스타인은 발레가 미국예술이 되게 한 기초를 마련할 여지를 주었다.

그들의 계획은 미국 발레학교라고 하는 새 학원을 시작하고 아메리칸 발레라고 불리게 될 발레단을 운영하는 것이었다. 이 학교는 1934년에 뉴욕시에서 자그마한 규모로 시작하여 1935년 3월에 발랑쉰느의 작품중 세레나데, 꿈, 초월성, 알마 마스터, 편력 및 회상등으로 첫 시즌 활동을 시작하였다. 그러나 비평과 반응은 대체로 부정적이었고 만일에 미국 발레학교와 미국식의 발레를 발전시키고자한 의도였다면 발랑쉰느를 선택한 것은 적당하지 못했다는 논란이 자주 거론되었다.

아메리칸 발레단은 1935년 가을에 단기간의 순회공연에 착수했으나 곧 개별적인 연기 그룹으로 해산되었다. 그후 발랑쉰느를 발레 마스터로 하여 거주 발레단으로서 메트로폴리탄 오페라에 합류하여 계약이 이루어졌지만 발랑쉰느와 오페라 경영자간에 많은 불화가 급속도로 전개되었다. 버질톰슨은 발랑쉰느가 미국에 가져온 "·····다이나믹하고 폭발적이며 극도로 정교하고·····긴장이 넘치고 활기가 충만한" 러시아식과 오페라 무대 위에서

55) Olga Maynard, The American Ballet (Philadelphia : Macrae Smith Co., 1959), p. 33.

가수들에 의해 사용된 완만하며 폭이 넓고 대단히 부드러운 佛—伊식 무대동작간에는 부조화가 내재하고 있다고 지적하였다.

두번째로 보다 심각한 어려움이 일어났다. 그것은 메트로폴리탄이 유럽의 대 오페라하우스에서는 관습이었던 정규적인 독립 발레공연을 계획할 의도가 전혀 없다는 것이었다. 대부분의 메트로폴리탄을 위한 발랑쉰느의 작품은 글뤽의 오프페우스와 유리디스의 신제작물에 대한 안무를 제외하고는 상대적으로 불만족스러워져 갔다. 첼리체프가 무대장치를 하고 1936년에 개봉된 이 공연은 대단한 비난을 받았고 두번의 공연후 계속되지 못했다. 그러나 어느 의미에서는 주요한 창작이었다.

1938년에 발랑쉰느는 메트로폴리탄과 결별하였다. 수 년동안 발랑쉰느는 브로드웨이의 무대로 전향하여 이 시대에 나타난 가장 유행적인 뮤지컬 작품들을 안무하였다. 작품에는 '그대의 발끝위에' '나는 천사와 결혼 했다네' '품속의 아이' '시라큐스에서 온 소년들' 과 같은 다수의 히트작들 외에 몇편의 영화까지 있었다.

2) 발레 캐러반

이와 같은 시기인 1939년 커스타인은 공연극단을 개발시키는 두번째 시도로 미국 발레단 출신의 오리지널 댄서들과 미국 발레학교에서 훈련을 받은 이들을 포함하여 발레 캐러반을 만들었다.

발레 캐러반의 공인된 목적은 토착예술로서 발레를 증진시키는데 있었으며, 발랑쉰느의 작품이 아니라 웰리엄 달러, 류 크리스텐센, 및 유진 로링의 작품들을 집중적으로 취급하였다. 크리스텐센의 '만원역' 아런 코플랜드의 음악에 맞춘 유진 로링의 '빌리 더 키드 (Billy the Kid)' 는 미국의 테마를 성공적으로 다룬 첫 주요작품들이었다. 1940년대에 발레 캐러반은 6 개월간의 남미 친선 순회공연을 하므로서 부활하였다.

3) 뉴욕 시티 발레

1946년에 세계 제 2 차대전으로 인한 공백기가 지난 후 커스타인은 발랑쉰느와 함께 미국으로돌아와 발레 소사이어티를 창설하였다. 레온 바진이 음악담당의 감독이었고 류 · 크리스텐센이 발레마스터였다. 이 단체는 마법에 걸린 아이와 네가지 성질을 포함한 발랑쉰느의 다수의 작품들 뿐아니라 타드 볼렌더, 머스 커닝햄, 웰리엄 달러 및 류·크리스텐센의 작품들을 공연하였다.

발레 소사이어티는 1948년에 뉴욕 시티 발레라는 명칭으로 새로 설립된 "음악과 드라마의 뉴욕시 센터와 힘을 합쳤으며 첫 해에는 뉴욕시 센터에서 공연을 하였다.

비록 보조금 같은 것은 부족했으나 시 당국의 후원과 의식적인 저렴한 입장요금으로 거대한 발레의 관객을 확보할 수 있었으며 그후 10년동안 뉴욕 시티 발레는 발랑쉰느의 통치밑에서 세계에서 가장 뛰어난 발레단의 하나로 성장했다.

이러한 성장의 주요인은 미국 발레학교가 뉴욕시티 발레와 합류할 수 있는 다수의 뛰어난 젊은 댄서들을 계속하여 양성하고 있었다는 데에 있다. 이들 가운데에는 따나길르끌레르끄, 쟈끄 당봐즈 및 에드워드 발레라가 있었다. 그 밖의 주요 무용수들로 마리아 탈체프, 니콜라스 마갈라네스, 프란시스코 몬 씨온 및 타드 볼렌더가 있다.

첫 시즌은 겨우 14개의 공연을 가졌을 뿐이었으나 예술적으로는 성공적인 것으로 간주되었다. 그러나 발레 루즈와의 경쟁으로 인하여 재정적으로는 실패하였다. 발레 루즈는 앨리시아 마르코바, 미아 슬라벤스카, 아그네드 미으, 앤턴 돌린, 알렉산드라 다닐로바 및 프레데릭 프랭클린과 같은 스타들을 데리고 메트로폴리탄 오페라 하우스에서 4 주간의 씨즌을 성공적으로 마쳤던 것이다. 1949년 1 월에 시작한 두번째 씨즌에서 뉴욕 시티 발레단은 초청 안무가로 제롬 로빈스와 앤토니 튜더를 맞이하였다. 이 씨즌은 재정적으로도 상당한 수준에 접근하였다. 관중들이 새 발레단에 관심을 갖기 시작했던 것이다.

그러나 최초에는 뉴욕 시티 발레가 시티 센터에서 단지 일년에 두번 총 4 ~ 5 주 정도를 공연한 것으로 보여진다. 이것은 리허설 시간까지 합하여 댄서들이 매년 겨우 13주 동안을 그 직에 종사했다는 것을 의미한다.
수많은 일류급 댄서들이 이러한 조건하에서 발레단에 머무르고자 했을까? 그들중의 다수가 뮤지컬 쇼단, 발레 씨어터 및 그 밖의 다른 단체로 옮겨가야만 했다. 그러나 신념이 굳은 경영진과 시티 센터 국장의 지원하에 그 발레단은 존속되었다. 1949년 가을에 청중은 늘어났고 부채는 감소되었으며 뉴욕 시티 발레는 대단한 인정을 받게되었다. 그것은 당시에 처음으로 미국 순회공연을 한 유명한 '영국 새들러스 웰즈 발레'의 지휘자였던 니네뜨 드 발좌가 뉴욕 시티 발레단에게 강한 감명을 받았다고 시사했을 때였다. 이듬 해 봄에 발랑쉰느는 자신의 발레 임피어리얼을 연출하기 위해 런던으로 초청받았으며 곧 이어 60명의 미국 일류댄서로 구성된 전뉴욕발레단이 코우벤트 가든에서 한 씨즌 동안 공연을 하기 위해 초청되었다.

1950년 6 월의 이 씨즌은 대영제국 예술협회의 후원하에 있었으며 1949년에 새들러스 웰즈 발레가 뉴욕에서 공연한 데 대한 준 공식적 교환방문으로 간주되 이것은 발레분야에서 미국에 대한 최초의 국제적인 인정이었다. 런던과 파리의 모든 정기 간행물은 처음으로 실시한 뉴욕 시티 발레단의 무용에 대해 평론을 실었다. 그리고 비평은 꽤나 호의적이었다. 한 일류 비평가는 다음과 같이 기술하고 있다 :

……그들이 활력적이고 강건한 열정으로 춤을 추어서 관객들은 막을 닫기도 전에 열광을 하고…

……이들 참신하고 젊은 미국인들은 그들의 무용에 어떠한 의혹이나 감상을 전혀 일으키게 하지 않았다. 그리고 남자들은 스포츠와 같이 우아한 묘기를 시도 하였고, 소녀들은 고전적인 방법으로 거의 기적에 가까운 연기를 해냈다. 그것이 뉴욕 시티 발레단의 방문에 있어서 가장 놀라운 것이었다. 그들은 평이한 스타일에는 그렇게 많은 관심을 가지지 않았다. 그들은 남 임피어리얼 러시안 발레의 극치에 열중한 고전주의자들 이었다.56)

비록 스트라빈스키와 포킨느의 작품인 불새를 발랑쉰느가 리바이벌 한 것과 발랑쉰느의 "차갑고 비 드라마틱한" 추상적 발레에 대하여 몇몇 비평이 있었음에도 불구하고 일반적으로는 열광적인 환영을 받았다. 츄조이는 몇몇 비평적인 "냉담에도 불구하고 런던의 관객들은 대단히 감명을 받았다고 언급하고 있다" 참으로 많은 비평이 대단한 세평을 얻도록 기여했던 것이다

조명, 불안의 시대, 오르페우스 및 불새 같은 논란의 대상이 되었던 발레곡들은 대단히 관심을 끌었다. 소위 추상작품인 기술적으로 어려운 발레곡들은 갈채를 받았다. 탕아는 아마도 모든 작품들 중의 백미였으리라……57)

타 도시 순회공연을 포함하여 대영제국을 방문한 것은 전체적으로 성공을 거두었고 '뉴욕 시티 발레'에 대하여 국제적인 관심을 불러 일으키게 하였다. 미국의 예술적인 명성은 고양되었으며 점차적으로 일류급 댄서들이 가입하게 되었다. 그들 중에는 제롬 로빈스, 쟈넷 리드, 멜리사 헤이든, 휴 랭 및 다이애너 애담즈가 있었다. 그 다음 씨즌은 화려하게 되었고 뉴욕시티 발레단은 앙드레 에글레브스키와 노라 케이를 추가시키게 되었다. 1950년대를 지나 링컨센터의 예술 단지에 있는 뉴욕 주 극장의 화려한 터전으로 이사하면서 영국 로얄 발레, 로얄 대니쉬 발레 및 러시아의 두 일류 단체인 모스크바의 볼쇼이단과 레닌그라드에 있는 키로브에 버금가는, 극소수의 세계의 위대한 발레단의 하나로써 지위를 굳혀나갔다. 뉴욕 시티 발레단은 발랑쉰느 체제하에서 엄청나게 많고 화려한 레파토리를 개발했다. 댄서들은 화려하게 연기를 하였으며 연출물들은 훌륭하게 공연되었다. 주

---

56) Paul Holt, quoted in Anatole Chujoy, The New York City Ballet (New York: Alfred A. Knopf, Inc., 1953), p. 254.

57) Chujoy, op. cit., p. 261.

요한 문제가 있었다면 그것은 발랑쉰느가 너무 강한 영향력을 가지고 있었다는 것이다. 비록 수 년동안을 통해서 타드 볼렌더, 앤터니·튜더, 프레데릭·애쉬턴 및 제롬 로빈스 같은 일류 안무가들의 작품과 쟈끄·당봐즈 같은 젊은층의 작품 몇개가 상연되었다고 하나 그것은 여전히 발랑쉰느의 안무의 진열장에 불과했다. 그리고 발랑쉰느의 고도로 훈련되고 비감정적인 "신 고전주의적" 접근 방법은 너무 제한적이어서 거대한 발레단이 가져야만 하는 색채와 다양성이 부족했으며 모든 감정의 표현을 억누르려고 하였다. 댄서는 이름을 알려서는 안되었으며 근본적으로 안무가의 도구로써 간주되었다. 그럼에도 불구하고 드·미으는 그의 순수하고 독창적인 구상으로 인하여 그의 작품이 무척 감동적이라는 것을 알았다.[58)]

발랑쉰느가 그곳에 더 이상 머무르지 않게 될때의 절실한 문제는 그가 지금까지 그렇게 성공을 거두었던 형태를 바꾸어야할 것인가에 대한 것 보다는 예술적인 방향과 인스피레이션의 견지에서 볼때에 뉴욕 시티 발레단이 어떻게 해야 할 것인가에 대한 것이었다.

4) 발레 극장

미국 발레의 발전에 관해 살펴 볼 때 두번째로 주요한 역할을 한 것은 '발레 극장' 이었다. 이 발레단은 다른 어떤 단체보다도 본토 출신의 미국인 연기자들을 많이 개발하였다. 발레극장의 레파토리는 광범위하고 다양했으며 모든 위대한 현대 발레안무가들의 작품을 공연하면서 4 반세기가 넘도록 전 미국과 해외의 관객들에게 뛰어난 발레를 보여 주었다.

발레극장은 1937년에 모르드킨의 뉴욕 학교 학생들이 연기를 할 기회를 부여하기 위하여 설립된 모르드킨 발레의 부산물로 생겼다.

이 작은 발레단에서는 루씨아 췌이스와 레온·다닐리엔이 지도적인 댄서중의 하나였으며, 프로그램은 주로 모르드킨이 재상연했던 고대 낭만주의 작품으로 구성되어 있다. 다음해에 '모르드킨 발레'는 일류 댄서들이 늘어나고 레파토리를 추가하면서 확장되었다.

1939년 자신이 댄서 였을뿐만 아니라 대단히 부유한 발레의 후원자 였던 루씨아 췌이스와 모르드킨 발레단의 총 책임자인 플레전트는 완전한 형태의 발레단을 조직하기로 결정하였는데 그것은 후에 '발레 극장' 으로 알려졌다.

---

58) Agnes de Mille, op., p. 154.

그 발레단은 플레전트의 지시에 따르게 되었으며, 모르드킨의 역할은 떨어지게 되었다. 1940년 겨울, 4 주간에 걸친 새 발레단의 첫 씨즌에서 미쉘 포킨느, 아돌프 볼름, 앤턴 돌린, 앤토니·튜더, 아그네 드 미으, 유진 로링, 및 브로니슬라바 니진스카의 작품들이 공연되었다.

1920년대에 디아길레프 발레단에서 활약하던 댄서들과 그들의 계승자들인 일류 댄서들을 수용하고 있는 발레 극장은 상당히 좋은 비평을 받았으며 첫 씨즌 다음에는 미국의 여러도시를 순회하였다.

제 2 차 년도인 1941년에는 발레 극장안에 3 개의 지부를 가지고 있었으며 각 지부는 무대 감독을 했던 상임 안무가의 지휘하에 있었다. 앤턴 돌린이 클래식 윙을 맡았고 유진 로링이 아메리칸 윙을, 앤토니 튜더가 뉴 잉글리쉬 윙을 책임졌다. 이것은 플레전트의 많은 팽창계획의 일부로써 발레 극장이 독단으로 발전하기 보다는 모든 시대 및 국가에서 공연되었던 기존 작품들과 당대의 관점에 의한 새로운 발레곡들을 창작하는 데에 도움을 주는 산실이 되는 것이었다. 그리하여 플레전트는 클래식 윙과 포킨느와 디아길레프의 러시아 윙 및 당대의 미국, 영국, 니그로 및 스페인 윙을 개발하려고 하였으며, 심지어는 그 발레단의 레파토리에 현대무용 조차 포함시키려 했다. 불행하게도 계획은 너무 원대했으며, 재정적인 모험이 너무 컸다.

따라서 플레전트의 계획은 더 이상 추진 될 수 없었다. 플레전트는 대단한 평판과 열광적인 관객이 있었음에도 불구하고 그해 말에 솔·휴록에게 '발레 극장'을 인계했으며 그 다음에는 전 유럽, 극동지역 및 남미를 순회 공연하는 등 대대적인 여행을 했다. 특히 1950년대 까지 미국 무대위에 등장시키기 위해 일류 댄서들을 총 집결시켰다. 그들은 다이애나·애덤스, 앨리시아 앨런소우, 아그네드·미으, 앙드레 에글레브스키, 멜리사 헤이든, 로버트 죠퍼리, 노라 케이, 미카엘 키드, 잔 크리자, 헤럴드 랭, 앨리시아·마르코바, 쟈네트 리드, 제롬 로빈스 및 그 밖의 다수였다.

이와같이 발레 극장은 당대에 가장 뛰어난 안무가들이 그들의 첫 작품이거나 리바이벌 작품을 공연할 수 있는 매개체가 되었다. '발레 극장'의 레파토리 중에서 걸작을 꼽으면 다음과 같다 :

* 앤터니 튜더 : 우울한 엘리지에, 라일락, 정원, 불기둥, 로미오와 줄리엣, 어슴프레한 빛, 역류
* 미카엘 키드 : 무대위에서
* 아그네·드·미으 : 탤리호, 낙하의 전설, 세명의 처녀와 악마,

로데오, 검은 의식, (발레 극장의 후원하에 있는 니그로 댄서들의 발레단을 위하여 작곡)

* 데이비드 · 리쉰느 : 트로이 전쟁의 헬렌
* 제롬 · 로빈스 : 환상적 자유, 상호작용, 모사
* 프레데릭 · 애쉬턴 : 레 · 빠띠뇌르 (Les Patineurs)

'발레 극장'의 첫 2년동안의 안무는 미쉘 · 포킨느가 맡았으며 그 후에도 포킨느의 작품과 더불어 조지 발랑쉰느의 작품도 다수 공연하였다. 메이나드의 판단에 의하면 1959년의 '발레 극장'은 국제적인 관객들을 위한 유일한 미국의 대표적인 발레단으로 존속하였다. 또 외국 극단의 권위있는 견해에 의하면 발레 극장의 고전주의는 엄격하고 세련된 것으로 생각되었다. 그러나 미국인의 빠른 성격, 형태의 가동성 및 자아 표현 등 미국적 테마를 취급한 발레는 미국의 레파토리 중에서 가장 전형적인 것으로 간주되고 있다.[59] 확실히 그것은 과거의 대작에 대한 엄격하게 고전적인 접근방법과 마틴이 "현대의 극적, 문학적 스타일" 이라고 언급한 두 개의 연기 영역에서는 뛰어난 것이었다.

그러나 발레 극장은 존속하는 동안 계속해서 재정적인 어려움을 겪었다. 그것은 발레 극장내에 스타제도가 있다던가 복잡한 등급에 의한 분류에 따라서 댄서들을 세분하기 보다는 간단하게 "단장" 과 "단"으로 하였기 때문에 인기와 티켓의 판매를 촉진시키기 위하여는 실패할 수 밖에 없었다. 이 발레단은 명확한 예술적인 방향의 부족때문에 항상 고통을 겪었고 1950년대의 초반과 중반에는 다수의 지도적인 댄서들을 타 단체에 빼앗겼다.

그럼에도 불구하고 발레 극장은 전 미국과 그 밖의 다른 나라들을 돌며 활동을 계속하였고, "미국 발레극장" 이라는 명칭으로 1957년까지 계속하여 발레계에 중요한 공헌을 하였다.

5) 발레 루즈

미국 발레계에 있어서 세번째 중요한 발전으로 1930년대와 1940년대에 디아길레프가 미국에 처음 가져온 러시아 발레의 전통을 계속하여 표현했다는 것을 들 수 있다. 앞에서 서술한 바와 같이 레네·블륌과 꼴로넬 드 바씰이 1932년에 본래 디아길레프 단 출신의 수 많은 일류댄서들을 모아서

59) Maynard, op. cit., p. 119.

발레 루즈 드 · 몽떼 · 까를로를 창설하였다. 처음에 발레 루즈는 발랑쉰느의 지도하에 있었고 다음엔 레오니드 마씬느의 지휘하에 있었다.

1933년 뉴욕과 런던에서의 첫 씨즌은 주로 두 러시아인 안무가의 작품들을 수용하였는데 이것은 예술적으로는 성공했으나 재정적으로는 실패한 것으로 간주되고 있다. 그러나 솔 · 휴록이 몽떼 · 까를로를 강력하게 후원하자 매 次期년도마다 순회공연과 씨즌은 길어지고 관객들은 더욱 만원이 되고 더욱 갈채를 받았다. 1935년까지 몽떼 · 까를로는 뉴욕에 있는 메트로폴리탄 오페라 하우스와 전속계약을 맺었으며 시의 문화생활의 한 부분으로 받아들여지게 되었다. 이 시기에 공연된 작품 중에는 레 쁘레사주 〈Les Presages 〉, 꼬레아르띠윔〈Choreartium〉 및 심포니 판따스띠끄 〈Symphonie Fantastigue 〉 등 마씬느의 신 교향곡 발레가 몇 작품 포함되어 있다.

레네 블륌은 완전한 지배권을 가진 꼴로넬드 바씰과 발레 루즈의 공동감독으로 1936년에 복귀했다. 그러나 마찰로 인하여 발레단이 분열되자 1938년에 레오니드 마씬느는 유럽으로 돌아와 블륌과 함께 새 발레단을 설립하였다.

이 때 부터의 역사는 혼란된 관계, 급속도로 변화하는 권리 및 발레의 사용에 대한 소송의 와중에 있었다. 그러나 명칭과 전통을 계속 유지한 주요 발레단은 1938년 마씬느의 지휘하에 있던 발레 루즈로 알렉산드라 다닐로바, 앨리시아 마르코바, 미아 슬라벤스카, 이고르 유스케비치, 앙드레 에글레브스키, 프레데릭 프랭클린, 및 세르쥐 리파르등과 같은 위대한 스타들이 있었다. 발레 루즈는 그후 몇년 동안 대단한 성공을 거두며 순회공연을 하였고 처음에는 마씬느의 지휘하에 있었으나 전쟁기간 동안에는 발랑쉰느가 지휘하였다. 1942년 초에는 그 지휘자가 전 러시아인 은행가 세르게이 덴함이었는데 그는 가장 성공적인 사업가로 여겨지고 있다.

최초에 발레 루즈는 그 근원과 스타일이 러시아적 이었기 때문에 발레단에 가입한 미국인들은 완전히 외국적인 분위기를 나타내기 위하여 그들의 이름을 바꾸었다. 1930년 말기에는 마씬느의 '사라토가 (Saratoga)' 와 '유니언 패시픽 (Union Pacific)' 과 같은 작품으로써 발레 루즈가 미국에 뚫고 들어갈 시도를 하였다.

그러나 이것들은 미국적인 장르가 아니었으며, 드 미으가 "로데오"를 제작하기 전 까지는 정신과 스타일이 미국적인 작품은 만들어지지 않았다. 세계 제 2 차대전으로 인하여 유럽과 단절된 발레 루즈는 점차적으로 성격이 미국적이 되었으며 구성원 역시 더욱 미국인으로 바뀌었다. 발레 루즈는 "발레 극장"과 "뉴욕 시티 발레"에게 일류 댄서들을 빼앗겼다. 그럼에도 불구하고 계속하여 자극적인 단체로서 계속적으로 다채롭고 잘 짜여진 발레를 가지고 미국인들을 감동시켰다. 발레 루즈는 위대하고 독창적 안무 또는 예술적인 실험의 근거지로서 주목 받은 적은 결코 없었다. 발레 루즈의 탁월한 요소는 춤에 있었다. 메이나드는 발레 루즈의 무용은 상냥스럽고, '포르테가 특징이며 기법은 일품이었고, 스피드와 엘리베이션은 탁월하였다.'[60]고 기술하고 있다. 그 발레단의 레파토리는 '지젤' '백조의 호수' '코펠리아및 호두까기 인형등과 같은 작품들을 포함하여 주로 과거의 작품중에서 따온 것이다.

그리고 가장 인기 있는 작품들로써는 포킨느의 쉬헤라자드, 리쉰느의 졸업 무도회, 니진스카의 백설공주, 마씬느의 아름다운 다뉴브강 과 깨뜨빠리지엔느 및 발랑쉰느의 발레 임피어리얼, 당스 꽁세르땅뜨(Danses - Concertante) 와 빠 드 트라 끌라시끄 (Pas de Trois Classigue) 등이 있다.

3. 미국출신의 대표적 무용가

미국에 있어서 1950년 이전에 마지막으로 중요한 발전은 다수의 본토출신의 댄서들과 안무가들이 출현하였다는 것이었다. 그들은 뉴욕이외의 도시에서 지역발레단과 학교들을 개발시키기 시작했던 것이다. 바로 전 세기의 오거스타 · 메이우드나 메리 · 앤 · 리와 같은 재능이 있는 댄서들과는 달리 그들은 고도의 전문적인 훈련을 받을수 있고 미국내에서 일자리를 가질수 있었다. 미국 출신의 대표적인 세명의 댄서로써 캐더린 리틀필드, 루스 페이지 및 류 크리스텐센 등이 있다.

1) 캐터린 리틀필드 (Catherine Littlefield)

미국의 일류 안무가이자 발레리나인 캐더린 리틀필드는 처음에 필라델피

60) Ibid., p. 85.

아에 있는 그녀의 어머니가 경영하는 학교에서 공부하였다. 그 후에 뉴욕에 있는 메트로폴리탄에서 알리버티에리의 사사를 받았으며 또 파리에서는 에고로바의 지도를 받았다. 리틀필드는 미국에 돌아오자 마자 브로드웨이 뮤지컬에서 춤을 추었으며 수 년동안 필라델피아 그랜드 오페라 단의 주연 댄서로 활약하다 1935년에는 "리틀필드 발레"를 설립하였다. 후에 '필라델피아 발레'로 알려지고 전적으로 미국인들에 의해 조직되고 스태프가 갖추어진 리틀필드 발레단은 미국을 순회공연하였으며 1937년에는 유럽에서도 공연을 하여 상당한 호응을 얻었고 1942년까지 리틀필드의 지도하에서 계속 활동을 하였다. 리틀필드는 또 시카고 오페라 발레에서 지휘자로 몇 시즌 동안 봉사하였다.

리틀필드는 선생과 발레 지휘자로 활약하던 몇 년 동안에 훌륭하고 젊은 댄서들이 다수 배출되도록 도왔다. 이들 가운데 죠운 맥크라큰과 쟈키리 솔로브가 있었는데 그들은 아메리칸 발레와 발레 극장에서 춤을 추었고 메트로폴리탄 오페라에서 7년간 안무가로서 일을 하였다. 리틀필드 자신은 귀여운 인형, 다프니스와 클리를 포함하여 여러편의 고전적인 발레를 재상연 하였다.

리틀필드 자신의 유명한 작품으로서는 농가의 댄스파티때 시골의 광에서 추던 바안 댄스로 그것은 후에 발레극장의 레파토리가 되었다.

2) 루스 페이지 (Ruth Page)

미국 출신의 일류 댄서이자 안무가로서 루스 페이지가 있었다. 그녀는 비록 전 미국과 여러나라에서 순회공연을 가졌다고는 하나 주로 시카고에 본거지를 두고 활약하였다.

페이지는 아돌프 볼름과 세크쉐티와 함께 수학하였다. 초기에는 안나 파블로바를 따라서 남미 순회공연하였으며 브로드웨이의 쇼·뮤직 박스 레뷔에 출연하였다. 페이지는 '시카고 오페라'와 디아길레프의 발레 루즈에서 지도적인 댄서였으며 또 1920년대 후반에는 '메트로폴리탄'에서 최초의 미국인 프리마 발레리나였다. 루스 페이지는 헤럴드 크루츠버그와 함께 미국과 동양에서 대대적으로 활약하였으며 1938년에는 벤트리 스토운과 함께 페이지·스토운 발레단도 설립하였다. 루스 페이지의 가장 유명한 작품 가운데에 '프랭키와 죠니', '종' 및 '빌리 선디 (Billy Sundy)'가 있는데 모두가 1945년에서 1948년 사이에 안무되었고 발레 루즈가 제작한 것이었다.

루스 페이지는 계속해서 오페라 발레의 지도적인 안무가 였으며 '칼멘', '살로메 (Salome)', '세빌리아 이발사' 및 '즐거운 과부'와 같은 작품의 형태를 개조하였다. 1950년대 중반까지 루즈 페이지의 시카고 오페라 발레는 게오르그 스끼빈과 마르죠리 딸치예프와 같은 뛰어난 초청 예술가들과 함께 매년 주요한 순회공연을 하였다.

3) 류 크리스텐센 (Lew Christensen 1908~)

유타 주의 브리갬에서 탄생한 류 크리스텐센은 미국의 지도적인 남성댄서들과 안무가들 중의 한 사람으로 리틀필드나 페이지와 마찬가지로 지방의 발레 발전에 많은 기여를 했으며 주로 샌프란시스코에서 활약하였다.
크리스텐센은 뮤지컬 및 무용가정 출신이었고 그의 형들인 해럴드와 윌리엄·역시 뛰어난 댄서이자 선생들이었다.

그는 아저씨와 함께 훈련을 받았으며 뉴욕에 있는 미국 발레학교에서 수학하였다. 크리스텐센 보더빌 (Vaudeville : 소희극)에서 춤을 추었고, 메트로폴리탄 오페라 하우스에서 '오르페우스와 아폴로'의 주역을 맡으면서 1934년에 미국 발레단의 일원이 되었다. 그는 독무가이자 안무가였고 1936~1940년에는 발레 캐러반의 발레 마스터 이기도 했다. 그가 '만원역' '포카혼타스' (Pocahontas) 및 '조우 (encounter)' 등을 안무한 것은 바로 이 시기였다. 그의 안무는 깨끗한 선과 맑음과 디자인에 대한 참신한 감각으로 특징지어진다. 류·크리스텐센은 안무와 연기에 있어서 성격묘사에 강한 재능을 가지고 있었다. 그의 가장 유명한 무용의 배역은 로링의 작품 빌리 더 키드에서 패트 개럿의 역이었다.

1946~48년에 발레 소사이어티의 발레 마스터직을 수행하고 미국 발레학교의 교직원을 그만 둔 후에 그는 샌프란시스코 발레단에 입단했다. 샌프란시스코 발레는 1933년에 아돌프 볼름이 설립한 것으로 당시 현존하던 미국의 발레단 가운데 가장 오랜것이며 비록 처음에는 오페라 부속 기관으로 설립되었으나 현재는 독립단체이며 샌프란시스코 오페라 단의 발레도 계속하여 추고 있다.

1951년에 류·크리스텐센은 샌프란시스코 발레의 지휘자인 그의 형 윌리엄의 직을 계승하였으며 그 후 계속하여 이 직책을 고수 해 왔다.

이 발레단과 뉴욕 시티 발레단과는 밀접한 관계가 있다. 커스타인은 웨스트 코우스트 단의 미술감독으로 계속 근무 했고, 크리스텐센은 뉴욕 시티 발레의 지휘자를 계속했다. 이 관계의 한 예를 크리스텐센이 후기에 안무한 작품에서 볼수 있다. 그가 샌프란시스코 단을 위해서 창작했던 콘 아모어는 뉴욕 시티 발레에서 샌프란시스코 발레의 일류 댄서들이 처음 공연하였던 것이다. 1959년에는 크리스텐센이 뉴욕 시티 발레의 제 10주년 기념 씨즌에 공연하기 위한 특별 발레곡으로 "옥테트"를 안무하였다.

이와 같은 유대 관계는 여전히 강했다.

전 미국 방방곡곡의 지역 발레 사업의 발전에 강한 역할을 한 이들 댄서들과 안무가들 외에도 몇명의 주요한 안무가들이 뉴욕의 주요한 발레 단들에 소속되어 있었다.

요약해 보면 극장예술로서의 발레의 발전이라는 점에서 볼때에 20세기의 초반기 50년 간의 영향은 포킨느의 혁신적인 개조, 디아길레프의 우수한 제작을 통하여 유럽에서 예술적인 불모지가 되었던 전통적인 관계를 타파하고 표현적 극적 형태로서 변화되어 갔다. 1920년대에는 발레가 고도의 존경의 대상이 된 국제적인 예술이 되었다.

미국에서는 1933년 부터 시작하여 몇몇 대 발레단들의 설립으로 연기 활동의 양을 증가시키게 되었다. 그 가운데 하나인 뉴욕 시티 발레는 상당한 수준에 이르렀고 공공지원도 받았다. 1950년 까지는 발레가 미국 출신의 댄서들, 안무가들 및 상당한 수준의 학교들과 함께 진정한 미국 예술의 형태가 되었으며 이제는 엄청난 미국의 관객들이 미국의 발레단들과 외국의 방문 단체들에게 대단한 관심을 보이고 있다. 이것은 발레가 이제 아주 굳건한 발판위에 서 있다는 것을 의미하는 것은 아니다. 비록 미국 발레 공연의 예술적인 질의 견지에서 획기적인 발전을 이루었고 관객의 지원이 라는 문제에서 볼때에 안전성이 높아졌다고는 할지라도 관중의 확장과 발레 학교와 연기 단체들에 대한 재정적인 안전성이 진정으로 달성되어야 한다는 측면에서 볼 때에는 아직도 해야할 일이 많다.

五、최근의 발레

1. 미국 발레의 전성

1950년 미국의 발레에 서광이 비친 것은 환상이 아니었다. 당시에 져지 앰버그는 미국에 세기 반이 넘도록 몇가지 형태의 발레가 현존해왔지만 미국 고유의 예술로서의 발레 역사는 겨우 15년에 불과하다고 언급하였다. 그것은 발레 루즈가 일으킨 자극의 결과이며 고전적인 특색에 있어서는 일류급 러시아인 선생들에게 받은 전문적인 훈련의 도움이었다.

> 미국출신의 탤런트들이 출현하였으며 그것을 감당할 줄 아는 관객들이 점점 많아져 갔다. 최근에는 전국의 관람자가 대략 150만을 넘어섰다. 그것은 엄청나게 많은 뮤지컬 코메디의 관객수는 계산하지 않은 것이다.[61]

발레의 성장은 세기 중반에 가지고 있던 기대치를 능가해 왔다. 뉴욕 시티 발레가 시티 센터에서 첫 씨즌을 가졌을 때에는 겨우 2주의 씨즌에 그쳤었는데 1955년에 이르러서는 그 씨즌이 8주로 늘어나게 되었다. 또 같은 씨즌에 발레 극장은 메트로폴리탄오페라 하우스에서 3주간 공연하였고, 새들러즈 웰즈 컴패니는 5주 동안 공연하였다. 그 밖의 해외의 여러 발레단 중에서 안토니오와 스페니쉬 발레, 코메디 프랑세즈, 아주마 카부키 댄서즈, 댄스 씨어터 및 발레 에스파뇰이 뉴욕에서 가을부터 초 겨울까지 공연을 가졌다.

그러나 장차 다가올 것에 비하면 이것들은 대단한 것이 아니었다. 1967년까지 국내·외 발레단들의 수는 현저하게 증가했고, 발레 관객들은 뉴욕시에서 4월과 5월에만 5개의 대 발레단들의 공연을 관람할 수가 있었다.

루돌프·누레예프와 마고트 폰테인이 주연을 한 영국로얄 발레는 뉴욕시에서 지금까지 가장 긴 씨즌을 공연하였고 방문 공연단들 중 제일 먼저 링컨 센터에 있는 신 메트로폴리탄 오페라 하우스에서 공연을 하였다. 이와 동시에 뉴욕시티 발레단은 역시 링컨 센터에 있는 뉴욕 주립극장에서 6개

---

61) George Amberg, Ballet in America (New York: Duell, Sloan and pearce, 1949), p. 53

월간의 순회공연을 떠나기 전에 뉴욕씨즌에서 아주 성공적으로 마쳐가고 있었다. 5월에는 미국 발레 극장이 초청한 스타 에릭 부룬과 함께 4주 동안 뉴욕 주 극장에서 공연하였고 같은 씨즌 동안에 비록 신진이긴 하지만 상당히 인정을 받은 뉴욕의 죠퍼리 발레와 워싱턴 국립극장이 시티센터에서 공연하였다. 뿐만 아니라 전국 방방곡곡에 놀랍게도 많은 수의 지역 단체들이 경쟁적으로 출현하였다.

이 모든 사실은 발레관객이 엄청나게 늘어났다는 것을 나타내 주는 것이었고 어느 의미에서는 보스턴, 필라델피아, 샌프란시스코, 휴스턴 및 그 밖의 다른 지방의 대 발레단들을 생기게 한 국가적인 관심을 반영하는 것이었다. 더 뉴욕 타임즈지의 무용 비평가 크리브 바안즈의 말을 빌면 다음과 같다 :

> ·····그렇게 짧은 기간내에 미국은 러시아와 영국과 함께 세계 주요 무용국가의 하나가 되었다. 미국 무용의 풍요함과 다양성은 세계 어느 곳도 필적 할수가 없다. 적당한 재정적 지원만 주어진다면 그 가능성은 무한한 것이다.[62]

〈호두까기 인형의 파티장면 중인 뉴욕시티 발레단〉

---

62) Agnes de Mille, quoted in The New York Herald-Tribune, January 16, 1952, p. 13.

1960년대 후반기 까지의 미국의 발레 발전의 전 면모와 "적당한 재정적 지원이 주어진다면"이란 말의 의미는 무엇이었을까? 국가의 문화사업 증대의 일환으로서 발레단이 격증하고 발레 관객들이 엄청나게 많아졌으나 무대예술에 대한 전체적인 재정적 기반은 여전히 깨지기 쉽고 불안한 상태였다. 이렇게 볼때에 미국의 무대예술을 지원하고 촉진시키는 수단으로 정부와 재단의 역할은 점점 그 중요성을 더해가고 있는 것이다.

그러나 먼저 발레단들 그 자체가 문제였다.

1) 뉴욕 시티 발레(New York City Ballet)

미국에서 가장 뛰어나고 세계에서 최고의 발레단과 동등한 수준의 발레단은 죠지 발랑쉰느가 지휘한 '뉴욕 시티 발레'였다. 발랑쉰느가 지휘한 뉴욕 시티 발레단은 뛰어난 무용기술을 가지고 멋지게 무대장치를 한 힘차고 활동적인 단체였고, 뉴욕 시티 센터에서 연장 공연을 할 때와 수 많은 해외 순회공연 중에서 비평과 대중의 갈채를 받았다.
그리고 1962년 가을 모스크바에 있는 볼쇼이 극장에서의 공연중에는 그 다재다능하고 신선함으로 러시아의 발레광들을 열광케 하였다. 뉴욕 시티 발레의 위대한 힘은 노약성에 있었는데 비평가들과 대중들 중의 일부는 수년 동안 다른 주요한 안무가들의 작품을 자신의 프로그램에 넣지 않는 발랑쉰느의 예술적인 독재에 반기를 들었다. 그러나 최근의 몇년 동안에는 로빈스의 '감옥' 튜더의 '희미한 빛'과 애쉬턴의 '조명'과 같은 로얄발레나 발레극장의 대 안무가들의 작품들도 다수 공연해 왔다. 또 발랑쉰느는 에드워드 빌렐라의 '나아키서스' 죤 타라스의 '라·컬랑드·드·깡프라 (La Guiande de Campra)'나 작끄 당봐즈의 '아일란드의 환상곡'과 '프롤로그'와 같은 젊은 안무가들의 작품도 다수 상연해 왔고 머스 커닝햄에게 특별히 의뢰한 작품 '여름동안'도 상연했다.

이러한 모든 것에도 불구하고 발랑쉰느의 작품이 워낙 많고 그의 작품이 레파토리 내 에서 중요한 작품으로 여겨졌기 때문에 그것들이 뉴욕과 순회공연의 씨즌을 지배하는 경향을 띄어왔다. 대표적으로 1967년 링컨 센터 봄 씨즌의 첫 공연에 나타난 작품들은 모두가 발랑쉰느의 작품이었으며 주립극장에서 한달 이상 매일 밤 상연한 작품 7개중 6개가 발랑쉰느의 것이었다. 그리하여 발랑쉰느와 발레단의 경영진이 발레 후원자들의 소망

〈레이몬다 변주곡을 공연하는 뉴욕시티 발레단〉

을 무시한다는 의견이 빈번히 표명되어 왔다. 이것은 주연으로 춤을 추게 되는 사람들의 이름을 발표하는 것을 거부해온 발레단에 대하여 오랫동안 불만을 억눌러온 것과도 결부된다. 이러한 견해들은 뉴욕 시티 발레가 링컨 센터로 무대를 옮겼을 때에 당시 더 뉴욕 타임즈지의 댄스 비평가인 알렌 휴즈에 의해서 강력히 표명되어 왔다.

휴즈는 뉴욕시티 발레가 예술적 앙상블로서는 확실히 성숙되었으나 극단으로서는 성장하지 못했다고 논평했다.

휴즈는 발랑쉰느의 창조자로써의 천재성을 인정하였다. 그러나 "우리의 유일한 상임 발레단의 프로그램 책임자"로서의 그의 능력을 의심하면서 주연 연기자의 이름을 공표하지 않고자 하는 발레단의 처사에 대하여 논평을 하였다. 그는 개인보다는 작품이 더욱 우월하다는 원칙이 이제는 확고하게 굳어졌다고 지적하면서 대중들이 언제쯤이나 "누가 무엇을 언제 춤추게 될 것인가"하는 것을 알게 될 것인가고 물었다.

또 이것은 예술의 경지가 정점에 달해 있는 노련한 댄서들이 자기들이 원하는 것 보다 훨씬 춤을 덜 추고 있는 반면에 너무 어린 댄서들이 아주 빠른 속도로 진출한다는 사실을 너무 명확하게 나타내는 것이 아닌가?

이러한 모든 것에 포함된 의미는 뉴욕시티 발레단이 우호적인 전제주의 아래에서 번성해왔다는 것을 말해주고 있다. 이와 관련해 볼때에 최근에 재단들로 부터 중요한 재정적 보조를 받아온 미국의 중요 발레단들이 발랑쉰느나 뉴욕시티 발레와 밀접한 관계를 맺고 있다는 것은 잘못된 생각이다. 따라서 독재는 이 한 발레단과 관객들의 한계를 초월하는 정도라고 말하고 있다.

2) 아메리칸 발레극장 (American Ballet Theater)

아메리칸 발레극장은 필수적인 지도자의 계속적이면서도 강한 지도가 부족했다. 따라서 뉴욕시티 발레와는 정반대로 항상 유약성이 문제가 되었다.

1940년대 부터 1950년대 초에 커다란 성공을 거둔 이후 미국 발레극장은 연기의 질이 점차 떨어지면서 재정적 곤란을 심하게 겪었다. 그럼에도 불구하고 루씨아·체이스의 지도 아래 대대적으로 순회공연을 계속하였으며 현대의 주요 작품 몇개를 계속하여서 공연했다. 다행스럽게도 발레극장은 연방 후원 국립 예술 협회로 부터 1966년에 35만불에 달하는 자금을 보조받았는데 이것은 발레단이 다양하고 비용이 많이드는 레파토리를 해 나가는데 도움이 되었다. 뉴욕시티 발레와는 대조적으로 미국 발레극장은 최근에 다음과 같은 작품들을 상연했다. 맥밀런의 '로미오와 쥬리엣' 드·미으의 '낙하의전설'과 로데오 앤터니 튜더의 '불기둥'과 '低流'및 로빈스의 '팬시 프리 〈Fancy Free〉' 그 외에도 '지젤' '백조의 호수' '잠자는 미녀 및 라·피으·말·가르데 〈La Fille Mal Gardée〉' 와 같은 고전 작품들을 정기적으로 공연했고 가끔 특별히 의뢰한 새로운 작품들을 상연했다.

자신의 본거지가 없는 발레 극장이지만 최근에 링컨 센터의 뉴욕 주립극장에서 4 주간의 씨즌을 개최했고 1966년과 1967년에도 미국과 캐나다의 90개가 넘는 도시를 순회공연 하였다.

미국 발레 극장은 1940년대와 1950년대 초반에도 일단의 스타로 이루어진 댄서들을 자랑하지 못했다. 앨리시아 앨런소우, 죤 크리자, 이고르 유스케비취및 메리 엘런 모일랜등이 일류댄서들이었으나 그들은 모두 능력이

〈레노스를 공연하는 아메리칸 발레극장〉

정점에 달해 있었으므로 최근에는 이러한 요소를 부여하기 위하여 로얄 대니쉬 발레의 에릭크 브룬과 같은 초청 연기자들을 불러올 수 밖에 없었다. 그러나 앙상블과 다음 등급의 댄서들이 뛰어나기 때문에 이 발레단의 장래는 밝은 것이다.

대체로 그 능력이 대단한 뉴욕시티 발레에 대조적이며 예술적인 경쟁자가 될 주요한 발레 단이 미국에 필요하다고 인식되고 있다. 비록 최근에 들어서는 중요한 신작들을 공연할 수가 없어 발레 무대를 더 첨가시키지는 못한다 하더라도 아메리칸 발레극장은 이러한 자극을 일으켜 왔다. 특히 1960년대 후반에는 그 연기의 질이 현저하게 증진되었음을 비평가들은 말하고 있다. 만약 재정적인 곤란이 해결된다면 이 발레단은 계속해서 미국과 세계의 발레계에 중요한 역할을 수행하게 될 것이다.

최근에 조직되어 뉴욕에 본거지를 두고 대단한 갈채를 받고있는 두개의 발레단으로 로버트 죠프레이 발레와 레베카 하크니스재단이 후원하는 하크니스 발레가 있다.

〈트로이의 헬렌〉을 공연하는 아메리칸 발레극장〉

3) 죠프레이 발레와 하크니스 발레

죠프레이발레단과 하크니스발레단은 약 28~38명의 댄서들로 구성된 소규모 발레단이다. 월터 테리는 국내에서의 상연과 외국으로의 수출을 위해서 그와 같이 작은 규모의 발레단들이 필요하다고 논평했는데 그것은 대도시로 부터 멀리 떨어진 곳에서의 무대와 재정적인 측면에서 보면 발레단의 규모가 보다 융통성이 있어야 하기 때문이었다.

> 미국에서는 매년 작은도시와 중등학교의 강당및 여성클럽의 회계에 맞게 고전발레를 상연할 수 있는 비용이 많이 들지 않는 앙상블이나 작은 규모의 발레단이 항상 필요했다. 따라서 소규모의 발레단은 새삼스러울 것은 없다. 즉 새롭다는 뜻은 그들이 춤을 추어왔으며 지금도 춤을 춘다는 것이다.....[63]

이러한 발레단들은 러시아의 고전 작품들을 줄이거나 유명한 작품들 즉 모든 종류의 그랑 빠·드·되와 극적인 작품이나 가극작품의 신작들

63) Walter Terry, "The Not-so-Littlle Little Ballet", The New York Herald-Tribune, Magazine, April 24, 1966, p. 40.

중에서 뽑아다가 소규모의 발레단들이 특히 자신들의 인원과 능력에 알맞는 참신하고 창조적인 안무 작품들을 공연하고 있다. 그러나 뉴욕시티 발레나 로얄 대니쉬 발레, 영국의 로얄 발레 또는 볼쇼이 발레와 같은 세계적인 대 발레단들은 소규모 발레단들보다 "위대한 고전작품들이나 새롭고 웅장한 발레"를 더욱 잘하기는 하지만 대 발레단들은 비용이 엄청나게 들어 새작품을 시도할 땐 "소규모"의 단체들 보다 위험 부담을 크게 가지고 있다. 테리는 로버트 죠프레이와 하크니스 발레가 젊은 안무가들과 노련한 안

〈작품 "Astarte"중 multi-media를 공연중인 시립 중앙 죠프레이 발레단〉

〈"광대들"을 공연중인 시립 중앙 죠프레이 발레단〉

무가들의 신작들을 공연하면서 "경이적인 기록"을 달성했다고 지적하고 있다.

기이하게도 이 두 단들은 서로 복잡하게 뒤얽혀 왔다. 미국발레 학교에서 수학했으며, 뉴욕에서 공연중에 있던 로랑 쁘띠의 발레드 빠리와 함께 공연한적이 있는 젊고 재능이 있는 댄서인 죠프레이는 1952년에 뉴욕에서 아메리칸 발레 센터'라는 자신의 학교를 경영하기 시작했다. 1956 년에는 6 명의 댄서들과 함께 '로버트 죠프레이 발레'라는 이름으로 전세낸 역마차에서 발레단을 만들어 11개주의 23개 지역에서 공연했고 연속적인 10회의 순회공연이 끝난 후에 그들은 48개주의 460개가 넘는 도시에서도 공연했다. 죠프레이 발레단은 국무성을 위해서 동양도 순회공연 했으며 소련의 10주간의 순회공연의 일환으로서 레닌그란드에 있는 키로브 극장에서도 공연을 하였고, 백악관에서도 공연했다.

1964년에 죠프레이 발레단에 2 년동안 재정적인 지원을 하던 하크니스 재단은 그 발레단이 자신들의 명칭을 사용하길 원했으나 죠프레이가 이 제안을 거절하자 재단측은 '하크니스 발레'를 새로 만들고 그의 뛰어난 댄서들을 많이 데려가서 그 발레단의 권리조차 많이 앗아 갔다. 그러나 다행스럽게도 죠프레이는 자신의 '발레학교'의 많은 유능한 댄서들을 이용하여 재빨리 새 발레단을 세울수 있었다. 그는 발레단을 새로 시작하기 위하여 포드 재단의 보조를 받았는데 그 이후 죠프레이는 성공적인 순회공연을 하였고 뉴욕시티 센터에서의 죠프레이 발레 시즌 동안에는 비평가들로 부터 찬사를 받았다.

죠프레이의 책임 안무가는 제럴드 아피노인데 그는 참신하고 자극적인 재능을 가지고 있다. 아피노의 작품 나이트 윙즈, 비바 비발디, 교수형, 바다유령 및 아이크등과 수호신은 청중들과 비평가들에게 찬사를 받았다.
죠프레이 발레단이 공연한 다른 작품들을 보면 안나 소콜로브의'Opus'65' 발랑쉰느의 '도니제티 변주곡'과 스코틀랜드 심포니', 루타나 보리스의'케이크윙 (케이크를 상품으로 주는 미 흑인의 걸음걸이 경기)및 1932년에 초연한 쿠르트 주스의 반전 고전적인'녹색 테이블'의 리바이벌 작품등이 있다.

1966년에 뉴욕시티 센터는 죠프레이 발레와 공식적으로 계약을 맺었다. 따라서 이 참신하고 실험적인 발레단은 이제 영구적인 본거지를 가지고 풍요로운 미래를 기약할 수 있게 되었다.

반면에 하크니스 발레는 하크니스 재단으로 부터 1백만 달러의 보조금을 10년간에 걸쳐 받기로 하고 1964년에 첫 출범을 했다. 하크니스 발레단의 첫 지휘자는 져지 스키빈이었고 최초의 3년간은 전 미국과 유럽을 대대적으로 순회공연하였다. 하크니스 발레단의 레파토리는 스키빈의 '사라방드'와 '방따 께마다' 〈Venta Quemade〉뿐만 아니라 현대 무용과 밀접한 관계를 맺어 오고 있던 다수의 안무가의 작품을 포함하고 있었다. 예를들면 앨빈 애일러의'넋의 향연' 슈튜어트 호디즈의 '심연'및 죤 비틀러의'쎄바스천' 과 '낙원 밖으로'등이 있다. 반응이 좋았던 다른 작품들로는 브리안 맥도날드의 '칸토랜디오'와 타임 아웃 마인드'가 있다.

하크니스 발레단은 다채롭고 멋있게 고안된 의상, 장식및 조명과 함께 뛰어난 제작으로 알려져 있다. 예술 감독은 스키빈에서 루이스 카스텔리, 브리안 맥도날드 및 도널드 새들러로 바뀌었다. 하크니스 발레단의 첫번째 뉴욕 씨즌은 1967년 가을에 열렸는데 대체로 비평가들의 견해는 호의적이었다. 하크니스 재단은 뉴욕시에 있는 하크니스 하우스에 발레학교를 세워 페이트리샤 와일드가 교장을 맡았으며 잭 콜리, 레온 포킨느, 스튜어트 호디스, 매트 매턱스 및 레이먼 세가다 등이 교사로 있었다.

〈심연"을 공연 중인 하크니스 발레단〉

정교하게 장식하고 개조한 건물을 갖춘 이 학교는 무용에 관한 서류, 미술, 무대장치 및 의상 디자인에 대한 전람회장도 열었으며, 하크니스 무용 훈련과 연구센터의 본거지로서 조·안나·닐랜드의 지휘하에 고전발레 훈련에 적용하는 동작에 관한 과학적 분석도 하고 있다.

4) 미국발레를 이끈 그밖의 단체들

이와같이 뉴욕에 기반을 둔 발레단 외에도 미국의 몇몇 도시에는 상당히 인정을 받은 발레단으로 샌프란시스코 발레, 보스턴 발레, 국립 워싱턴 발레, 휴스턴 발레 재단 및 필라델피아에 있는 펜실베니아 발레등이 있다.

① 샌프란시스코 발레 (San Francisco Ballet)

'샌프란시스코 발레'의 발달에 관해서는 '현대무용의 초기'에서 언급하였다. 샌프란시스코 발레단은 류 크리스텐센의 지휘하에 그의 안무작품이 레파토리의 대종을 이루고 있으며 또 '뉴욕시티 발레'가 공연하고 있는 작품들도 다수 공연하고 있다.

샌프란시스코 발레는 연방의 후원을 얻어 미국내에서 수차례의 순회공연을 하였는데 이것은 샌프란시스코에서 몇 주간의 씨즌을 가지고 오페라와 정규계약을 맺은 이 발레단이 일년에 40주나 정규적으로 채용되었다는 것을 의미한다. 수 많은 발레단들이 기대하는 보다 많은 공연 시간과 수입을 얻기 위한 해외공연은 아니더라도 이와같은 일은 샌프란시스코의 댄서들과 발레 스태프에게 추가수입과 안전성을 주는 것이었다. 샌프란시스코 발레는 또 안무에 관한 특별 워크샵도 후원하였는데 이것이 최근에는 하절기에 실내발레 공연을 하게 하는 결과를 가져왔다.

② 국립 워싱턴 발레 (National Ballet of Washington, D. C)

최근에 프레데릭 프랭클린의 예술 감독하에 설립된 국립워싱턴 발레는 스스로 "미국의 고전발레"라고 칭하고 '코펠리아' '백조의 호수' '레 실피드' 및 그 밖에 다수의 낭만적 발레와 전통적인 작품들을 공연하는 것을 특색으로 하고 있다. 그러나 국립 워싱턴 발레단은 발랑쉰느의 '라. 소낭뷜라(La Sonnambula)'와 '세레나데' 앤턴. 돌린의 '빠드. 까뜨르' 쥬앙. 꼬렐리의 '오셀로' 잡. 샌더스의 '바쉬아나스(Bashianas)'및 프레데릭 자신의 작품 '경의' '선물'등과 같은 현대작품도 대대적으로 취급했으며, 특별히 위촉한 신작품들도 상연했다.

대대적인 순회공연을 한 국립 워싱턴 발레단은 더욱 대단한 호평을 받게 되었으며 여기에는 소련을 제외한 전 유럽에서 행한 공연에 대한 바안즈의 논평도 포함되어 있다.[64)]

③ 내셔날 발레 (National Ballet)

이제까지 공연을 하기 위한 영구적인 본거지가 없던 내셔날 발레는 아마

---

64) Clive Barnes, The New York Times, March 7 , 1966.

도 워싱턴에 세워지고 있는 케네디 센터에 본거지를 두게 될 것 같다. 또 이 발레단의 레파토리를 강화시킬 수 있는 주요한 안무가들을 추가시키므로서 더욱 강화될 것 같다. 내셔날 발레의 댄서들은 젊지만 상당히 재능이 있으며 프랭클린의 지도하에 급속도로 발전하게 될 것이다.

④ 보스턴 발레 (Boston Ballet)

내셔날 발레나 펜실베이니아 발레와 같이 세번째의 발레단이 형성되었는데 이 발레단은 뉴욕시티 발레와 발랑쉰느와 밀접한 관계를 맺고 발전한 버지니아 윌리엄스가 지휘한 보스턴 발레이다.

백 베이 극장에 기반을 두고 있는 보스턴 발레단은 포드재단으로부터 두 번의 커다란 보조금을 받았으며 기부자 명단과 예약제도를 개발시키므로서 무용수들을 10월에서 부터 4월까지 정규적으로 고용할수 있었다.

새 발레단들의 중요한 문제점은 신 오페라단, 심포니 오케스트라 또는 드라마 그룹과는 달리 표준적인 레파토리의 일부분으로서의 발레작품의 공급이 충분치 못하므로 즉시 공연할 수 있는 레파토리를 강화시키는 것이다. 여기에는 두가지 문제가 있다. 즉 발레에 대한 권리를 획득하는 것과 그것을 적절하게 공연할 수 있는가 하는 것이다. 보스턴, 필라델피아 및 워싱턴 발레단들의 경우에는 발랑쉰느가 자신의 발레작품들을 다수 이용할 수 있게 했으며 어떤 때에는 뉴욕시티 발레의 지도급 댄서들을 그 발레단의 초청 연기자로서 활동할 수 있도록 조처했다.

따라서 보스턴 발레는 최근에 초청 연기자인 뉴욕시티 발레단의 에드워드 빌레라와 페이트리샤 맥브라이드를 데리고 발랑쉰느의 '심포니 인 C (Symphony in C)'와 '아폴로'를 상연했다. 보스턴 발레가 상연한 작품들을 보면 텔리 비티의 '꾀배 스노우(Phoebe Snow)' 데이비드 리쉰느의 '졸업 무도회' 오거스트 브로낭빌의 고전작품으로 二人舞인 '젠자노의 꽃의 향연' 및 죤 버틀러, 안나·소콜로우 및 죠이스·트리슬러가 특별히 안무한 신작들이 있다.

⑤ 펜실베니아 발레 (Pennsylvania Ballet)

펜실베니아 발레는 1962년 10월 필라델피아에서 바바라 · 린쉬즈 · 와이스버거의 지휘하에 첫 출범을 하였고 죠지 발랑쉰느가 예술 고문이었다. 3년이 지나자 펜실베니아 발레단은 미국의 발레단 중에서 샌프란시스코 발레단을 제외하고는 어떤 단체보다 많은 일자리를 댄서들에게 부여했다. 펜실베니아 발레단의 필라델피아 공연은 아카데미 어브 뮤직에서 하였다. 펜실베니아 발레는 자체의 학교를 운영하고 있고 포드재단으로부터 두 번의 보조금을 받은 것에 크게 힘입어 학교의 관객들과 전 지역내에서 대대적인 공연을 하였다.

자기 본 고장에서 뿐만 아니라 순회공연서도 성공적으로 씨즌을 가진 바 있는 그 밖의 다른 발레단들로는 루스·페이지가 지휘한 시카고 오페라 발레와 1963년 포드재단이 발레단들에게 보조금을 준 단체중의 하나로 리나 포포우바가 지휘한 휴스턴 발레가 있다.

⑥ 지역발레

뉴욕시의 발레계에 실망을 주는 것은 메트로폴리탄 오페라가 계속 발레 제작을 위한 적절한 지원을 하지 못하는 것이었다. 메트로폴리탄 경영진은 수 년동안 안무가와 지도자를 겸한 지도적인 댄서들을 기용하므로서 발레가 점차적으로 중요한 메트로폴리탄의 무대 예술이 되도록 하기 위한 노력을 경주해 왔다. 1950년 초의 지도적인 흑인 안무가인 쟈네트 콜린즈가 이 임무를 맡았다. 그후 수 년동안 자챠리 솔로브가 메트로폴리탄의 발레를 책임지게 되었으며 유진 원진, 삼손과 데릴라, 승무원, 리골렛토, 라 뻬리꼴(La perichole), 라 뜨라비아따(La Traviata) 및 파우스트와 같은 오페라 작품들의 부분적이고 자극적인 발레를 공연하는데에 성공하였다. 메리·엘렌·모일렌, 까르망·드·라발라드, 알리시아 마르코바 및 메리사 헤이든과 같은 뉴욕시티 발레나 발레극장의 일류 발레리나들이 이들 작품에 출연하였고 1963년 이후에는 마르코바가 메트로 폴리탄 오페라 발레를 이끌어 왔다.

그러나 수 년동안 메트로폴리탄에서는 강력하고 영구적인 발레단을 건설하기 위한 자원과 독자적인 발레의 밤을 후원하는 경영진의 일관된 정책의 부족으로 고통을 겪어왔다. 한편 지도적인 오페라단이 수 많은 유럽국가들이 발레의 지원에 대단한 공헌을 했던 것과 같은 발레요소를 강력하게 발전시키는데에 실패한 것은 미국에 성공적인 지역 발레단들이 각 지역에 거미줄처럼 널려있다는 것 이었다.

'지역 발레'라는 것은 일반적으로 미국 방방곡곡에 흩어져 있으며 주로 봉급을 받지 않는 댄서들이나 지휘자들로 구성되어 있는 발레단들을 일컬어 말한다.

이런 발레단들은 흔히 예술에 관심을 가지고 있고 예술활동에 기여하고 있는 지역사회의 구성원들이 조직한 단체에 의해 지원을 받고 있으며 지역 발레단은 지방 무용수들에게 연기할 기회를 부여하며 자기들의 지역내에서 발레에 대한 관심이 높아지도록 돕고있다. 이들은 가끔 지역간에 상호 교환 공연은 할지라도 전국 순회공연은 하지 않는다.

일반적으로 지역 발레단에는 단일학교 출신의 멤버들이 구성하고 있는 것과 여러개의 학교 출신의 구성원들로 이루어진 것의 두 가지 유형이 있다. 지역 발레단은 영리단체로 구성이 되며 설사 공연을 하여 수입금이 있다고 하더라도 학교에 돌아가는 것이 아니라 의상이라던가 무대장치, 리허설 장소의 전세비용등과 같은 제작비용에 쓰인다. 대개 이러한 단체들은 구성원들이 그 단체에 가입할 때에 년 회비를 낼 것을 요구하고 있으며 수입과 공연의 엄격한 스케줄을 준수하도록 하고 있다. 지역 발레단들의 구성원은 어느정도 나이 많은 이가 있을 수도 있지만 대개 13세부터 18세 사이의 년령으로 구성되어 있다.

지역 발레 운동은 1929년에 헌신적인 교사 겸 안무가인 도로씨 알렉산더가 아틀란타 시립 발레를 창설하면서 시작했다. 그 이후 이 운동은 전국에 퍼져나갔으며 1955년에는 30개의 발레단이 있었고 1965년에 이르러서는 이와같은 지역 발레단이 200개도 넘게 되었다.[65]

이 운동은 꾸준히 성장을 계속했다. 예를들면 1966년에는 22개의 단체가 남동부 지역 발레 연합회를 구성하였고 다음해에는 템파의 시티센터 발레, 알라바마주의 한츠빌에 있는 시립 발레, 져지아 주 사바나에 있는 시립발레가 추가되어 25개 단체가 되었다. 일반적으로 지역발레단들의 구성원들은 우수한 훈련을 받은바 있고 흔히 발레극장, 발레루즈 및 뉴욕시티 발레를 위하여 연기를 한 바있던 사람들에게 지도받고, 가르침을 받았다. 교수와 지휘는 연기를 할 연령이 지난 사람들의 자연스런 배출구였으며 또한 이것은 훌륭히 여생을 보내는 것이기도 했다. 이들의 노력외에도 직업적인 순회공연단들의 세련된 연기에 감명을 받은 사람들이 지역발레단에가입할 경우도 많았다.

대부분의 지역 발레단들은 한해 동안에 일련의 공적인 행사를 하며 때때

---

65) Doris Hering, "Dance and Decentralization", Dance Magazine, December 1965, p. 124.

로 지휘자들은 발레에 대한 관심을 높이기 위하여 전 지역에서 강연을 하거나 실제로 연기를 하였다.

지역 발레단들이 하고 있는 이 외의 활동으로는 뉴스레터나 신문인쇄, 무대장치 만들기 및 공연에 필요한 일 등이 포함되고 있다. 지역사회에서는 법률가, 사업가 및 무용수가 아닌 다른 직종의 사람들이 광고와 기금조성, 운송, 프로그램과 티켓의 인쇄, 무대의 잡무, 세트의 디자인과 건축등과 관계가 있는 직책이나 회장직을 수행하는 데에 막대한 도움이 되고 있다. 대표적인 경우로 뉴욕에 있는 쉬넥터디 시립 발레의 조직표에는 회장, 출납관, 서기, 프로듀서, 비지니스 매니저, 워크샵 매니저, 예술 감독 뿐만 아니라 행정의 특수 업무에 임명된 몇몇의 부회장들로 구성된 이사회가 있다.

지역 발레단들의 주요한 문제는 기금조성과 남성 무용수의 충원 및 전문적인 안무가와 감독의 경영과 사업의 책임에서 면하기 위한 조직, 구조의 개발등에 있다. 점차적으로 전국의 지역 발레단 중에서 제법 크고 성공적인 발레단들은 이러한 어려운 점들을 해결할 수가 있었다.

지역 발레단들을 위한 가장 중요한 행사 중의 하나는 지역발레 협회들이 후원하는 페스티벌에 참여하는 것이었다.

페스티벌은 제일 먼저 형성된 남동부 지역의 발레 협회가 1956년 이후부터 매년 개최하였다. 그 이후 13개의 다른 협회가 결성되었는데 그 안에는 12개 단체로 결성된 남서부 지역 발레 협회와 14개 단체로 결성된 태평양지역 발레 협회, 23개 단체로 결성된 북동부 발레 협회가 있다. 관례적으로 매년 열리는 페스티벌을 지원하기 위하여 가맹단체들은 해마다 100달러씩 지불하였다. 이들 페스티벌은 한 해의 모든 활동의 크라이막스를 이루는 것이었다. 사회의 요구에 부응하는 활동외에도 매스터 반, 리허설, 심포지움 및 워크샵등이 가맹단체들의 공연과 함께 개최되었으며 작품들은 전문가들의 판단에 의해서 선정되었다. 이들 행사를 가맹단체들은 워크샵 또는 전시 효과적인 행사로 여기는 반면에 관례적으로 일반대중들은 축제 행사로 받아들였으며 흔히 수천을 헤아리는 엄청난 관객들이 관람 하였다.
이 외에도 이러한 행사에 뜻을 같이 하는 선생과 학생을 위한 워크샵과 특별 수업반을 개설하여 얻은 지식의 발레기술 보다는 모던댄스, 째즈, 동양의 무용 및 성격무용등 여러무용의 영역에 비중을 두었다. 무용지도자들과 교사들간에 일어나는 상호교환 작용은 그들의 지역내에서 대행하고 있는 작업에 중요한 자극을 주고 있다.

지역 발레단들의 목표는 다양하다. 그 목적이 잘 나타나 있는 것은 리치몬드, 버지니아 발레, 임프람튜의 성명인데 그 내용을 보면

㉠ 축제 공연에서 선정된 지역 발레단을 설립하고자 함.

㉡ 성인들과 어린이들을 위하여 최고로 우수한 발레 프로그램을 공연하고자 함.

㉢ 지역에서 연기하는 댄서의 예술성을 가능한 최고의 수준으로 끌어올리고자 함.

㉣ 지역의 안무가들, 디자이너들, 음악인들 및 댄서들이 표현을 할 수 있는 매개체를 부여하기 위함.

㉤ 발레와 발레학교에 대한 관심과 지원에 대한 자극을 일으키고자 함.

㉥ 이러한 목적들을 더욱 달성할 수 있도록 기금을 지원하게 하고 모우기 위함[66]

아마도 5번째 목표인 '발레에 대한 관심과 지원에 자극을 불러 일으키는 것이 오늘날의 무대 예술로서의 건전한 무용에 관한 가장 중요한 항목일것이다. 미국 내에 있는 크고 직업적인 발레단들의 성장은 대부분이 미국 전역에 남녀노소 할 것 없이 발레에 대해 지식이 깊고 열광적인 관객들이 존재하는 데에 함 입고 있을 것이다. 그렇다면 지역 발레단들의 중요한 역할은 이러한 관객들의 개발에 있는 것이다. 최근에 지역 발레 국립협회의 지도자 이사회가 결성되었는데 이것은 이러한 광범위한 운동을 촉진시키기 위한 의도하에서 이루어진 것이다.

언급되어야 할 마지막의 영향은 식민지시대부터 미국 무대에 다른 나라에서 온 많은 연기 그룹들이 계속해서 공연을 하고 있다는 점인데 이것은

미국 관객들을 감동시키고 발레에 대한 관심을 일으킨 파니 엘슬레나 안나 파블로바 같은 위대한 무용수들이 유입된 것을 말한다. 미국 내의 단체들이 번성하고 있는 오늘날에는 외국 단체의 공연은 더 이상 이 목적에도 필요치는 않으나 매년 미국을 순회공연하고 있는 외국의 국립 발레단들은 미국 발레단들과는 아주 다른 연기자, 작품 및 예술의 스타일을 보여주고 있을 뿐만 아니라 대조적인 기본원리나 질에 대한 평가기준 조차 부여해주고 있다.

66) Doris Hering, "Framework for a Regional Ballet", Dance Magazine, October 1958, p. 49.

2. 세계적인 국립발레단의 활동

일반적으로 외국발레단들은 고전 발레의 전통에 의해 설립된 발레단들 〈비록 그 단체들의 작품이 현대적인 색체가 강하다고 하더라도〉과 본질적으로 민속자료 또는 인종적인 자료에 근거를 두고 있는 발레단들의 두가지 범주로 나뉘어 진다. 이 단체들은 정성스레 안무한 작품들을 발레 훈련을 받은 무용수들이 연기하기도 하고 자기들의 고유한 형태로 연기하기도 한다.

첫번째의 그룹으로 대표적인 것으로는 레닌그라드 키로브 발레와 모스크바의 볼쇼이 발레, 영국의 로얄 발레 및 로얄 대니쉬 발레를 포함시킬 수 있을 것이다.

두번째 형태로는 항가리 발레, 유고슬라비아의 단체인 콜로, 멕시코의 발레 포크로리코, 러시아의 모이예브 무용단 안토니아와 그의 발레 드·마드리드 및 동양의 무용형태를 가진 군소 발레단들이나 솔로 연기자들을 들수 있다.

1) 볼쇼이 발레 (Bolshoi Ballet)

모스크바의 볼쇼이 발레는 설립된 이후 대부분의 기간이 세인트 피터스버그에 있는 보다 유명한 발레단인 마린스키 발레의 부수기관으로 간주되었다. 볼쇼이와 레닌그라드의 키로브 발레 사이에는 강한 경쟁의식이 있으나 오늘날에는 가장 뛰어난 발레단으로 볼쇼이가 꼽히고 있다. 볼쇼이는거대한 발레단으로서 수년전 미국에 올때에는 135명이 넘는 댄서들을 데려왔으며 '스파르타쿠스'와 같은 대작에서 가벼운 역할을 맡는 65명의 미국 댄서들을 훈련시키기 위하여 유명한 발레 마스터인 아사프 메세레를 6주 먼저 미국에 보냈었다.

볼쇼이 발레단은 고전발레 기법이 훌륭하게 훈련되어 있다. 한 비평가는 '훌륭한 조성 학교들을 가진 러시아인들은 순수무용 능력의 발전에 엄청난 이점을 가지고 있다.[67] 고 언급한 바 있다.

러시아인들의 일반적인 무용수준은 뛰어나며 특히 남성들은 대단한 열성과 활력을 가지고 무용을 할 수가 있었다.

67) Clive Barnes, The New York Times, Theater section, may 8, 1966, p. 6 ~ 10

가장 현란한 스타일과 믿기지 않는 열정을 가진 볼쇼이의 발레리나들 가운데 갈리나 울라노바와 최근의 라이사 스트루취코바 또 아주 뛰어난 마야 플리세츠카야등은 세계의 최고 수준의 댄서들이다. 작품의 제작은 눈부셨으며 전체적인 효과는 최고로 극적이었다.

그러나 볼쇼이가 수년동안 러시아에서 공연한 것과 1956년 유럽을 방문했을 때의 공연 및 1959년 미국에서 첫 순회공연을 했을 때의 공연을 본 사람들은 그 발레단의 안무에 대해 꽤 비평적이었다. 왜냐하면 1917년에 국가혁명을 겪은 러시아는 세계의 모든 나라 가운데에서 예술에 대한 접근 방법이 가장 보수적이었기 때문이었다.

이와같은 경향은 발레 안무에 두 가지의 영향을 미쳤다.

첫째로 낭만주의 시대의'지젤' '잠자는 미녀' '레이몬다' '백조의 호수' 및 '돈키호테'와 같은 작품들에 대해 최근까지 대단한 비중을 두어왔다는 점이다. 슈랄(1955), 파데타(1952) 및 신데렐라(1945)와 같이 극히 최근에 안무된 작품에서도 그들은 난장이, 도깨비, 예쁜 공주들과 대모, 전원의 로망스등에 상당한 중점을 두고 처리했다.

보다 최근의 안무에 있어서는 두 번째의 선입관이 소련의 견해에 기여하는 극적 주제가 되어왔다. 즉 러시아의 회화, 문학 및 조각과 같이 발레가 어느정도 사회주의적 이데올로기에 공헌하고 있다고 생각되어지고 있는 것이다. 러시아인들은 자신들의 예술에 관해서 진지하며 대개는 인식할 수 있는 이미지나 이야기를 나타낼 수 있기를 기대하고 있다. 볼쇼이의 책임 안무가 유리·그리고로비취는 최근에 순수고전 발레를 "무용의 최고 형태"라고 하였지만 이는 구성이 없는 발레를 음미한 것은 아니었다고 언급한 적이 있다.

나는 주제가 없는 댄스형태가 존재 할 수 있으며 존재해야 한다고 느끼고 있으나 내 자신으로서는 무용 요소뿐만 아니라 문학적 요소까지갖춘 발레 극장에서 전체적이고 극적인 면에 관심이 있었다.[68]

그리고 가능하면 언제나 이 문학적 요소는 소련의 독트린〈주의〉을 차지하기 위하여 만들어져야만 했다. 그리하여 1946년에 라브로 브스키가 안무한 '로미오와 쥬리엣'은 계층의 투쟁이라는 측면에서 해석되었고 챠브키아니가 제작한 오셀로의 소련판은 이와 유사하게 인종간의 투쟁의 한 예로 나

---

68) Yuri Grigoroyich quoted in, "The Fresh new Look of the Bolshoi, "by Clive Barns, The New York Times, May 15, 1966, P. D - 5.

타났다.

볼쇼이의 안무는 기술상으로는 대단히 뛰어 났으나 너무 지루하고 전통적이어서 19세기로 되돌아 가는 느낌이었지만 점차적으로 볼쇼이의 댄서들과 안무가들이 영국이나 미국의 발레단들에 유출되면서 그들의 안무의 가능성에 대한 견해가 확대 되었다. 볼쇼이는 중요한 레파토리로 여전히 거대한 스펙타클과 고전 작품의 리바이벌 작품들을 상연하면서도 대단히 높은 수준의 창조성,경험심및 유머까지도 나타내었다. 볼쇼이의 일류 댄서들 가운데에 브라디미르 · 바시리예브, 에카테리나 · 막시모바, 스타니스라브 볼라소브, 리마 · 카렐스카야, 니콜라이 · 파더예체브 및 게르만 · 시트니코브 등은 세계의 어떤 발레단에서도 최고 수준의 연기자 들이다.

2) 키로브 발레 (Kirov Ballet)

레닌 그라드의 키로브 발레는 댄서들이 볼쇼이와 동등하게 뛰어났으며 그 제작품들도 풍부하였고 최근에는 뉴욕의 메트로폴리탄 오페라 하우스에서 '잠자는 미녀' '레이몬다' '백조의 호수' 포킨의 '이고르 왕'등의 수많은 재 상연 작품과 우주 비행에 대한 테마로써 현대 사회의 관심사를 반영한 유일한 신작 '멀리 떨어져 있는 혹성'을 상연 하였다. 키로브가 우아한 스타일로 특징지어지는 볼쇼이와 다른 중요한 차이점은 덜 현란하며 좀더 격의가 있다는 것이다.

콘스탄틴 세르게예브가 지휘하고 있는 키로브의 일류스타들로는 이리나 콜파코바, 알라 · 시조바, 나타리아 · 마카로바, 카렐리아 · 페리체바, 블라딜렌 · 세메노브 및 유리 · 솔로비예브가 있다.

일류 예술가들은 전 소련 연방에서 각 주가 지원하고 통제하는 학교들을 통해서 이루어졌으며 이들중 재능이 뛰어난 학생들은 자신들의 실력을 완전히 닦기 위하여 그리고 소련의 최고 발레단체에 가입한다는 희망을 가지고 무용의 중심지인 모스크바나 레닌그라드로 길을 찾아 떠나기도 했다.
루돌프 누레예브는 자신의 자서전에서 그가 발레단에 가입하고 스타덤에 올라섰으며 드디어는 서구로 망명하기 전인 키로브 학교에서의 훈련에 관하여 쓰고 있다. 키로브 학교는 무척 보수적인 학교로써 학생들은 아침 일찍 일어나서 하루에 8～11시간의 수업을 받아야 했다. 수업시간은 매일 두시간씩 예술사와 미학에 관하여 공부하고 그 후 두시간은 문학에 관하여 공부하였다. 그리고 나서 두시간의 고전 무용 수업이 이어 지는데 그의 말에 의하면 수업은 아주 집중적이며 준비가 잘되어 있고 흥미진진하여 유럽에 있는 모든 곳에서의 4시간 수업과 맞먹는 것이었다. 오후에는 발레사와 음악사의 두시간의 수업을 받으며 그후 2시간동안 무용을 하는데 이 시간에는 "배역"을 맡아 공부했다.
그외에도 일주일 동안 화학, 물리, 지리등의 과목 뿐만 아니라 펜싱도 정규수업으로 하는 등의 아카데믹 코스도 개설되어 있으며 밤에는 키로브 발레단의 리허설을 지켜보거나 극장에서 하는 공연을 보곤 했다. 경쟁은 심했고, 훈련은 엄격하였다. 서구에서 무용을 하는 수많은 학생들에게 영향을 미치고 있는 사회의 인식에 대한 불확실한 느낌이나, 부족이 누레예브에게는 전혀 영향을 미치지 않았다. 그는 이렇게 기술하고 있다.

> 러시아에서의 발레 수업이 그렇게 신중히 조정되고 있다는 사실은 우리의 발레가 항상 최고 수준을 유지하기 위한 것이 주된 이유라고 나는 믿고있다. 수많은 유럽 댄서들은 자신들의 기술을 혁신시키고 넓히기 위하여 끊임없이 이 스튜디오에서 저 스튜디오로 옮겨다니고 있다. 그런데 항상 자질이 있는 선생님들에게로 가는 것은 아니다. 아마튜어 댄서들을 기르고 있는 아마튜어 선생들이 일으키고 있는 결과는 발레가 점차적으로 그 순수성과 찬란한 전통을 잃어가게 한다는 사실이다. 그런데 러시아에서는 얼마나 다른 양상을 보이고 있는가! 무척 심하게 통제되고 있고 전통에 깊게 뿌리박고 있는 것이 바로 발레 교사의 직업이 아니겠는가! [69]

어떤 의미에서 안무에 있어서 새로운 방향을 감히 시도하려 하지 않는 것은 이렇게 엄격한 보수주의에 있으나 이와같은 생산적인 시스템이 누레예브 뿐만 아니라 그 밖의 다수의 뛰어난 소련 댄서들을 배출하였다. 그리고 대단한 소질을 가지고 있고 예술에 대해서 깊은 확신을 가지고 있는 예술가로서의 누레예브 같은 사람이 소련의 체제하에서는 살기가 어렵다는 것을 알고 영국의 로얄 발레를 찾아 떠나고자 한 것은 이해가 간다.

3) 로얄 발레 (Royal Ballet)

외국의 위대한 발레단들 가운데 미국 관객들에게 가장 친숙한 것은 로얄 발레이다. 로얄 발레라는 현재의 명칭으로서도 그렇고 새들러스 웰즈 씨어터 발레라는 명칭으로서도 그러하다.

---

69) Ibid., p. 42.

이 발레단은 2차대전 직후까지는 실질적으로 성립되지 않았으나 1926년에 니네뜨·드·발롸가 디아길레프 발레단을 떠난 직후에 런던에 세운 발레 학교에 그 근원을 두고 있다. 발롸는 수 년동안 제작된 작품들을 올드 빅 씨어터 무대에 올려 놨으며 신 새들러스 웰즈 씨어터가 세워질때 그곳에 학교를 세우자고 요청하고 1931년에 학교를 세웠다. 빅—웰즈 발레라고 알려진 새들러스 웰즈 발레학교의 학생들은 올드 빅에서 계속해서 무용을 했고 특정 오페라의 경우에는 새들러즈 웰즈에서 했다. 이와같은 방법은 1940년대까지 계속 되었다. 전쟁기간 중에는 최악의 폭격세례속에서도 새극장에서 공연을 했으며 이는 런던시민들의 사기를 유지 시켜주는데에 커다란 도움을 주었다.

빅—웰즈 발레단은 전쟁이 끝난 후인 1946년에 대중들과 비평가들의 갈채를 받으면서 코벤트 가든 로얄 오페라 하우스에서 공연을 하기 시작했는데 이 발레단에서 프레데릭·애쉬턴과 앤터니·튜더 같은 영국 발레계에서 가장 뛰어난 인물 중의 다수가 안무가로서 데뷔하였으며 또 수십명의 젊은 영국 댄서들이 초기 직업교육을 받았다. 이 발레단이 영국 국민들의 사랑을 받고 후에 정부의 보조금 〈대영제국 예술 위원회〉을 받게되었으며 또 1956년에 왕립 헌장을 받게 된 것은 바로 새들러스 웰즈 씨어터 발레가 戰時에 했던 공헌 때문이었다. 1940년대 후반과 1950년대 초반에 이 발레단은 니네뜨·드·발롸의 30곡이 넘는 작품과 프레데닉 애쉬턴의 '정면' '레랑데부(Les Rendez-vous)', '야경' '야상곡' '레·빠띠뇌(Les Patineurs)' 와 로버트 헬프만의 '코무스(Comus),' 햄릿, 고발즈에서의 기적과 그 밖의 다른 안무가들의 작품 다수와 '백조의 호수' '지젤' '코펠리아' '호두까기 인형' '레·실피드' '까르나발(Carnaval)' '장미의 정' 및 이와 유사한 작품들을 공연했다. 초기의 일류 댄서들로는 제1무용수인 로버트 헬프만과 프리마 발레리나인 마고트 폰테인을 비롯하여 모이러 쉐러, 베릴 그레이, 미켈 솜이즈 및 스탠리 홀든 등이 있다. 새들러스 웰즈 씨어터 발레가 미국을 세번째 방문할 때인 1951년에는 평균연령이 18세인 젊은 층의 무용수들로 구성되었다.

새 안무가인 죤·크랭코는 현재의 레파토리중 금자탑을 이루고 있는 많은 작품들을 창작했다. 그리고 이 발레단의 25주년을 기념하기 위하여 만든 애쉬턴의 작품으로 훌륭한 대관식 발레인 '여왕에게 경의를'과 '생일선물', '심포니 변주곡'과 '쎄느·드·발레'는 영국 발레단의 레파토리의 걸작이 되었다. 특히 튜더는 비평가들과 대중들에게서 발랑쉰느에 버금가는 우수한 안무가들 중의 한사람이라는 지위를 얻었다.

로얄 발레는 아주 뛰어나게 숙달된 무용수들과 무척 다양한 레파토리로서 1960년대까지 계속 공연을 해왔다. 그리하여 1967년에는 니진스카의, 작품'레 · 노스' (Les Noces : 디아길레프 발레단이 40년전에 첫 공연 했음)를 재 상연했으며 앤터니 튜더의'그림자 놀이'와 애쉬턴의'꿈'(세익스피어의 한 여름밤의 꿈중에서)을 계속 취급했고, 키네쓰 맥밀런의'대지의 노

〈마고트 폰테인〉

래' 애쉬턴의 신작 '신데렐라'와 로랜드 · 페티트의 '실락원'과 같은 고전과 현대물을 막론한 그 밖의 다수 작품들을 공연했다. 따라서 로얄발레에 대한 중요한 비난은 레파토리〈그 단이 코벤트가든에 있는 로얄 오페라 하우스로 옮긴 1946년 이후 각기 다른 106개의 작품을 제작〉는 무척 다양하였으나 그 중에서 다수가 단지 몇 번만을 공연하고 말았다는 것이다. 이 발레단이 계속해서 강력한 레파토리를 유지해 나가기 위한 능력이란 문제에서 볼때에 로얄 발레의 장래에 관해 영국에서는 대단한 관심을 가지고 있다.

로얄 발레의 무용은 계속해서 卓越했다. 일류 댄서들로는 루돌프 · 누레예브와 마고트 · 폰테인이 있는데 전성시대의 니진스카나 파블로바와 같은

〈케네스 맥밀란이 로얄발레를 위한 무대 장치의 모델과 완성작품〉

대단한 스타로 華麗하며 극적인 댄서인 누레예브를 니진스카와비교하면서 발레광들 사이에는 계속적으로 논란이 일고 있다. 스베틀라나· 베리오소바, 메를리 파크 및 앤토이네트·시블리는 아주 우수한 발레리나로서 트리오를 형성하고 있으며 앤써니 도웰, 데이비드·윌, 미켈·콜리먼, 키네쓰 메이슨 및 케이쓰·마틴과 같은 젊은 층의 남성 댄서들은 장래를 밝게 해주고 있다. 바안즈가 記述한 바와 같이 러시아식과 이탈리아식이 섞인 로얄 발레단의 무용은 영국적인 태도나 신체적인 특성에 의해 완화되었다. 바안즈는 로얄 발레가 과장보다는 전형적으로 영국적인 스타일과 함께 순수성, 서정주의 및 속도감 있는 연기를 좋아하고 있다고 기술하고 있다.[70)]

로얄 발레는 음악, 디자인 및 안무에 대한 디아길레프의 개념에 중점을 두고 있기 때문에 최근에 추가된 작품들은 뛰어난 장치와 음악작품들을 보여주고 있다. 케네쓰 맥밀런의 '대지의 노래'는 구스타브·말러의 뛰어난 음악에 맞추어 안무되었고 거대한 흰 달걀모양의 무대 디자인을 한 로랜드 페티트의 '실락원'은 프랑스의 신 현실주의 화가 마리위·꽁스땅이 디자인한 背景으로 거대한 여인의 입술 모양을 하고 있다. 다른 발레들도 이와 유사하게 독특한 음악과 세트를 사용하고 있다. 1967년에 로얄발레는 미국에서 열번의 대단한 순회공연을 했다. 아마도 이때의 중요한 影響은 저녁 내내하는 풀 이브닝 스펙타클 발레를 소개한 것일 것이다. 프로그램내의 세개의 짧고 각각 독립된 작품들로 이루어진 패턴에 익숙해 있던 미국 관객들은 처음에는 그것을 받아들이기가 어려웠다. 그러나 로얄발레의 풀 이브닝의 '잠자는 미녀' '백조의 호수' 및 '신데렐라'와 두 러시아 발레단의 이와 유사하게 긴 작품을 보고난 후에는 뉴욕시티 발레와 미국 발레극장도 풀 이브닝 작품들을 제작하기 시작했다. 영국과 미국 발레의 관계에 대해서 마지막으로 언급할 것은 그것이 전적으로 일방적이었다는 것이다. 즉 로얄 발레가 빈번히 미국에 순회공연을 한 반면에 영국 관객들은 1967년 전에는 10년동안 미국 발레단의 공연을 한 두주 밖에 볼 수 없었다. 이 이유의 일부분은 영국 대중들의 반응이 좋지 않았다는 데에 있었다. 또 솔 휴록은 미국에 외국의 발레단들을 적극적으로 誘致하였으나 영국과 유럽에는 그와 버금가는 정열과 능력을 가진 개인 흥행주가 없었다. 물론 영국 발레단 중에는 대단한 명성을 얻은 발레단들이 그외에도 있다. 실제로 로얄 발레는 크기가 거의 같은 폰테인과 누레예브가 이끄는 코벤트 가든 단

70) Clive Barnes, "The Only Five Great Ballet Companies", Harper's Magazine, May 1966, p. 65.

하고 제2발레단을 거느리고 있는데 이들은 대부분의 시간을 영국의 각 지방과 대륙을 순회공연하는 데 보내고 있으며 또 코벤트 가든에서 자주 런던 씨즌을 가지고 있다. 영국에는 런던의 남쪽 뱅크의 로얄 페스티발 홀에서 공연을 하고 있는 페스티발 발레도 있다.

1949년에 앤턴・돌린과 알리시아・마르코바가 세운 페스티발 발레단은 주로 순회공연을 했는데 미국의 발레극장과 마찬가지로 질이 높고 다양하며 잘 제작된 발레를 유지하는데에 계속해서 곤란을 겪어 왔다. 미국의 발레단과 같이 이 발레단은 최근에 많이 개선 되어가고 있어서 영국발레계의 앞날을 밝게 해주고 있다.

4) 로얄 대니쉬 발레(Royal Danish Ballet)

위에 언급한 바있는 영국, 미국 및 두개의 러시아 발레단에 필적할 만큼 국제적인 명성을 가진 5번째의 발레단은 로얄 대니쉬 발레이다.

대니쉬 발레단은 1748년에 설립되어 그 이후 계속해서 왕실의 후원을 받아오고 있다. 1829년에는 아우구스트 부르농비으가 그 단의 젊은 댄서들을 양성하기 위한 학교를 설립하였으며 로얄 대니쉬 발레의 발전에 책임을 지고 있었다. 부르농비으의 고전 발레 작품들은 아직까지도 상연되고 있고 그의 무용 훈련 방법은 여전히 로얄 대니쉬 발레 학교의 졸업생들에게 독특한 개성을 부여해 주고 있다. 로얄 대니쉬 발레는 19세기 중엽이후 계속해서 '부르농비으'의 작품들을 공연해왔다.

이 발레단은 1940년대에 발레 마스터 헤럴드・랜더의 지휘하에 다수의 탁월한 댄서들과 우수한 신작들을 제작했으나 그렇게 널리 알려지지 않았다. 1950년에 코펜하겐에서 첫 연례 발레 페스티발이 열린 후 대니쉬 발레단은 보다 광범위하게 순회공연을 했다. 그리고 1956년에 처음으로 미국을 방문 했을 때에는 미국의 비평가들로 부터 대단한 찬사를 받았다. 대표적인 예로 헤링의 말을 빌면 다음과 같다.

> 그들의 순수한 댄스 여행은 아주 꼼꼼하게 다룬 것이었으며 그들의 연기는 인간적인 경험이었다. 미국인들은 현대 작품들에서 그들의 현실적인 연기에 대해서 알고 있으나 덴마크인들은 이런 스타일을 전통발레속에 확대시키는 방법을 모색해왔다. 그런데 '레 실피드'와 '나폴리' 같이 아주 오랜 작품들도 아주 생동감이 있고 설득력이 있게 하였다. 그리고 연기라는 측면에서 볼 때에 덴마크인들은 프레데릭 애쉬턴의 '로미오와 쥬리엣'과 발랑쉰느의 '라소낭뷜라

(La Sonambula)'같은 현대 작품들도 잘 소화해 내고……[71]

최근의 로얄 대니쉬 발레의 공적을 요약하면 레파토리 문제는 고양되었음에 틀림이 없다. 그러나 레파토리는 주로 부르농비으의 작품들과 그 밖의 다수의 고전 발레 및 다른 나라 안무가들 작품중에서 몇개의 현대 발레들로 이루어져 있다. 예를 들면 1960년대 중반의 레파토리에는 다음과 같은 것들이 있다. 즉 로랑쁘띠의 '승무원' 제롬 로빈스의 '팡파르' 프레데릭 애쉬턴의'로미오와 쥬리엣' 데이비드 리쉰느의'졸업 무도회'및 케네쓰 맥밀런, 발랑쉰느 및 여러 현대 안무가들의 작품 등이 있다. 최근에는 젊은 新進 발레 마스터인 플레밍 플린트의 작품'개인 교수'와 '3인의 銃兵'을 포함하여 몇개의 신작들을 레파토리에 첨가했다. 또 덴마크인들은 에스키 홀름의 연속음악에 맞춘 트로피즘스〈Tropisms〉와 이보 크레이머의 연속적인 전자 음악에 맞춘 카타르시스와 같은 작품으로 전위예술을 시도해왔다.

로얄 대니쉬 발레가 다른 발레단들, 다른시대 및 타국가의 작품들을 가져다 거기에 독특한 스타일과 방법을 부여하는 진기한 재능을 가지고 있기는하나 보다 심각한 문제는 부르농비으가 독특하게 소유하고 있는 그 레파토리에 버금가는 현대의 덴마크 레파토리를 확립시키는 것이다.

대니쉬 발레는 무용에 뛰어난 고전기법의 재능을 가진 우수한 극적댄서로서 국제적으로 뛰어난 무용수로 알려진 에리크 브룬 등 남성 무용수들이 어느정도 여성들 보다 강한 경향을 보이고 있다. 그밖에 다른 일류 남성 무용수들로서는 플레밍 플린트, 헤닝 크론스탐 및 니엘즈 라아슨 등이 있다. 비록 키스텐 시몬느가 일류 댄서로 알려지고는 있으나 정말 프리마 발레리나의 지위에 도달한 덴마크 여성댄서는 없다는데에 의견이 일치되고 있다. 다른 일류 댄서들로는 안나·라이커슨, 비베카·세게르스코그 및 루쓰·앤더슨이 있다.

5) 카나다 발레(Canadian Ballet)

발레단들을 상세히 설명함에 있어 이 밖에 다른 우수한 능력을 가진 국립 발레단들이 없다고 생각하는 것은 잘못일게다. 예를 들면 카나다에서는 최근에 발레에 대한 관심이 아주 높아져서 연기능력이 상당히 향상되었다.

71) Doris Hering, "The Danes: An American Debut", Dance Magazine, November 1956, p. 14

현재는 가장 큰 발레단인 '카나다 국립 발레', '로얄 위니페그 발레' 〈카나다에서 가장 오래된 발레단이며 대략 시티 센터 죠프리 발레크기 만함〉 및 퀘백주 출신의 '레 그랑 발레 카나디엔느'와 같은 세개의 강력한 발레단이 있다. 이 세 무용단들은 모두 영국 예술 위원회를 본따서 만든 예술 지원 단체인 '카나다 위원회'에서 조성금을 받고 있고 또 주정부로 부터도 자금을 받고 있으며 사기업체로부터 많은 기부금을 모을 수도 있다. 댄서들에 관해서 보면 카나다 국립 발레가 자체 학교를 운영하고 있고 유능한 연기자들을 개발하고 있다. 그러나 이 세 무용단들 가운데 하나도 아직은 신작을 만들 수 없다. 카나다의 무용이 상당한 수준에 오르기 전까지는 레파토리를 첨가하게될 창조적인 능력을 가진 개인을 개발 시켜야만 할 것이다.

6) 프랑스 발레(Ballet in France)

오랫동안 발레의 발상지라고 여겨지던 프랑스에는 수 십년동안 주요한 발레 단체가 없었고 단지 러시아 댄서들로 구성되고 디아길레프가 지휘한 발레단이 있을 뿐이었다.

최근에는 전도가 유망한 두명의 프랑스인 안무가가 출연했다. 첫째 안무가인 로랑쁘띠는 1940년대 후반과 1950년대 초기에 레 발레 데상제리제를 위하여 대단한 호소력이 있는 작품 다수를 안무하면서 명성을 얻었다. 그러나 비평가들은 그가 안무가로서 완전하게 성숙하지 않았고 다른 발레단들을 위해서는 계속해서 중요한 작품들을 안무했으나 강력한 프랑스 발레를 개발하는데에는 성공치 못했다고 말하고 있다.

두 번째 안무가인 마우리스 베자르는 다수의 현대 작품들을 제작했고 역사적인 파리 오페라 발레는 오페라의 일부로서 또는 독자적인 작품으로서 수년동안 계속하여 발레를 제작해왔다. 디아길레프단에서 일류 댄서였던 세르쥐・리파는 거의 30여년 동안 오페라 발레의 지휘자였고 다수의 작품도 안무했다.

현대의 프랑스 발레가 중요한 위치에 도달하지 못한 것은 발레와 오페라 사이의 밀접한 관계가 그 자체를 위한 안무의 진기함과 선정주의(Sensationalism)를 촉진시키는 경향이 있어서 새 작품을 제작할때 거의 천박하고 아마튜어 예술가적인 태도를 취해 왔기 때문이었다. 그러한 상황에서는 발레가 독자적인 예술로서 번성할 수 없으며 발랑쉰느나 애쉬턴 같은 이들의 작품을 공연할 수도 없었다. 최근에 게오르그・스퀴빈느가 지도적인 댄서겸 안무가로서 오페라 발레에 가입하였는데 이것은 프랑스 발레의 미래가 밝다는 것을 예고하는 것이다.

7) 유럽의 다른 발레단

유럽의 대도시 뿐만 아니라 소도시에도 그 밖에 여러 발레단들이 있는데 전형적으로 그 발레단들은 지방의 오페라 하우스에 소속되어 있다. 이들 발레단들은 10~11개월정도 지속되는 오페라 씨즌동안에 연기를 하고 발레단체로 20일 정도 또는 그이상의 특별 발레의 밤을 가지기도 하며 때로는 스스로의 특별 발레 씨즌을 가지기도 한다.

뮌헨의 바바리안 스타쵸퍼와 밀라노의 라·스카라에 이러한 두 발레단이 있다. 두 단체는 모두 학교를 운영하고 있고 이 학교 출신의 댄서들이 군무에 가입하는데 그 규모는 상당히 커서 뮌헨의 스타쵸퍼에는 70명의 댄서가 라·스카라에는 46명의 댄서가 있으며 두 단체 모두 지도적인 외국 안무가들의 수 많은 작품 뿐 아니라 다수의 고전 작품들을 포함한 국제적인 레파토리를 상연하고 있다. 그들은 가능할 때에는 자신의 작품을 무대에 올려놓을 안무가를 초청하고 있다. 연례 축제 주일에는 영국, 미국 및 소련에서 大 안무가들이 자신들의 작품을 무대에 올려 놓기 위하여 뛰어난 케스트 연기자와 함께 왔다. 홀랜드의 네덜란드 국립발레, 스웨덴의 왕립 스웨덴 발레 및 소련의 전 위성국에도 독자적인 발레단이 존재하고 있다. 그리고 그밖의 다른 유럽국가와 남미 제국에도 있다. 또 오스트레일리아에도 상당히 능력이 있는 신생 단체가 있다. 따라서 전 세계에서 발레에 대한 관심과 지원이 꾸준히 성장하고 있는 것 같다. 한 때는 제왕들과 귀족들의 귀족적인 장식물이었던 발레가 비록 대단한 관심을 불러 일으키고 관중이 많아졌다고는 하나 적당한 재정을 지원받는다는 문제에서 상당히 어려움을 겪고 있음이 점차 명백해져 가고 있다. 많은 레파토리를 가지고 있는 발레단은 엄청난 수의 댄서들(영국의 로얄 발레는 약 140명의 댄서가 있고 모스크바의 볼쇼이는 240명이 넘는다)과 함께 매작품이 공연될 때마다 각기 다른 세트와 의상들 그리고 오케스트라와 어떤 경우에는 완전한 규모를 갖춘 심포니 오케스트라가 있어야만 한다. 이런 상황하에서는 오페라 하우스가 만원이 되거나 또 국내외 순회공연중에 관중이 빽빽히 들어찬다고 해도 적자를 부담해야 한다.

입장요금에다 모든 비용을 부가시키는 것은 입장료가 너무 비싸서 많은 관객이 줄어들 우려가 있고 정규적으로 좌석을 차지할 수 있는 예약제도 같은것도 최소한 부분적으로는 자멸하는 것이다. 그밖에 다른 방안 즉 특정 무용 사업에 대하여 재단의 보조금이나 정부의 지원을 받는다던가 하는 대책이 무대예술을 지원하기 위한 바람직한 해결책으로 생각되고 있다.

六、최근의 현대무용

前章에서 살펴본 바와같이 발레는 금세기 중반이후 극도로 많은 관객을 얻었다. 예를들면 1967년 4월 어느 하루에 약 14000명이 뉴욕시의 링컨센터에서 공연한 발레를 관람하였다. 발레는 또 미국 전역에 많은 안정된 발레단의 조직을 성공리에 이룩했으며, 지역 공연단을 널리 연결시키는 데 성공했다. 현대무용의 발전과정은 1950년대와 1960년대의 발레와는 대조적으로 20년전보다 훨씬 많은 무용단이 생겨 현저히 많은 공연이 행해지고 있으며, 최근에는 점점 많은 단과대학과 종합대학들이 전문적인 현대무용 순회공연단의 공연을 후원하고 있다. 그리고 미국 현대무용단은 열광속에서 영국, 유럽, 그리고 최근 극동에서까지 공연을 했다. 금세기 중반이후의 현대무용 안무가나 공연가 중에는 그들의 신봉가들의 좁은 테두리를 탈피하여 미국 전체의 청중앞에 나설 수 있었던 사람은 거의 없었으며 대중은 콘서트 댄스의 영역에 대해선 비교적 몰랐고, 접촉하지도 못하였다. 그러나 현대무용 분야에서도 분명한 변화가 있는데 그것은 세계의 뛰어난 몇몇 그룹의 활동이 활발해졌다는 것이다. 그룹별 특징을 살펴보면, 첫째는 금세기 중엽이전에 활동하여 성공한 예술가들이나 그들의 무용단을 계속 유지, 창조하여 예술가로 발전하는 사람들로 구성된 그룹, 둘째는 1950년 이후에 나타난 새로운 방향의 모색에 선구적인 댄서나 안무가들 그룹, 세째는 아방가르트적 실험자들로서 "대중미술과 시각예술"에서의 상대역들 처럼 反 댄스나 비댄스인것처럼 보이는 작품을 창조하는 그룹으로 나뉘어 진다. 해가 지남에 따라 현대무용의 목적에 대한 일반적 취지 또한 수년간에 걸쳐 바뀌었다. 초기 현대무용의 철학은 로맨틱하나 생명감이 있는 새로운 미국무용의 형식을 포함했었으나 대부분의 현대의 무용수들은 현대무용을 단순히 감정표출의 방법으로서가 아니라 훈련된 예술의 형태로 간주했다. 그리고 1930년대나 40년대 처럼 사회의 코멘트나 선전형식을 갖는 추세도 완전히 사라졌다.

현대무용의 가장 현저한 변화는 무용수들이 초기때와는 달리 클래식 발레훈련의 가치를 인정하고 발레연습을 하므로써 현대무용과 발레사이의 틈이 줄었다는 것이다.

현대 무용의 또 다른 추세는 흑인 무용수와의 관계이다. 1940년대의 흑인 무용수들은 아프리카 의식과 댄스풍습 또는 미국 니그로의 생활등 이교도적 특색이 있는 작품을 공연한 케더린 던햄, 퍼얼 프리무스같은 이의 무용단에 가담하는 경향이 있었으며, 현재에는 이와같은 작품이 더욱더 흑인단체나 혼혈집단에 의해 창작되어지고 있다. 흔히 이들의 주제는 인종과 역사에 관한 것으로 아프리카와 카리브에서 유래된 원시적 댄스 리듬과 율동을 보여 주었는데 이것은 현대 무용의 운동중의 일부분이지 분리된 지류는 아니었고 단지 현대 째즈가 성장하는데 영향을 미쳤을 뿐이었다. 이와 비슷한 추세가 T.V 무대, 나이트 클럽등의 상업댄스에서도 나타나고 있다 현대 무용의 성장에 있어서의 다른 일면은 현대 무용의 향상을 위한 조직의 발전으로 댄스 교사 협회(현 국립댄스 협회)나 이와같은 목적을 위한 센터와 특수 여름 캠프가 성공리에 운영되는 것인데 이와같은 사실은 많은 약점과 장점을 갖고있다.

전반적인 현대무용의 양상을 이해하기 위해서는 이 기간동안 활약한 선도적인 무용수들과 안무가들의 작품을 살펴볼 필요가 있다.

1. 최근의 현대무용가

1) 마사 그래햄(Martha Graham)

현대 무용가 가운데 뛰어난 사람은 마사 그래햄이다. 그녀는 현대 무용수들에게 발레분야의 발란쉰느처럼 지대한 영향을 주고 있다.

그래햄 무용단은 미국내외에서 모두 활동적이며, 현대 무용을 보지 않으려는 청중들에게도 받아들여졌고 찬사를 받았다. 한동안 그래햄의 무용단에 속해있던 안무가나 교사가 된 많은 댄서들을 통해 그녀의 기술과 예술관은 미국내에 널리 퍼졌으며, 특히 학교와 대학 등에서의 댄스 교습에 대한 영향력은 대단하였다.

안무와 공연에서 그래햄의 방법은 수년내에 어떤 변화를 일으켰는가? 그래햄이 무용단을 위해 안무를 할때와 자신을 위해 안무를 할때에는 확연한 차이가 있었는데 전자는 "좀더 풍부하고, 역동적이며 속도감"이 있었고 후자는 단편적이며 덜 유동적이었다. 그래햄은 덧붙이기나 재미를 위한

〈"clytemnestra"를 공연중인 마사 그래햄과 그의 舞踊團〉

소품등으로 간주될 짧은 작품은 안무하지 않았으나 대작과 관련된 숱한 그녀의 작품은 다소 분위기가 추상적이거나 풍자적인 경향이 있었다. 예를들면 춤에 관한 생동감이 있고 즐거운 작품인 '신의 곡예사들'과 밝고 천재적인 춤인 '천사들의 消日'등이 여기에 속한다. 다른 작품들, 특히 '꿈반 사실 반', '시르세', '페드라'등은 작품의 극적 내용 때문에 정당화되는 빼어나게 에로틱한 면을 갖고있으나 이와같은 것은 일부 청중들에게는 난해한것으로 간주되기도 했다.

그래햄의 거의 모든 작품은 인상적으로 무대에 올려졌으며 작품들은 타의 추종을 불허하는 무용기술과 육체미를 가진 무용단에 의해 최고의 수

〈"The lady of the House of sleep"중에서 마사 그래햄과 그의 舞踊團〉

준으로 안무되었다. 그래햄은 1960년 말까지 제한된 역할을 양보하였으나 평판이 손상되지 않고 계속활약하는것은 어려운 일이었다. 따라서 그녀는 점차 단원에게 역할을 양보하게 되었고 그후 이삼년내에 무용에서 은퇴할 수있게 되었다. 이는 "살아있는 전설"인 그래햄이 활동을 하지 못할 그래햄 무용단의 진로를 매우 걱정스럽게 하기 때문이었다. 왜냐하면 한명의 위대한 인물에 의해 위대한 무용단이 이끌어 진다는 것은 이해할만한 일일 뿐만아니라 필수불가결한 일이기 때문이다. 그래햄이 춤을 추지않거나 새로운 안무를 않는다고해서 그래햄의 미국무용계에 대한 공헌이 장래의 관중에게 통달되지 않는다면 그것은 비극일 것이다.

2) 호세 리몽 (Jose Limon)

최근의 현대 무용에 있어서 중요한 인물로는 금세기 중엽부터 평판을 받고 계속 공연, 안무, 교수를 해온 인물로 호세 리몽이 있다.

〈"반역자" 중에서 공연중인
호세리몽과 루카스 호빙〉

비록 중요한 학교와 상설단에서의 제공 받은 지원은 부족했지만 리몽은 수년내에 중요한 연관을 많이 갖게 되었다. 리몽은 쥴리어드 무용단의 감독으로 있으면서 자신의 작품과 도리스 험프리의 작품을 공연하였다. 그리고 계속 쥴리어드 무용단과 뉴 런던에 있는 커네티커트 댄스 대학의 지도자로 있으면서 그곳에서 여름마다 그의 새 작품들을 처음으로 공개하였다. 몇년간 리몽단은 州의 후원아래 유럽, 동양, 라틴 아메리카등에서 성공리에 수 많은 순회공연을 가졌다. 1964년 뉴욕주 예술의회가 뉴욕에 있는 링컨센터에서 두개의 미국 무용단의 공연을 허락했을때 호세 리몽은 미술감독으로 활약하여 도날드 멕클레이, 안나 소콜로우, 도리스 험프리의 작품을 한 프로그램에 함께 묶어서 그 자신의 코레오 그래픽 오퍼링의 초연에 공연했다. 그러나 리몽은 그의 작품공연에 단골 청중을 얻을수 없었는데 그것은 1966년 리몽 무용단이 뉴욕시티의 부룩클린 음악학원에서만 선을 보였기 때문이었다. 그곳에서 리몽은 그의 최신작 코레오 그래픽 오퍼링과 미사 브리비스를 공연했다. 이에 대해서 클리브반즈는 리몽캄퍼니가 그 명성에도 불구하고 뉴욕시티에서 "불충분한 하룻밤의 공연"을 갖었다는 것은 '충격적인 일'이라고 논평했다.[72] 리몽은 청렴하고 강력한 안무로 아직도 감동적이고 인상적인 인물로 전해지고 있다.

3) 머스 커닝햄(Marce Cunningham)

지난 4 반세기를 이어온 안무가는 커닝햄이다. 1940년부터 1945년사이에 그는 마사 그래햄단의 솔리스트로서 모든 사람은 '서커스'에서 곡예사 '엘페니탄트(Elpenitente)'의 그리스도, '세계에 보내는 편지'의 마아치, '에팔레치아의 봄'의 리바이벌리스트 등의 역할로 춤추었다. 그래햄과 함께 있으면서 커닝햄은 아메리칸 발레학교에서 발레를 공부하여 1940년대 말엽에 현대무용을 가르쳤으며 1940년대 이후부터는 자신의 무용단을 이끄는 안무가로써 대단히 성공하였다. 커닝햄은 당대 작곡가들의 많은 작품을 사용했지만 아방가르드적 피아노 작곡가 존케이지가 가장 열렬히 협력했다. 그는 "우연에 의한 안무"의 실험으로 유명한데 이는 '우연에 의한 조곡'이란 타이틀로 1953년에 설명되어진 바있다. 4악장으로 된 이 긴 무용을 위해서 일련의 커다란 차트가 만들어졌다. 한 차트는 몸동작 · 프레이즈 · 포지션을 지시하고 다른 차트는 번호가 매겨진 시간의 길이를, 또 다른 것은 장소의 방향을 지시했다. 이는 계속 행해지는 춤의 범주를 정의하는 것으로 우연에 의해 만들어진 것들은 아니었다. 그러나 이 무용으로 부터 우연의 실제적인 계속성이 다음과 같이 정의 되었다.

> …한 댄서의 일련의 동작은 차트의 번호가 매겨진 동작으로 부터 우연에 의해 결정된다. 공간, 방향, 시간의 길이는 다른 차트에 있다. 음악의 중요한 구조점에서도 무대위에서는 댄서숫자, 출구와 입구들 댄서들의 전체적 혹은 개인적 동작들은 동전 던지기식으로 결정된다……[73]

존 케이지의 음악을 곁들인 같은 시기의 다른작품, '시간과 공간의 독주조곡'에서 백지를 밝은 불빛에 비쳐서 보이는 점과 엷은 부분의 수를 해

72) Clive Barnes, "A Master's One-Night Stand", The New York Times, February 14, 1966, p. 33

73) Pemy charlip, "Composing by Chance", Dance Magazine, January 1954, p. 19

아렸다. 이런 우연에 의해서 작품의 장소 시간의 길이가 정해진다.

다른 종이위에 점들도 비슷하게 헤아려서 일련의 동작을 정한다. 솔로에서 우연의 동작은 다른 우연한 동작에 연결되어 우연에 의한 다리, 몸통의 동작은 우연에 의한 팔 머리동작에 연결된다. 커닝햄은 수년간 실험적인 방법으로 안무를 계속했으며 국제적으로 대단한 명성을 얻으며 순회공연을 했고 외국 페스티벌에서도 공연하였다. 그의 최근 작품은 우연에 의한 것이 아니라 조심스럽게 미리 짜여진듯 했다. 그리고 아직까지도 빛과 소리가 너무 강렬하게 쓰여져 청중을 장님과 귀머거리가 되도록 할만하다. 커닝햄은 폭넓은 분위기를 갖고있으며 최신작 '지나가는 방법' '킥' '넘어지고 달려라'에서 그의 댄서들은 명쾌하게 뛰어다녔다. 대개 그의 안무는 상

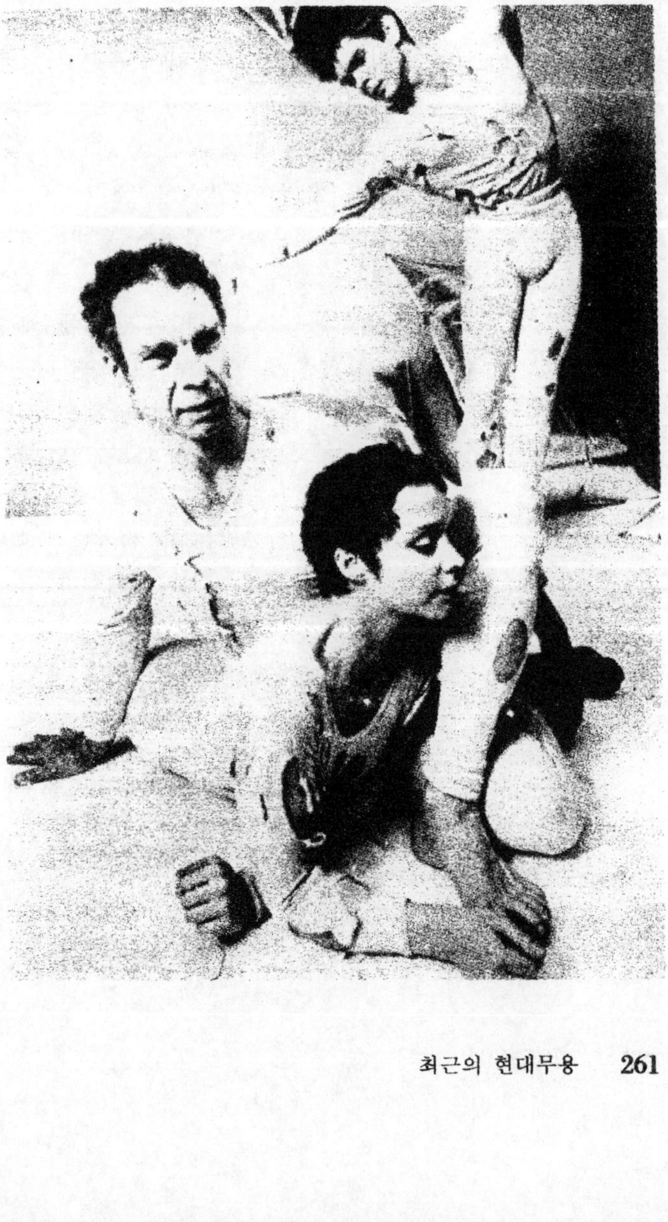

〈"강바람"을 공연중인 머스커닝햄〉

상력이 풍부하며 인생을 관습에 구애됨없이 설명하고 시각적으로 흥미를 끌고 자주 청중을 필요로 했으며 그 자신의 무용이나 단원의 춤은 극히 높은 수준이었다. 만일 그들이 춤추는것 같이 보이지 않는다면 그것은 공연자의 무능이라기보다 안무가의 선택탓이라는 것은 청중들에게 분명히 전달되었다. 초기의 커닝햄이 그래햄단의 특징을 춤추는 무용수였듯이 지금은 커닝햄의 몇명의 단원이 그들 자신의 안무가가 되었다.

1950년 이후 알려진 안무가중에는 세명이 두드러졌는데 이들은 어윈 니콜라이, 폴 테일러, 엘빈 에일리이다.

4) 어윈 니콜라이 (Alwin Nikolais)

니콜라이는 뉴욕시티의 헨리스트리트플레이 하우스 무용단의 감독겸 수완있는 음악가로서 수년간 하냐 홀름과 가까이서 일했고, 자신의 악보의 대부분을 전자 장치를 이용하여 몸소 작곡하였다. 니콜라이는 1950년 말엽부터의 작품 내용에 의해 거의 완전히 추상적인 새로운 종류의 무용장면으로 주목을 받게 되었다. 즉 소리, 색, 빛, 신기한 소도구, 모양, 동작을 독특하고 상상적으로 결합하여 무대위에 뛰어난 무대적인 환영을 창조했다. 널리 알려진 그의 첫 작품은 1960년에 안무된 '토템'이었다. 이 작품은 15개의 에피소드로 구성된 저녁의 작품으로 여기에서는 추상적인 소도구들이 공연자의 몸들을 펼치는 것처럼 보였다. 어떤 장면에서는 댄서들은 머리가 없이 나타나며 "벤쉬"(Banshee)에서는 댄서들이 그들의 크고 형체없는 의상아래로 빛을 흔들어서 일어나는 마술적 효과를 창조하였다. 또 다른작품 '시골뜨기들'에서는 찬란한 빛에 싸인 인물들이 장중하게 움직였고 그들의 발과 팔은 종을 암시했는데, 이것은 "신비주의, 주물숭배, 광신주의" 로부터 유래했다는 작품이었다. 안무가 겸 디자이너인 니콜라이는 이렇게 말했다.

> 의식과 기념식은 일정량의 성분들이 배합되어 섞인 습관적인 일정한 방법으로 마술적 결과를 가져온다. '토템'은 그런 상상적 의식과 기념식을 많이 포함한다. 나는 꽃의 성장, 기하학적 구상의 만화경과 같은 상호작용, 뒤섞인 사람들, 채색된 빛의 흔들림속에서 의식을 느낀다. 어떤것은 장난스럽고 어리석은 의식이며, 어떤것은 소름끼치는 것, 어떤것은 무시무시한 것이었다. 사람을 포함한 지상에 존재하는 도구를 통하여 자연의 환상적 분위기를 보여주는 것같이 생각된다.[74]

74) Alwin Nikolais, quoted in Dance Magazine, February 1962, p. 43

〈어윈 니콜라이스의 "이마고"중에서〉

'토템'으로 한 개의 칼라필름이 제작되었다. 이것은 미국전역으로 보급되었고, 1962년 이태리 스포레또에 있는 '두 세계의 페스티벌'에서 공연되었다. 니콜라이 무용단의 두번째 중요작품은 '이마고(Imago)'로서 1963년 초연된 저녁댄스극 소품이다. 그것은 솔로들, 작은 그룹들 혹은 전 니콜라이 무용단을 포함한 12개의 에피소드로 되어 있는데 안무, 조명, 의상은 니콜라이가 담당했고 제임스시이라이트와 함께 전자 음악 을 만들어 냈다. '이마고'는 뉴욕시티의 링컨센터와 1967년 미국예술의회의 재정지원아래 4주동안 리바이벌하여 공연하였으며 '토템'처럼 이 작품은 댄스, 동작, 빛, 색, 전자음악을 조합했다. 열명의 댄서들은 눈에 띄는 흰 화장과 전형화된 머리장식, 그리고 의상으로 개성을 나타냈다. 이는 해학과 악의를 포함하여 일련의 멋진 시각미를 갖는다.

니콜라이의 다른 중요작품으로는 '생텀'(Sanctum: 1964), '갈락시'(Galaxy: 1965년 존 사이먼 구겐하임사에 의해 조력된), 그리고 1966년 뉴욕에서 초연되어 빠르게 변하는 과학세계로 묘사되는 '원시적 소 희극'이 있다. 니콜라이는 전국 T. V 프로그램에 출연하여 최근의 마사 그래햄을 제외한 현대의 어떤 다른 안무가보다도 성공적으로 관객과 열광자들 및 일반 대중들에게 많이 다다를 수가 있었다.

니콜라이는 두세번의 국제 페스티벌에 출연했고 세계에 그의 칼라필름을 보급했으며 여러 대학과 단체로부터 안무를 위한 수많은 조력을 받았다. 분명히 니콜라이 무용단은 무용계에 중대한 영향을 끼쳤다.

니콜라이의 작품에 대한 하나의 중요한 비평을 보면 니콜라이의 작품을 "비인간화 된것이며 개인성이 없는 단순한 시각과 청각의 디자인으로서 작품속의 공연자들은 댄서가 아니라 차라리 움직이는 소도구이며 그속의 사람들은 댄스에 관심이 없다"라고 하였다. 이에대해 니콜라이는 웅변적으로 응수했다. 그는 모든 오늘날의 예술은 문학적으로 주제를 그대로 그려낼 필요성이 없으며"예술목적을 특징짓고 강조하는 추상적 요소"를 직접적으로 번역할 수 있다고 지적했다.

> '나는 동작, 형태, 색, 소리가 종합적으로 무대예술의 기초가 된다고 보며 나에게는 극예술과 무대예술은 별개의 것이라고 생각된다. 후자는 물건, 소리, 색, 형태, 빛, 환영, 사건의 파노라마가 여러분의 눈과 귀 앞에서 펼쳐진다. 나는 나의 욕구가 한가지 예술형태로 충족될 수 없음을 안다. 나는 마술들을 묶고 싶다. 우리는 이제 현대 무용의 新紀元에 있으며 지금은 새로운 자유의 시기이다.[75]

니콜라이는 초기 현대 무용에서는 인간의 심리를 폭발 시켰고 또 거의 심리적인 드라마 형태를 취하지만 오늘날 연기중의 인물은 더 이상 중요하지 않다고 말한다.

그는 연기중의 인물들은 동작의 형태나, 공간을 통하여 표현한다고 생각했다. 니콜라이는 비 언어 상징등을 넘어선 의미의 파악등을 인간 능력을 하층 동물과의 가장 큰 차이로 규정짓고 그의 작품이 냉담하고 감정이 없고 비 인간적이라는 공격에 대해 오히려 그의 작품은 어떤 문자를 가지고도 표현할 수 없는 인간을 인간 그 자체로 투사하는 능력이 있다는 것이다. 니콜라이 무용단의 지도급 댄서중에는 글래디스 베일린(Gladys Bailin), 빌 프랭크 Bill Frank), 필리스 람후트(Phyllis Lamhat), 머레이 루이스가 있다.

5) 머레이 루이스(Marraly Louis)

니콜라이 무용단중 가장 뛰어난 루이스는 母그룹으로 부터 발족된 小그룹과 함께 헨리 스트리트 플레이하우스에서 초연을 하고 다른 댄스 시리즈와 함께 미국 주요도시 순회공연에 나섰다. 루이스는 뛰어난 댄서겸 고도의 창조적인 안무가로서 그의 무대작품은 광범위한 창조적 움직임과 유머, 파토스, 광대짓의 의미, 빼어난 감수성, 안무적 권위를 보여주는 것으로 널리 알려져있다. 분위기는 흔히 신비적이며 극적인 관계가 제시되는 반면에 루이스의 작품의 전반적인 성격은 추상적이었다. 잘 알려진 그의 작품중에는 루카스 포스 음악에 맞춘 '짬(Interims)', '키미러(Chimera) '일륨(Illume)'등이 있다. 그의 안무가 수년간 지도급 댄서로서 봉임해 주었던 니콜라스의 영향을 받은 것은 사실이나 그는 고안된 세트, 소도구, 시각적 효과등의 사용을 줄이고, 인식할수있고 비교적 치장되지 않는 무용수에 관점을 두었다.

6) 폴 · 테일러(Paul Taylor)

최근 관중을 가장 많이 가지고 있는 점에서 성공적인 미국 무용수겸 안무가는 폴 · 테일러이다. 화가였던 폴 · 테일러는 처음에는 머어스 커닝햄과

---

75) Alwin Nikolas, "No Man from Mars", in The Modern Dance: Seven Statements of Belief, Selma Jeanne Cohen, ed.(Middletown, Connecticut: Wesleyan University Press, 1966), pp. 63~64.

그 다음으로는 마사 그래햄과 춤을 추었다.

폴·테일러는 1956년이후에 무용단을 조직하고 50여개의 작품을 안무하여 널리 순회공연을 했으며 지도급 현대무용의 안무가 가운데 한 사람으로서의 평판을 얻었다.

폴·테일러 무용단은 1960년에는 스포레토 페스티벌에 출연하고 1961년에는 이태리 공연을 했으며, 1962년에는 파리의 국제 페스티벌에 출연했는데 그곳에서 테일러는 최우수 안무가로 국제비평가상을 수상했고 1963년에 멕시코정부의 후원아래 멕시코에서 공연했다. 1964년에 테일러는 미국전역과 이태리, 프랑스, 벨기에, 홀랜드, 미국, 아이슬랜드 등 유럽을 순회공연하였으며 다음해도 그는 계속 여행을 했다. 1967년에는 이집트, 한국, 일본을 포함하는 근동과 극동을 순회공연했는데 이것은 미국 국무성의 도

〈"orbs"중에서의 폼 테일러와 그의 舞踊團〉

움아래 행해진 테일러의 4 번째 순회공연이었으며 테일러 자신은 이렇게 말했다.

> 해외의 대부분의 나라는 우리와 같은 類의 것을 갈망한다. 유럽발레는 다소 진부한 감이 있고 청중들은 미국댄스에 주목하기 시작했다. 그들은 새로운 작품에 호의적이며 우리와 함께 멋진 시간을 가진것 같다.[76)]

테일러의 성공은 물론 그의 무용단이 제공하는 춤에 의한 것이었다. 테일러는 그의 작품에 대해 겸손하며 그 테마는 "안무가들이여 꺼져버려라!"라고 우스게스럽게 썼다. 그럼에도 불구하고 테일러의 작품은 주의깊게 발전되었고 그의 유수한 무용수들이 잘 준비된 소품속에서 그들의 역량을 한껏 발휘하도록 했다. 테일러는 한가지 결과를 위해 반복하여 동작하기를 꺼려하지 않았고 자주 고의적으로 춤의 개발의 양을 제한할뿐만아니라 기본동작의 패턴을 반복 변화하여 대조되는 템포의 음악에 맞추어 완전히 발전시키는 것이었다. 대부분의 그의 작품은 관객들이 극적인 내용을 감지할수는 있을지라도 추상적이었다. 테일러는 마사 그래햄과 발란쉰을 혼합한것 같았으며 그의 작품은 권위적이고 고전적이며, 춤에 최고의 강조를 둔 신선한 것이었다. 그의 작품에는 '파아티 믹스(Party mix)''스쿠도라마(Scudorama)' '오리오울 (Aureole)' '바다에서부터 빛나는 바다로' '천체' 등 최신의 야심작 등이 있다.

1966년 12월 뉴욕에서 선보인 '천체'는 인간과 우주 – 태양, 계절, 신과 인간, 위성들 – 의 관찰로 모두 6 개의 매력적으로 개성화된 서사시로 구성되어있다. 이 작품은 베토벤의 마지막 4 중주에 맞추었으며 비평가들과 대중으로부터 안무의 대작으로 칭찬받았다. 테일러가 오늘날의 다른 대 무용 예술가들처럼 비록 미국전역에서 호응을 받았다고는 하지만 해외의 대청중 앞에서 호의적인 반응으로 공연하고 찬사받은것은 묘한 일이었다.

테일러는 다음과 같이 말했다.

> 우리는 국내적이다. 우리는 미국 청중들을 위해 공연하고 싶다. 댄서에게 있어서는 계속적인 여행이란 해로우며 낭비이다. 그러나 미국에서 발표회를 갖는다는 것은 재정적으로 불가능하다. 비용은 항상 매표 수익을 초과한다. 사실 우리는 운 좋게도 외국에서 공연하여 존재하는 무용단들 중의 하나이다.[77)]

---

76) Ibid.
77) Ibid.

〈"암흑의 바다에서 빛나는 바다까지" 에서 공연하는 폴테일러〉

7) 앨빈 애일리(Alvin Ailey)

미국 내외에서 주목할 만한 성공을 거둔 또 다른 무용수겸 안무가는 앨빈 애일리이다. 애일리는 서부해안의 레스터 호돈으로부터 댄스 훈련을 받고 빼어난 무용수들로 무용단을 조직하였는데 그들은 자신들의 작품과 다른 현대 안무가들의 작품을 공연하였다.

앨빈 애일리 무용단의 특징중의 하나는 첫 흑인무용단이 대통령 국제 교류 계획에 따라 미국무성의 도움을 받고 ANTA에 의해서 해외로 파견되었다는 것이다.

1962년 순회공연중에 이 무용단은 호주, 버마, 베트남, 말레이, 인도네시아, 필리핀, 홍콩, 포모사, 일본, 한국 등 열나라, 25개 도시의 146,791명의 사람들을 위하여 60회의 공연을 가져 대찬사를 받았다.

〈"Roots of Blues" 중에서 공연중인 앨빈 에일리〉

이 순회 여행에서의 한가지 중요한 영향은 미국흑인의 역할에 대한 다양하고 적극적인 관점뿐만 아니라 동양에서 많은 그룹의 예술가와 지성인들에게 미국의 창조적 댄스를 이해하게끔 했다는 것이다.

애일리는 미국을 순회하고 많은 유럽국가에서 공연했다. 1964년 그의 무용단은 런던에서 다른 어느 미국 댄스 그룹보다 많은 기간인 6 주의 시즌을 가졌고 1966년 독일과 벨기에에서 더 증폭된 작품을 공연했다. 미국내에서의 최근의 출현에서는 자신의 레파토리인 '계시' '블루즈의 뿌리들' '예수여 나를 붙들어 주소서'와 더불어 텔리비터작 '콩고 탱고 궁', '피베눈거리'등을 공연하였다. 앨빈 애일리가 미국 흑인의 테마와 음악에 한정된 민요적 작품만 취급한 안무가라는 평은 사실과는 다르며 애일리는 우리시대의 대 창조적인 예술가로 인정되어야 한다. 폴·테일러처럼 그는 최고의 미국 댄서였고 그 자신도 타 지역의 여행으로부터 댄스의 기원과 사회적 위치에 관하여 많은 것을 배웠다.

8) 안나 소콜로우(Anna Sokolow)

현대의 안무가 가운데 背景과 직업적 노력의 면에서 볼때 가장 특이한 창조적인 작가는 안나 소콜로우로 1930년대에 이스트 사이드의 네이버후드 플레이하우스에서 마사그래햄단과 공연을 하였다. 그녀는 배우에게는 동작을 발레댄서에게는 안무를 가르쳤다. 오늘날 그녀의 작품은 발레나 현대 무용이거나간에 외국과 많은 미국 무용단들에 의해서 공연된다. 그녀는 자신의 무용단과 함께 노동자 클럽에도 나타났으며 反파시스트 테마와 사회적 중요성을 띤 테마를 공연했다. 그녀는 1930년대 중반에 러시아에서 활약했으며 1939년에는 이미 3년전에 그녀가 설립한 무용단과 함께 멕시코에 6주간의 씨즌 출연을 藝術省에 의해서 초청받았다.

소콜로우는 멕시코에 체류하면서 자신들 스스로가 "라스 소콜로바스"라 부르는 젊은 멕시코인 무용단들을 가르쳤다. 그리고 그들은 후에"라 팔로마 아줄"이라고 불린 대 무용수의 핵심 멤버가 되었으며, 이 그룹에서 라켈 쿠티에레즈와 아나 메리다와 같은 몇 명의 지도적인 멕시코 안무가들이 탄생했다.

9년후에 안나 소콜로우는 뉴욕과 멕시코 시티를 왕래했는데 멕시코에는 그녀에게는 가장 크고 가장 훌륭한 극장이 있었으며 멕시코의 지도적인 작곡가들과 디자이너들의 협력을 얻어 다수의 중요한 작품들을 안무하게 되었다. 이때 부터 소콜로우의 작품에는 '멕시컨 레타볼로'와 같은 멕시코를 다룬 테마가 주종을 이루었다. 자신의 창작활동의 본 고향인 뉴욕시로 돌아온 스콜로우는 다시 다른 나라에 관계하였다. 1953년에는 이스라엘에 가서 인발 그룹에게 동작을 가르쳤는데 그 이후 예맨의 무용단은 대단한 성공을 거두며 시간을 나누어 이스라엘과 미국에서 활동을 하였다. 그후 소콜로우는 매년 4～6개월을 이스라엘에서 작품을 상연하면서 시간을 보내었고, 1960년대 초에는 독특한 형태의 실험극장인 리릭 씨어터의 지휘자 겸 교사 및 안무가로서 활약했다. 그 이후 안나 소콜로우는 다시 미국에서 대단한 활동을 하게 되었으며 링컨 센터 레파토리 씨어터의 배우들에게도 수년전에 뉴욕의 미국 발레학교의 학생들에게 안무를 가르친 것과같이 극적인 동작을 가르쳤다.

1967년에는 워싱턴 국립 발레가 소콜로우의 뛰어난 브로드 웨이 작품 '방'을 루치아노 베리오의 전자음악에 맞추어 상연했고 이와 동시에 뉴욕에서는 시티 센터 죠프리 발레가 그녀의 째즈 발레작품인 '작품65'를 공연하고 있었다. 또 죠프리 발레가 소콜로우의 중요 작품인 '방'을 자신들의 레파토리에 사용할 계획을 세웠고 앨빈 애일리 무용단과 네덜란드 댄스극장도 공연하였다. 꿈, 사막, 서정적 組曲, 시간＋7은 소콜로우 자신의 발레단과 함께 공연하고 있는 다른 작품에서와 마찬가지로 이들 작품에서 현대인의 실존적위치에 대해 깊은 관심을 보이고 있다. 그녀의 생에 대한 견해는 쓸쓸하고 고통스러운 것이었으며 그녀의 무용 또한 고통스럽고 무서우며 비참한 것이었다. 그러나 어느 정도 동정심이 있고 감동적이기도 하였다.

안나·소콜로우는 무용계에서 주요한 창조적 인물로서의 확고한 위치를 굳혔고 그녀의 영향력과 명성은 꾸준히 상승하였다.

2. 그밖의 지도적 안무가

1) 에릭 호킨스(Eriek Hawkins)

그 밖에 다른 현대의 재능이 있는 안무가는 에릭 호킨스이다. 호킨스는 루치아 드루고체브스키가 작곡한 음악에 맞추어 작품을 만들면서 주요 현대 무용시리즈에서 5명의 댄서로된 발레단으로 공연을 했으며 1960년대에는 대단한 성공을 거두면서 대학가를 순회공연하였다.

호킨스의 작품은 고도로 실험적이고 추상적이며 공연을 하는 도중에 조각적으로 고안된 기구와 독특한 음악 또는 "안무 음향"의 사용에 역점을 두었다. 호킨스의 가장 유명한 작품들로는 '초기의 땟목' '장년기의 地勢' '벌거벗은 표범' 및 '페르시아의 왕' 등이 있는데 그것은 커네티커트대학의 미국 무용 페스티발의 후원을 얻어 1965년에 그곳에서 처음 상연한 것들이다. 그는 또한 뉴욕에서 댄스 기술과 예술의 신학교를 운영했다.

2) 글랜 테들리(Glen Tetley)

현대 댄스와 발레사이의 틈에 성공적으로 다리를 놓은 글랜 테틀리는 솔로이스트로서 마사 그래햄 무용단과 함께 연기도 하였고 자주 자신의 무용단을 데리고 현대 무용 시리즈에 출연하여 현대 무용수로 간주되었다. 그

〈"Early Floating"을 공연중인 에릭 호킨스(우측)〉

러나 그는 '미국 발레 극장'과 함께 솔로이스트로서 활약한 점이 있고 이 발레단과 네델란드 댄스 씨어터 및 이스라엘의 바체바 캄패니를 위하여 안무를 하기도 했다. 테틀리는 무척 창조적이며 예민한 안무가 겸 연기자로서 간주된다.

3) 다니엘 나진(Daniel Nargin)

수년동안 자기의 부인인 헬렌 타미리스와 같이 타미리스나진 무용단의 공동 지휘자였던 다니엘 나진은 단체와 솔로로 미국과 해외에서 활동적으로 무용을 계속했다.

4) 도날드 맥케일(Donald Mekayle)

뛰어난 흑인 댄서로써 마사 그래햄단, 뉴 댄스 그룹, 안나 소콜로우 댄스 씨어터 및 뉴욕시티 센터 오페라 발레단과 공연한적이 있는 도날드 맥케일은 브로드웨이에서 수많은 뮤지컬에 출연했으며 골든 보이를 위시한 수 많은 T·V작품을 포함하여 몇개의 성공적인 쇼를 안무했다. 맥케일의 콘서트 무대에서 가장 잘 알려진 작품은 "디스트릭트 스토리빌(District Storyville)", "나의 둥근등에 휘어진 고삐" 및 "게임들"이다. 그는 스포레토의 두 세계의 페스티발에서 게스트 안무가로서 일한적이 있고 이스라엘에서 무용지도와 연기를 한 바 있으며 1960년대 중반에는 '미국 댄스 씨어터'의 일부분으로서 자신의 작품을 공연하였다.

현대의 대단히 활동적인 그 밖의 무용가로는 폴린 코너, 필 랭, 캐더린 리츠, 폴 사나사도 및 헬렌 멕기히가 있었는데 이들은 대부분이 위에서 기술한바있는 단체 또는 안무가들과 함께 활동한 지도적인 댄서들로서 자신의 무용단을 이끌면서 선생까지 겸하는 독자적인 생활을 해오고 있다. 이들 뿐만 아니라 미국내의 수많은 활동적인 안무가들을 완전히 평가한다는 것은 불가능한 일이다.

흔히 제작이 불가능한 젊은 안무가들은 비 공식 그룹이나 합동 리사이틀 또는 프로그램의 씨리즈를 후원하는 협회를 결성하고 있는데 뉴욕시에 있는 그룹의 하나는 댄스극장 워크숖이다.

이러한 댄스 프로그램들은 그 본질에 있어서 대단히 실험적인 경우가 많은데 이들 댄서들과 안무가들 중 다수가 그들 스스로 전위파라고 자처하는 단체들의 분파를 표방하고 있다. 무용계에는 극도로 전위적인 것으로 간주되고 있는 단체가 있는데 많은 사람들이 그것을 "댄스가 아닌 것" 그리고 실제로 전 동작에 해로운 것으로 간주하고 있다. 그렇다면 전위파 예술이란 무엇을 의미하며 그것은 무엇을 나타내고 있는가?

3. 전위 무용

모든 현대의 예술과 같이 실험주의가 모던 댄스내에서 번성했다는 것을 알아야 한다. 모던 댄스의 정수는 모든 전통에 도전하는 것이며 낡은 것을 추구하는 것이다. 근본적으로 니코라이스, 커닝햄, 호킨스 및 그 밖의 다른 실험적 안무가들의 무용에 나타난 것은 타예술에서 나타난 것과 보조를 함께 취해 왔다는 것이다. 추상적인 무용의 개념은 그 자체가 전혀 쇼킹하거나 논란거리가 되는 것은 아니었으며 추상적인 회화와 조각은 최근에 들어 상당히 인정되어 왔다.

발랑쉰느의 발레작품중 대부분은 전적으로 독특한 것이었다. 그렇다면 관객들의 기대에 부응하지 못하는 댄스동작이란 무엇인가? 전 무용의 역사를 통하여 혁신적인 연기자들과 안무가들에 의해서 새로운 테크닉과 동작이 끊임없이 개발되어 왔다. 무용수들이 어떤 사물로서 변장을 하거나 소도구를 사용함에 있어서 공학화 해가는 경향을 보이고 있으며 이것들은 로이 휠러가 사용한 조명과 스테이지의 기법과 같이 역사의 발전에 부합하는 것이다. 그리고 타예술에서는 흔히 볼 수 있는 것으로 자석과 장치된 모터에 의해서 움직이는 사물을 이용한 시각예술이 있다. 그리고 음향 효과조차 음악계에서 일고 있는 것과 나란히 전위파 무용에서도 그 결과를 살리고 있다. 즉 고정된 악기의 사용, 전자음악, 또는 음향의 한 형태로서 침묵조차 사용하고 있다.

● 해프닝 (Happening)

무용의 영역에서 관객들이나 무용 비평가들에게 정말로 방해물이 되는 "해프닝"이라는 것이 나타났다. "해프닝"이란 말을 한 작가는 다음과 같이 정의하였다.

> 해프닝이란 반쯤 계획하고 반쯤은 자유스런 방법으로 한사람 이상의 사람들이 취하는 단순한 어떤 것이다. 그것은 공유하고 있는 경험이며 각 개인은 자기의 의지에 따라 행동을 취한다. 때로는 연기자와 관객이 다 있고 때로는 관객이 바로 참여자가 되며 때로는 참여자는 있으되 관객이 없기도 한다. 해프닝이란 대개 전체적으로 관계가 없는 몇개의 사건들로 구성되어 있다.—그것은 마치 감정의 만화경과 같은것이다.
>
> 연기자들은 특정환경내에서 어떤 성격을 묘사하지 않고 그들은 항상 '해프닝'이 일어나는 바로 그 환경에서 그들 자신을 나타낸다.[78]

해프닝의 예를들면

> 나비 한 마리가 극장안에 날아온다. 관객들은 그것을 본다. 나비가 창문 밖으로 날아가 버릴 때 그 연기는 끝난다. 몇명의 음악인들이 관객 앞에 나타나서 아주 조용하게 앉는다. 관객들은 장내의 혼합된 소리나 기침따위의 일

78) Jerome Rockwood, "What's Happening", Letter to the Editor, The New York Times, January 16, 1966, p. IX-7.

시적인 소리를 듣는다. 공원에서 거대한 벽에다 그림을 그리고 있다. 100피트나 되는 두꺼운 종이를 놓고 수 십명의 어른과 아이들이 포스터 페인트를 뿌려대고 있다.

이 모든 것에는 색다른 점이 있다. 이것의 상당한 부분이 바로 새로운 상황과 관계를 가지고 있어야 하며 자아발견과 사회 접촉의 비공식적인 과정에 포함되어 있는 인간성과 관계가 있어야 한다. 이것이 예술과 얼마만큼 관계를 갖고 있느냐 하는 것은 중요한 문제가 아니다. 그리고 "해프닝"을 계획하는 사람은 그것이 얼마만큼 농담을 나타내고 있는가를 주목한다. 무용에 관해 보면 "해프닝"이 무대위에 나타나게 될 때에는 대개는 어느정도 사전 계획적이며 현존하는 구조를 나타내고 있다.

최근에 본 작품에서는 솔로 댄서가 5부로 나누어서 무대를 돌아다녔다. 각부에서 관객들은 각각 다르게 참여하길 요구받았다.

먼저 그들은 종이를 마구흔들었다. 다음에는 닥치는 대로 숫자를 외쳐댔다. 그 다음에는 발을 바닥에 비벼대거나 목청을 가다듬었다. 아마도 그 무용은 그들이 만들어낸 소리에 영향을 받은 것 같았다. 일정한 시간이 지나면 무용은 끝났다.

같은 프로그램의 다른 댄스에서는 한 째즈 음악가가 서로 관련이 없고 저절로 나오는 구절로 혼을 연주한다. 그 소리는 영혼을 불러내는 듯한 원초적인 소리였으며 첫번째 행동으로서 그의 뒤에 앉아있는 댄서들이 일련의 보컬 싸운드를 연주하도록 이끌었다. 마지막으로 그 댄서는 음악가가 짧게 터지는 음향으로서 자기의 악기의 기능성을 찾으려는 것과 같이 마루위를 이리저리 돌아다녔는데 그 무용수의 동작은 정확한 시각이나 끝이 없었다. 그 내용은 서로 관련이 없는 제스처나 이동 동작을 닥치는대로 섞어서 하는 것 같았으며 갑자기 멈추었다.

위에서 기록한 바와 같이 이 모든 것은 서화와 조형예술 같은 타예술에 그 근거를 두고 있다. 초현실주의 추상적 표현주의자 및 행동미술파는 1960년대를 통해서 대중미술(POP)" 과 "시각예술(OP)" 운동에 밀려나 뒷전에 물러서게 되었다. 대중예술과 시각예술의 특색은 그들이 번번히 평범한 사물에 기초를 두고 있거나 사용하는 것으로 이들의 주제는 기껏해야 잡동사니에 불과한 것에서 "발견된" 사물일 수도 있다. 따라서 이들의 대상은 박물관에 전시한 부서진 자동차라던가 변기, 더러운 식당차의 내부를 본뜬것 또는 차를 모는 사람의 석고상등에서 발견 할 수도 있다. 또 대상자체가 사실적인 것이 아닐때에는 사진과 같은 그림일 수도 있는데 이것은 마치 거대한 스프통이나 연속만화 또는 포스터의 그림과도 같다. 때때로 그것은 시각적인 효과를 나타내기 위하여 조심스럽게 처리한 추상적인 디자인일 수도 있으며, 대상에 동작을 부여하는 기계장치에 근거를 두고 있을 수도 있다. 일정한 기간이 지나자 다수의 지도적 안무가들이 이러한 접근 방법을 반영했다. 머스 커닝햄의 "챤스"에서는 닥치는 대로 선택되는 어떤 자극에 기초를 둔 즉흥연기의 개념이 "기초 운동(found movement)"이라고 불리는 것을 낳았다. 거의 대부분의 전위작품은 문학적인 테마의 재료를 기피하는 경향이 있으며 또 조직적이고 음악의 반주에 꼭 맞추고 계속해서 같은 방법으로 춤추는 무용의 형태도 기피했다. 따라서 전위무용은 현대 예술의 주류중의 하나로 여겨질 수 있는 것이다. 전위예술의 관객이 증가 해왔듯이 전위무용의 관객도 증가할 것이라는 생각을 가져봄 직도 한 것이다. 그러나 이것이 극도로 엷은 층의 관객들 만을 대상으로 계속되어오지나 않았는지 또 결과적으로 전위무용에 있어서 몹시 극단적인 실험가들이 관객의 대부분을 서먹서먹하게 하므로서 자신들을 막다른 골목으로 몰아 넣지나 않았는지에 관해서는 진정한 문제가 있다. 이 점을 잘 설명하기 위해서는 전위무용의 중요한 실험가의 한사람인 앤·핼프린의 작품을 보다 완전히 기술하므로써 상당히 도움이 될것이다. 핼프린의 단체인 샌프란시스코의 댄서들의 워크샵은 1967년 뉴욕에서 퍼레이드와 변화란 제목의 대규모의 작품을 공연했다. '헤링'은 그들의 작품을 유동적이며 반쯤 즉흥적인 그러나 강렬한 분위기를 띠는 경향을 보이고 있다고 시사했다. 관객들이 모이자 커튼이 올라갔다. 바지와 스커트를 입은 댄서들이 복도를 내려와서 무대위에 질서정연하게 정렬했다. 그런다음 그들은 관객을 뒤로하고 옷을 벗기 시작했다.

> ……관객의 관심은 어떤 댄서들은 옷을 입고 반면에 어떤 댄서들은 옷을 벗고 있는 교묘하게 박자를 맞춘 장치로 이동한다.
>
> 몇명의 댄서들이 서로 눈싸움을 하거나 그들이 서로 싸우고 있다는 인상을 주기도 한다. 이 행동은 거의 말이 없고 또 거의 의식적이다. 갈색의 포장지로된 끝없는 카피트가 무대를 가로질러 펼쳐졌다. 이제 모두가 벌거벗은 댄서들이 종이위에서 서로 마구 뒤섞였다.
>
> 어떤 이는 화가 난듯이 그것을 주먹으로 치고 어떤 이는 그위에서 기어 다니거나 그 밑에 서 있다.
>
> …모두가 한아름의 종이를 안고 구멍속으로 뛰어들어가기 시작한다….[79]

79) Doris Hering, "Danecr's Workshop of San Francisco in 'Parades and Changes'" Dance Magazine, June 1967, p. 37.

> 마지막에는 흰색의 옷을 입은 그 무리들이 복도를 기어 내려왔고 뛰어 내렸으며 발코니에 붙어있는 줄사다리를 타고 내려왔으며, 똑바로 서있거나 지랄병에 걸린듯이 몸을 뒤틀었다. 그들은 마구 떨었으며 관객들에게 소리를지르고 바닥에 벌떡 들어눕고 "해변가의 고기떼"처럼 시시각각으로 고개를 처들었다.
>
> 댄서들은 와락 껴안았다. (그러나 섹스의 감정은 없이) 그들은 작은 연단을 발로 쿵쿵쳤으며 마치 정글의 야수처럼 소리를 질렀고 미친듯이 웃어대고 자신의 안전에는 아랑곳없이 제몸을 마구 던졌다.[80]

캘리포니아의 다른 종류의 실험물에서는 핼프린의 댄서들이 "역학적인 환경"의 가능성을 탐구하고 일단의 설계자들과 합세하였는데, 이 협력의 목적은 각 그룹이 서로가 타예술의 본질과 가능성에 대하여 관심을 가지게 할 수가 있었기 때문이었다. 이 결과의 하나로 각 개인 또는 자그만 팀이 자기들의 목적에 맞는 경우을 개발하면서 해변에 유목촌을 건설했다. 다른 팀은 댄서들이 몸짓으로나 말로서 이야기를 말 할 수 있는, "탑과 종이 사상"을 포함하고 있었고 건축가들은 각기 다른 장소에 이야기를 반복해서 전달한다는 입장에서 빛과 종이의 건축물을 고안하고 즉시 세웠다. 앤더슨은 "역학적 경우" 을 개발시키기 위한 방법을 예증하고 주요한 사상을 자세히 열거했다. 이것은 샌프란시스코의 유니온 광장에서 행해졌다. 그리고 그것은 댄스 구성, 건축, 연구, 어떻게 환경이 사람에게 영향을 미치고 사람이 환경에 어떻게 영향을 미치는 가에 대한 탐구와 "극장 사상"을 동시에 구성하게 계획된 것이었다. 6월 어느날 정오에 40명의 젊은 이들이 광장에 들어왔다. 그들은 둘러 앉아서 점심을 먹고 꾸벅꾸벅 졸거나 비둘기에 모이를 주었다. 근처의 건물에서 3시를 알리는 종이 울렸다. 40명의 젊은이들은 그들이 하던 일을 즉시 멈추고 마치 교회에서 의식을 거행하는 것처럼 그들의 팔을 들었다. 각 사람들은 다른 무리중에서 적어도 20명의 다른 사람들을 찾으려고 눈에 불을 키고서 광장을 살폈다. 이와같은 행동이 끝나자 그들은 광장 한 가운데로 걸어갔고 단순한 그들의 행동을 따라서 호기심에 찬 사람들이 뒤를 따랐다. 이제 중앙으로 모든 길이 모이자 40명의 사람은 각자 풍선을 불어서 공중에 날리거나 어린애에게 주기도 했다. 그리고나서 신비한 40명의 이방인들은 사라져버렸다.[81]

---

80) Ibid., p. 72

81) Jack Anderson, "Dancers and Architects Build Kinetic Environment", Dance Magazine, November 1966, p. 52.

이 모든 것의 목적은 그 결과를 평가하기는 곤란하다. 이런 작품들 가운데 1966년 가을에 뉴욕시 무기공장에서 행한 특수한 제작의 경우와 같이 가끔 많은 관객을 끌기는 하나 비교적 관객이 적은 편이다. 아주 강력한 음향과 조명장치를 사용해서 전체적으로 통제된 환경으로서 음악 회화, 무용예술을 혼합한 이 프로그램은 결과적으로 수천의 관객과 준 참여자들을 끌어들인 9일간의 "해프닝"을 낳았다. 이 전위무용은 관객이 일반적으로 좋은 반응을 보인 대규모의 아무 의미없는 에피소드에 불과하며 어느정도 진절머리나는 허세의 연속으로 밝혀졌다.

현대무용의 가장 심각한 문제중의 하나는 대학가와 지역사회에서 누구나 다 안무가가 될 수 있다는 생각이 널리 받아들여지고 있다는 점이다. 따라서 비교적 보잘것 없는 훈련 기술 및 재능을 가진 많은 사람들이 스스로 안무가로 자처하고 관객들이 현대무용의 영역이라고 판단한 작품들을 내놓았다. 흔히 관객들이 이런 작품을 보게 되므로써 다른 현대 예술의 판단기준이나 전망 및 지식이 부족하게 되었으며 그 결과 빈번히 제작은 형편없고 관객의 반응은 소극적인 것으로 나타났다.

전위무용의 유혹은 그것이 아무런 기준조차 없는 상황을 만들어 낸다는 것인데 사실 전위무용은 관객이나 안무가가 적응할 수 없는 것이다. 따라서 과연 전위무용이 얼마나 확실하게 관객들에 의해서 평가될 수 있겠는가? 얼마나 많은 불안한 문제들을 안무가 자신들에게 물을수 있겠는가? 전위무용이 근거를 두고 있는 전제는 안무에 대한 전통적인 접근방법으로 전해오고 있는 어떤 힘을 희생시키고 있다. 그러나 적어도 자아표현은 구성을 하는 사람에게 자극을 주고 관객과 의미있는 대화를 할 수 있는 가능성을 보여주고 있다. 주제의 선택은 그것이 극적이던지 또는 사회적인 내용이나 심리적 통찰과 지각에 관계하고 있는 것이던지 다시 관객을 모을수 있는 가능성은 있으며 그 자체의 형태, 감정, 리듬 및 미적 내용을 담고있는 음악의 사용은 무용에 다른 힘을 부여해 준다. 균형, 대조, 연속, 크라이막스, 다이나믹스등의 예술적인 양식의 전통적인 원리에 대한 적응을 가치롭게 여기는 안무에 대한 접근 방법은 구성자가 그 안에서 기교를 알 수도 있고 또 그것을 통해서 판단 할 수도 있는 어떤 체계를 부여한다. 많은 전위무용은 이와같은 요소들이 부족한 경향을 보이고 있으며 지금까지 상연되어온 작품중 가장 실험적인 작품들의 다수가 즉흥적인 연기로서 진기함을 준다던가 관습적으로 숨겨온 행동들을 본다든가 옷을 벗어버린다든가, 하는 것 외에는 준 것이 별로없다는 것이다. 물론 이는 개인의 판단을 나타내고 있다. 예술가들 뿐만아니라 모든 관객들은 예술적,취향이란 문제에 있어서는 각자가 결정을 해야 한다. 그러나 많은 교사들과 안무가들은 만약 안무에 대한 전위 예술의 접근방법이 현대 댄스의 영역을 지배하게 된다면 심각한 문제를 일으키게 될 것이라는 두려움을 가지고 있다. 만일에 전위 무용이 유행적이며 그들이 쉽다고 느끼고 엄격하게 평가되지 않는다는것을 이유로 점점 많은 안무가들—특히 이 분야에 대해서 확실한 신념이 부족하고 기능이 부족한 이들—이 이 접근방법을 취하게 된다면 점차 일로로 현대무용이란 이상하고 신비스런 "속임수"로 평가되게 될 것이다. 중요한 예술형태로 생각되기보다는 더욱 심각하게 거부당하거나 싫어하게 될 것이다. 끝으로 만약에 현대무용이 타 예술과 같이 건전해진다면 전위무용이 "존재해야만 한다."는 사실도 확실히 인정해야만 한다. 전위 무용은 무용의 창조성의 첨단을 나타내는 것이다. 창조무용의 가능성이 발견되어온 그때와 현재 이루어지고 있는 현대무용이 무척 전통적이고 구식이 될 것은 분명한 것이다.

4. 현대무용과 발레와의 관계

현대의 콘서트 무용의 영역중 살펴볼 마지막 분야는 현대무용과 발레와의 관계이다. 현대무용이 발달한 초기 십년동안 두 분야 사이에는 상당한 적대감정이 있었음이 확실하다. 대부분의 현대 무용가들은 발레가 외국의 퇴폐적이고 기계적인 예술 형태라고 거부해왔다. 그들은 발레를 현대인들의 관심사에 부응한다는 견지에서 볼때에는 의미가 없는 것으로 간주했으며 발레는 너무 구식의 동작언어를 사용하고 시대에 뒤떨어진 테마를 사용하기 때문에 현대문화의 하나로서 무용을 보고자 하는 이들에게는 더 이상 중요하지 않다는 것이었다.

예를들면 고등교육에서 현대무용의 지도적인 선구자인 마가렛 에이취 다블러는 그 특성을 다음과 같이 기술하였다.

> 발레는 미국의 토양에 뿌리를 내린 적이 없는 예술 형태 임에도 불구하고 이 나라의 도심지에서 계속해서 인기를 끌고 있는 극장 무용 형태이다. 발레가 처음 유입된 것은 외국의 무용 교사들이 가르치게 되면서 부터이다. 그리고 그것은 본래 귀족적인 유럽의 춤이었다. ·····극장예술로서의 무용은 스릴을 불러 일으켜야만 하며 사람들로 하여금 생각하고 느끼게 해야만 한다. 만

> 일에 발레가 엄청난 무대장치와 의상과 오케스트라를 거부하고 의미전달을 위하여 동작에 의존할 수 밖에 없다면 드라마나 댄서로서 대단한 의미를 전달할수 있을지 의문이다. 발레의 기법과 테마는 모든 예술에서 나타나는 일반적인 인간의 행동과 삶에 접근하지 못한 것 같다.[82]

반면에 커스타인은 수 많은 발레의 지지자들이 현대 무용에 관하여 생각하고 있는 방법에 대하여 특징을 지었다.

커스타인은 "전통대신에 그 외적인 것"을 창조하는 현대무용가들은 정보와 능력 및 성취가 부족하여 항상 고통을 받고 있다고 표현하였다. 궁극적으로 그는 그들이 창조한것을 엄격한 "정형화된 예술애호주의학파"가 되고 있다고 보았다.[83]

영국의 발레 비평가 아놀드 하스켈은 현대무용의 초기 단계에 대하여 다음과 같이 더욱 비판적으로 기술했다.

> 고대 그리스로 부터 감명을 얻은 댄싱은 현대에도 인기가 있다. 그리고 체육에도 현저한 이득을 주고 있다는 것은 의심의 여지가 없다. 새로운 무용은 하키와 같다. (둘다 발목을 굵게 해준다). 새로운 무용의 예술적 유래를 면밀히 조사할 도리는 없는 것이며……그 무용은 하나의 우수한 요소사상을 주는 것을 거부하고 있다. 여기에는 면허가 없는 의료인과 무척 상응하는 점이 있다.[84]

이와같이 현대 무용수들과 발레 연기자들 간에는 깊은 적대감이 있었다. 그것은 관객들, 교사들 및 안무가들에게 확대되었다. 대부분의 현대 무용수들은 비록 그들이 어렸을때에 어느정도 발레 훈련을 받았다고 할지라도 발레를 현대무용과는 분리되고 관련성이 없는 예술로 여겼고 발레에 관심을 거의 보이지 않았다. 대부분의 발레 댄서들과 안무가들은 현대무용을 진실한 무용능력이 없는 것을 신비적인 상대로서 감추는 열성주의자들의 모호한 예식과 같은것으로 보았다. 또 하스켈은 이와는 대조적으로 현대 무용을 체육의 예술적 형태가 아닐뿐이지 꽤 활동적인 것으로 본견해도있다. 그러나 초기에는 약간의 예외가 있었다. 테드숀은 그 자

82) Margaret H'Duobler, Dance: A Creative Art Experience (New York: F.S. Crofts and Company, 1940), p. 38.
83) Lincoln Kirstein, Dance: A Short History of Classic Theatrical Dancing (New York: G.P.Putnam's, Sons, 1935), p. 305.
84) Arnold Haskell, Ballet (Harmondsworth, Middlesex, England: Penquin Books, 1951), p. 45.

신이 발레훈련을 받았던 것을 무용수로서의 발달에 가치있는 요소로 간주했다.

> 내가 발레의 장점 몇가지를 강조하는 것이 현명하다고 생각하는데 대해서는 상당히 많은 반대가 있어왔다. 엄격한 훈련에 대해서는 발레를 대신할만한 것이 없었다. 또 엄격성 正確性 형태감각 및 선에 대한 감각을 낳는 기법은 다른 스타일의 무용기법에는 없다. 나는 그것이 훈련의 유일한 형태로 사용되어야 한다고 생각하진 않는다. 그것은 내가 학교 교과과정에 있어 학생들이 수학만 배워야 한다고 주장하지 않는것과 같은 것이다. ·····발레는 현명하게, 그리고 차별을 두어서 가르쳐야만 한다.[85]

반면에 점점 많은 발레 안무가들이 지도적인 현대무용 안무가들에 의해 영향을 받게 되었고 흔히 그들의 작품은 현대무용의 작품과 구별하기가 곤란하게 되었다.

독일에서는 1920년대와 1930년대에 쿠르트 주스가 에리 버그만과 루돌프·폰·라반의 작품에 강한 영향을 받았다. 그 유명한 "녹색 테이블"을 포함하여 주스의 발레작품 다수가 명확히 현대무용의 영향을 받았음을 보여주고 있으며 1930년대에 미국에 출연한 대 현대무용 안무가들에 대해서도 관심이 고조되어 갔다. 이리하여 라반의 영향에도 불구하고 강한 현대무용 운동이 없었던 영국에서도 "현대무용의 중요한 개척자들은 극적인 무대 무용 과정에 가공할 영향을 미친 힘이있었다"[86] 고 레스터는 논평하고 있다. 점차적으로 현대 무용에 대한 지식과 존경심이 높아져 갔다.

> 영국에서는 1933~1947년 사이에 발레 주스가 출현했음에도 불구하고 이 장르의 무용에 관하여 너무 적게 알려지고 거의 인식되지 못하였다. 그러나 1954년 마사 그래햄과 그녀의 무용이 이 곳을 방문한 것은 영국에 독특한 형태의 예술을 소개한 중요한 계기가 되었고 이것은 고도로 훈련된 예술가들 대단한 능력을 가진 예술 감독과 주요한 안무가와 뛰어난 현대 음악과 현대장식을 한 정열적인 극적 발레가 한데 모인 그런 것 이었다. 그래햄과 영국 대중사이의 커다란 장벽은 그녀의 무용에 친근하지 못하므로해서 일어나는 몇가지 편견과 그것을 받아들이는 데에 대한 일반의 태도가 쉽게 허물어지지 않았다는 것이었다.[87]

---

85) Ted shawn, Dance We Mast (London: Dennis Dobson, Ltd., 1946,)p. 88
86) Susan Lester, Ballet Here and Now (London: Dennis Dobson, Ltd., 1961), p. 25.
87) Ibid. p. 26

1960년대 중반에 그래햄의 뒤를 이어 영국에 온 단체들은 머스 커닝햄, 앨빈 에일리 및 폴 테일러 무용단들인데 이들은 대영제국의 연장 씨즌에서 성공적인 공연을 하였다. 1964년에는 영국 주재 미국대사관의 문화담당 외교관보인 프랜시스 메이슨이 그들의 대대적인 성공을 다음과 같이 기술하였다.

> 관객들은 열렬하고 진실하여 명료한 반응을·····만약에 엄격하게 발레가 아닌 무용에 대한 어떤 편견이 있다면 이제 그것은 명백히 이지러지기 시작하고 있다.[88]

5. 발레와 현대무용간의 장벽의 붕괴

미국과 해외에서 현대 무용과 발레에 대한 장벽은 두가지로 깨어지고 있다.

첫째로 현대 무용가들은 발레 훈련의 가치를 점차적으로 인식해가고 있으며 자신들의 현대 무용의 훈련 체계에 기본적인 발레 용어, 자세 및 동작을 더욱더 혼합해 넣었다.

숙련된 현대 무용가들은 자신의 훈련과정으로 독립된 발레 수업을 받는 것이 점점 더 필요해졌다. 발레는 직업적인 현대 무용단에 맞는 학교와 미국의 대학에서 무대 예술로서의 무용에 기여하는 프로그램에 반영되고 있으며 이들중 대부분이 주로 콘서트 예술 형태의 현대 무용에 관련되고 있다. 그러나 로스엔젤레스에 있는 캘리포니아 대학, 콜로라도 대학, 일리노이스 대학, 인디아나 올리스에 있는 버틀러 대학, 미시건 대학, 위스컨신 대학, 사라 로렌스 대학 및 베닝턴 대학등은 발레 과정을 부여하고 있다.

반면에 발레는 안무 개념과 접근방법이 주로 현대 무용의 영향을 받아왔다. 튜더, 드 미으, 로빈스 및 애쉬턴을 포함하여 현대의 발레 안무가의 대가들중 다수가 인간 행동의 심리적인 통찰을 포함하는 상징적인 작품 들에 있어서는 현대 무용이 추구하고 있는 새로운 배경의 테마를 선택해오고 있다. 그들은 또 댄서들과 댄스 그룹의 사용 음악과 장치의 선택 및 무용 동작의 범위의 확대에 있어서 지도적인 현대무용가들에게 확실히 영향을

88) Francis Mason, "London Likes American Dancer", The New York Times, December 27, 1964, p. IX-19

받아 왔으며 다수의 현대 발레 작품은 그 동작이 현대 무용 콘서트 무대위에서 볼수있는 동작과 구별하기는 어려워 졌다.

두 예술 형태의 장벽을 무너뜨린 결과 최근에는 대 발레단들이 현대 무용 안무가들을 대대적으로 기용해 왔는데 그것은 발레계에서 가장 빈번하게 나타나는 문제의 하나로 재능이 있는 젊은 안무가가 부족하다는 것이었다. 그리하여 발레단의 지휘자들은 자유롭게 모던댄스와 발레가 함께 어울려야 한다는 것을 통감해 왔다.

미국 발레 극장은 현대 무용 안무가로 알려진 글렌 테틀리를 기용하여 새 작품을 첫 공연한바 있다. 하크니스 발레는 앨빈 에일리 스튜어트 호디즈 및 도널즈 맥케일과 같은 현대 무용가를 통하여 그들의 레파토리를 첨가했다.

죠프리 발레는 안나 소콜로우와 노먼 워커의 작품을 공연했다. 마사 그래햄과 발랑쉰느는 2부작 "에피소드"를 앤턴 웨번의 음악을 사용하여 합작했다. 이것은 1959년 정기 씨즌의 일부로 씨티 센터에서 뉴욕 시티 발레가 공연하였다. 이외에도 다른 예는 많다. 1966 년에는 머스커닝햄이 새 작품 썸머 플레이스(Summer Place)를 뉴욕 시티 발레의 위촉을 받아 창작했다. 존 버틀러는 하크니스 발레, 네델란드 댄스 극장, 펜실베니아 발레 및 메트로폴리탄 오페라 발레 뿐만아니라 다수의 전국적인 T·V 프로그램을 위하여 수 많은 작품을 안무하였다. 대단히 실험적이며 창조적 안무가인 제임스 워닝은 교수와 안무에서 너무나 완전하게 발레와 현대 무용을 통합하였기 때문에 그를 어느 한 쪽의 예술가로 엄격하게 구분하긴 불가능하다.

그렇다면 과연 두 예술가사이의 벽이 완전히 사라질 것인가? 그것은 그렇지 않을 것 같다. 그리 멀지 않은 장래에 발레 훈련을 거부하거나 또 적어도 자신들의 기교의 주된 원천으로 받아들이지 않는 모던 댄서들이나 안무가들이 나타날 것이다. 그들은 아주 결정적으로 실험적인 방향을 추구하려고 하기 때문에 계속하여 모던 댄서로 인식될 수 있을 것이다.

한편 어떤 단체들은 계속해서 낭만주의 시대의 고전 무용에 상당히 중점을 두게 될 것이며, 또 현대 작품들도 강한 고전적 색채를 띠우게 될 것이다. 이러한 단체들은 쉽게 발레단으로 구별할 수 있을 것이다. 그리고 중간그룹 어딘가에는 아마도 그들이 마치 발레를 공연하는 것처럼 보이는 현대 무용단들의 수가 점점 증가하게 될 것이다. 그 반대의 경우도 마찬가지이다. 이렇게 서로 협조하면서 발전해가는 것은 의심할 나위 없이 미국의 극장무용에 좋은 일인 것이다. 그러나 가까운 장래에는 전문적인 무용단들 특히 현대무용 예술가들에게 압박해오는 문제들을 해결하지는 못할 것이다.

앞에서 언급한 바와 같이 대중들은 계속하여 지원을 적게하고 조금만 받아들이고 있다. 비록 그래햄, 에일리, 테일러 및 니콜라이스 같은 예술가들이 비평가들에게 상당한 찬사를 받았고 대단한 성공을 거두며 해외 순회공연을 했음에도 불구하고 미국에서 공연할 수 있는 기회는 극히 제한되어 있다. 이런 상황을 개선하기 위하여 많은 제안이 있어왔다. 어떤이들은 그 해결책은 미국의 탁월한 안무가들의 대작들을 공연하고, 그들에게 계속해서 가능성을 보장해줄 수 있는 현대 무용 레파토리단을 설립하는 것이라고 제안하고 있다. 또 발레와 비교할때 전통이 부족하다는 측면에서도 그 분야에 지원을 해야한다고 한다.

다른이들은 첫째로 필요한 것은 현대 무용단들이 이용할수 있으며 그들을 위해 특수하게 고안된 보다 많은 극장들을 개발하는 것이라고 한다. 또 다른 이들은 진정한 문제는 미국 관객들이 모든 형태의 현대 예술에 보다 완전하게 동조하게 되는 욕구에 있는 것이라고 믿고 있다.

무용에 관한 이것은 오직 이 나라의 근간을 이루는 지역에 우수한 무용 프로그램을 가져오므로서 이루어지고 이분야에 있어서 대학의 역할을 강화시키므로서 가능하다고 느끼고 있다. 그러나 현대 무용과 발레의 진정한 문제는 무용에 대한 관객들의 태도에 달려있으며 대중에게 보다 효과적으로 무용을 나타낼 수 있는 방법에 달려있을 것이다.

세계무용사

초판 인쇄 2025년 6월 17일
초판 발행 2025년 6월 25일

지은이 배소심·김영아
펴낸이 김태헌
펴낸곳 토담출판사

주소 경기도 고양시 일산서구 대산로 53
출판등록 2021년 9월 23일 제2021-000179호
전화 031-911-3416
팩스 031-911-3417